古典文獻研究輯刊

三四編

潘美月・杜潔祥 主編

第22冊

陳景雲《文選舉正》疏證
（第一冊）

范志新 著

國家圖書館出版品預行編目資料

陳景雲《文選舉正》疏證（第一冊）／范志新 著 -- 初版 --

新北市：花木蘭文化事業有限公司，2022〔民111〕

序 28+ 目 18+204 面；19×26 公分

（古典文獻研究輯刊 三四編；第 22 冊）

ISBN 978-986-518-877-1（精裝）

1.CST：文選舉正 2.CST：文選學 3.CST：文學評論

011.08 110022685

ISBN-978-986-518-877-1

9 789865 188771

古典文獻研究輯刊

三四編　第二二冊　　　　　　　　ISBN：978-986-518-877-1

陳景雲《文選舉正》疏證(第一冊)

作　　　者	范志新
主　　　編	潘美月、杜潔祥
總 編 輯	杜潔祥
副總編輯	楊嘉樂
編輯主任	許郁翎
編　　　輯	張雅淋、潘玟靜、劉子瑄　美術編輯　陳逸婷
出　　　版	花木蘭文化事業有限公司
發 行 人	高小娟
聯絡地址	235 新北市中和區中安街七二號十三樓
	電話：02-2923-1455／傳真：02-2923-1452
網　　　址	http://www.huamulan.tw 信箱 service@huamulans.com
印　　　刷	普羅文化出版廣告事業
初　　　版	2022 年 3 月
定　　　價	三四編 51 冊（精裝）台幣 130,000 元

陳景雲《文選舉正》疏證
（第一冊）

范志新　著

作者簡介

范志新，男，1948 年生，蘇州人。蘇州大學文學院教授。1982 年（七七級）畢業於江蘇師院，留校任教。初從王永健先生，事戲曲小說教學、研究，兼事古籍文獻之整理注釋之學。九十年代初，蒙王師鼓勵，研究工作乃側重於選學。潛心選學之版本、目錄、校勘、選學史諸領域。著有《文選版本論稿》、《文選版本擷英》和《文選何焯校集證》（三卷本）。別有涉《選》論文數十篇。流年似水，治《選》忽忽垂卅載，成就僅此，但有增愧惕而已。

提　　要

　　舉正，本義糾正。清初，陳景雲《文選舉正》取以名書，例隸古籍校勘傳統之「舉正體」一流。其主體是摘《選》文及李善注之字句異同為標的，考核訂正，為一家之言。本書則承流饗風，對《舉正》再加疏理考正，因名《文選舉正疏證》。所謂「字句異同」，無非譌倒衍奪，此本書與《舉正》及其所宗祖唐人《周易舉正》等並無二致，然本書在形式結構、內涵分三義項及全書冠《自序》等，薄有改革。所謂「三義項」，是以《陳校》、《集說》和《疏證》三分天下，並各有職司。《陳校》項，職在鎖定校勘對象和輯佚辨偽。《舉正》舊以抄本流傳，文、注錯綜，又陳所摘文字或過略，卒有標的錯位失序，歸屬無門。解決之道，在於有文無注或有注無文者，輒補出相應上下文。此舉除輔鎖定標的，於理解下項諸家校勘評議，亦收事半功倍之效。兼營輯佚辨偽，蓋為何（焯）陳師徒校《選》每有混淆。其間，發掘陳校多有存余氏《音義》、顧氏《考異》、梁氏《旁證》之中，則是輯佚辨偽，意外斬獲。《集說》、《疏證》兩項之革新，共在所輯資料之富贍有過前賢。《集說》司集校選名家、名著。自清迄晚近，有何焯余蕭客李詳祝廉先等十六家；《疏證》職主比勘《文選》諸版本，參校所用，遍及刊本寫本、稿本傳錄本、批校本影印本，林林總總，無慮十六七本。《疏證》別有一職，對陳校與諸家校議，分辨是非，率有決斷，庶幾成一家之說。首冠長篇《自序》，可佐知人論校，或亦有導讀之助。

自　序

　　陳景雲（1670～1747）字少章，吳中人。〔註1〕年十七，占籍長洲。湯斌撫吳，試士拔第一。博聞強識，能背誦《通鑑》。年十九，從何義門焯（1661～1722）遊。益講求通儒之學。窮究經史，學遂大殖。康熙癸酉（三十二年1693）二應京兆試，不售。館藩邸三年，時年甫四十（康熙四十八1709），以母老辭歸。遂絕意宦遊，藩邸再促，漕帥延請，固謝不出，以諸生終。何焯歿後，獨繫吳中文獻幾二十年。視世絕少可語，世亦鮮知之者。及卒，門人弟子私諡曰「文道先生」。所著《文選舉正》六卷外，尚有《讀書紀聞》十二卷、《綱目訂誤》四卷、《兩漢舉正》五卷、《三國志舉正》四卷、《韓集點勘》四卷、《柳集點勘》四卷、《通鑑胡注舉正》十卷、《紀元要略》二卷、《文集》四卷等〔註2〕。

　　陳氏與乃師何焯同係吳產，相契如趙宋蔡季通之於朱晦翁，何呼之為「老友」。〔註3〕分屬師徒，宜則亦師亦友。同為「讀書種子」，廁名「文選學家」。

〔註1〕陳氏，世為常熟名族，稱「河東陳氏」。曾祖始遷郡城。《綱目訂誤》卷一署：「常熟陳景雲撰」。《四庫全書・通鑑胡注舉正・提要》：「寄籍為吳江縣學生」。《文選舉正》、《通鑑胡注舉正跋》署：「東吳陳景雲」。《蘇州府志》：「吳江縣學生，長洲人」。《校東雅堂本韓集點勘》卷一，自署：「長洲陳景雲撰」。以沈廷芳譔《文道先生傳》「吳中人也」，最得其要。今從之。
〔註2〕《清碑傳集》卷一三三、《國朝耆獻類徵》初編、《國朝先正事略》並作《文選校正》三卷。
〔註3〕《宋史・蔡元定傳》：「蔡元定，字季通，建州建陽人。生而穎悟。八歲能詩，日記數千言。……聞朱熹名，往師之。熹扣其學，大驚曰：『此吾老友也，不當在弟子列。』遂與對榻講論諸經奧義，每至夜分。四方來學者，熹必俾先從元定質正焉。」

觀其師徒一生經歷，雖有一天地雲泥、大起大落；一平淡無奇、波瀾不起之異趣，然蓋棺並可以「名高位卑」四字論定。言位卑，何氏一生遭際，波譎雲詭，二起二落。早歲，以得罪權貴，六試京闈六報罷。後因直隸巡撫「草澤遺才」之薦，青雲直上，召直南書房。先後賜舉人、進士，改庶吉士。侍讀皇八子貝勒府兼武英殿纂修、翰林教習。遭人嫉妒，忽然下獄撤職，終以被議七品之身，老死牖下。此一起落。既卒，康熙特贈侍讀學士，再承哀榮。然至雍正，又被惡謚「名教罪人」。戮及身後，慘酷烈於破棺。全祖望《長洲何公墓碑銘》扼腕嘆焉：「公一生遭遇之蹇，則人世之所絕少者」。陳氏，則僅以諸生終其一生，固是不遇；並無一官半職，亦遑論尊卑哉。言名高，則師徒人品與學問俱為世所重。何稱「義門」，占一「義」字，陳蒙私謚，得在「道」字，究其實，則道義相濟，並無偏勝。名垂青史，澤被後學，並差可慰籍於九泉矣。蓋棺之論略同，且治學道路師授相承，然因師徒畢竟在價值取向、個性與機遇諸方面，存在多重差異，亦就注定陳氏在治學之趨向特徵、方法與風格上，同乃師之異同差距，它必然影響其治學之成就與在學術史上地位。此點，容筆者依次討論。

一、今日重輯《文選》陳校之必要、本書宗旨及其由來

今日重輯《文選》陳校，有其必要性。揆度其理由，略有數端：其一，陳氏《文選舉正》與其《韓集》、《柳集點勘》，同為清代集部校勘名作。《點勘》二集，已收入陳氏《文道十書》或《四庫全書》、《四部備要》、《邀園叢書》等，久已行世，惟《舉正》六卷未曾刊行。然陳景雲及其《舉正》兼開蕭《選》及李善注之考異與補正兩途，於選學影響甚巨。乃師何焯已有援引，自余蕭客以降，孫志祖、顧廣圻、許巽行、梁章鉅、胡紹煐諸治《選》名家，無不受其沾溉。晚清張之洞《書目答問》專設「文選學家」一類，羅列清人十五家，陳氏即與乃師同時廁名其中。近代選學家黃侃、駱鴻凱於陳推崇備至。惟可惜《舉正》，雖有何、餘諸人書中援引，顧氏選擇性地輯入其《文選考異》，終非全豹。至於專門研究，孤陋如余，惟見建國前有駱鴻凱《文選學》等略有涉及，建國以後，無人問津。近三十年以來，選學與敦煌學一樣復興，始為國際漢學界關注。管見所及，已召開的十二屆國際選學盛會及他如黃岡召開的紀念李善國際會議等，海內外無一人提供論文，專門著作，益無從說起。九十年代，前輩屈守元《文選導讀》嘗設專章《清儒選學著述舉要》，亦語焉而不

詳。其二，陳子黃中（東莊）嘗錄出鈔本，先為顧廣圻所得，然見者寥寥。咸豐間，為常熟翁同書購得，始有周鎮鈔本，然人亦罕見。且傳寫多有譌誤。〔註4〕其三，顧廣圻為胡克家撰《文選考異》頗多徵引，然一因所據《文選》底本之版本不同（陳用汲古閣本、前胡用尤本），凡尤本是者，多刪去不用；二因既徵引，又多節取，雖未見舛乖陳校本意，然亦難窺其真相全貌（余見前胡，屢有以明刻袁氏嘉趣堂本、陳氏茶陵本說事，有故意沒陳校之名之嫌疑者。此則，當別撰專文辨之，非三言兩語可辨者也）。三因頗多無理由遺漏。至於後之選家，如梁章鉅、胡紹煐等所援陳說，大抵從前胡《考異》輾轉稗販，故魚魯帝虎，尤不能免。其四，何、陳師徒喜合校一書，校書過程中，你中有我，我中有你。近人王欣夫《蛾術軒篋存善本書錄‧辛壬稿‧三國史辨誤一卷》（下簡稱王氏《書錄》）嘗云：「此亦題古吳義門何焯撰……自李純客考得錢氏《廿二史考異》、《諸史拾遺》所引陳氏景云說，皆與之合，文句亦同，而此書之屬於少章始定。余所見義門校古書多有少章錄本，而少章自校往往雜出。後之傳者不加分別，故屬何屬陳，又往往不一。」〔註5〕王氏《書錄》多見有陳少章錄本而何又加評者，核之互有詳略。「屬何屬陳」錯出，亦見於諸選家所錄陳、何校中。如：郭景純《遊仙詩》「姮娥揚妙音」。姮字之校，梁氏《文選旁證》繫於陳校，而許巽行《文選筆記》則隸屬何氏。此類情形並非鮮見。其五，周鈔《舉正》錄有翁同書跋云：「及澗薲為胡克家校刊尤本，悉取少章校語編入《考異》中。第澗薲間有去取，又有尤本不誤而它本誤者，多從刪汰。是陳氏《舉正》一書，當別刻孤行，以留原書面目。況此冊為東莊手寫，澗薲以己意增正，援引該博，朱書爛然，手跋再三，甚自矜重。譚《選》學者，當以此為無上祕籍矣。」翁氏雖有借重於名家增值之嫌，然畢竟是正

〔註4〕如：沈休文《齊故安陸昭王碑文》「涉徐而東，義均梁徙」善注：「謂從蘭陵也」。陳校云：「謂從。從，徙誤。」《周鈔》作「徙」，蓋與「陟」同，顯係「徙」傳寫之譌也。復如：《赭白馬賦》「捷趫夫之敏手」注：「《廣雅》曰：蹻，健也。」陳校云：「注蹻當作趫。」謹案：陳校「注」上，周鈔《舉正》當脫「據」（或「依」）字。否則：一，不合陳校行文習慣，蓋陳校善注例不加「注」字，祗作「蹻，當作趫。」二，檢《廣雅》無「趫」字，惟見其《釋詁》云：「蹻，健也」，與本條善注正合。三，檢唐‧王冰注《黃帝內經‧素問‧異法方宜論》：「其治宜導引按蹻」注：「蹻，謂捷舉手足。」不但句意與正文切密無間，字正作「蹻」，而非「趫」也。故此必陳以注校正文，而非以文正注焉。諸《文選》本文並同毛本，當改「蹻」。奎本以下諸六臣合注本、尤、毛本注並作「蹻」，不誤。此類譌、脫尚夥，不一而足。

〔註5〕王欣夫《蛾術軒篋存善本書錄》頁468。上海古籍出版社，2002年版。

面振臂呼吁當「別刻孤行」《舉正》之第一響。時至屈氏《導讀・導言》始有呼應：「陳景雲也對《文選》作了較為細緻精確的比較，……嘗謂何、陳校語，可輯錄為一單行之本」，〔註6〕直與翁氏鼓桴相應。不容後來學者不視為當務之急者也。

「舉正」一辭，首見於《左傳・文公元年》「先王之正時也，履端於始，舉正於中，歸餘於終。」〔註7〕本是糾正之義。首以之為書名，則見於《崇文總目》卷一「《周易舉正》三卷」云：「唐蘇州司戶參軍郭京撰。京世授五經，得王輔嗣、韓康伯手寫《易經》，比世所行或頗差駁，故舉正其訛而著于篇。」〔註8〕審其文義，所謂「舉正」，即以善本校通行本，條舉件繫而正其譌，復勒成專門篇（卷）附集以行。郭書，宋儒已罕見，故《舉正》一體，具體面目無從考見。不意卻於趙宋方崧卿和朱熹二家校正《韓集》之作，得見其真相與流變。先是淳熙間，方氏有《韓集舉正》。卷一題下注，略同《總目》，云「唐儒郭京有周易舉正三卷。蓋以所得王輔嗣、韓康伯註定真本，舉正傳本之訛。題義取此。」〔註9〕然明言「題義」即取諸郭京。觀其書廣事搜羅碑刻、諸家之本、舊本今本，參互鉤貫，明其異同。別有《舉正》十卷，用《經典釋文》之例，不載全文，但大書正文數字，施注辨證於下。初附《韓集》卷末行世。其體斯為文集校勘「舉正」、「考異」一類文本典型之作。然因其實則惟以館閣本為主，多所依違牽就，未能終歸一尊，成就定本，故朱熹乃即方書為藍本，「更為校定。悉考眾本之同異，而一以文勢、義理，及他書之可證驗者決之。苟是矣，則雖民間近出小本不敢違；有所未安，則雖官本古本石本不敢信。」〔註10〕。其例大體承陸、方，亦為十卷，但改由《韓全集》之外別行。獨能歸終於一尊，冠名亦逕由「舉正」改為「考異」矣。此一名實俱進、校勘文體變遷，於著有《韓集點勘》之陳氏，當然心知肚明。其名己作，用「舉正」而捨「考異」，自等方氏，分明是以弟子自抑，復以朱子「考異」，虛位以待乃師《文選》批校矣。尊師深意，灼然可見。筆者因謂方、朱二賢之

─────────────────

〔註6〕屈守元《文選導讀》，巴蜀書社，1993年版，頁101。

〔註7〕《春秋左傳正義》，中華書局《十三經注疏》本，1980年版，頁1836、頁1941。

〔註8〕王堯臣等《崇文總目》，中華書局《宋元明清書目題跋叢刊》本，一，頁11。

〔註9〕方崧卿《韓集舉正》卷一題下注：「唐儒郭京有《周易舉正》三卷。蓋以所得王輔嗣、韓康伯註定真本，舉正傳本之訛。題義取此。」文淵閣《四庫全書》本，上海古籍出版社。

〔註10〕朱熹《昌黎先生集考異》卷首。上海古籍出版社，1985年版，頁1。

作，乃是陳書得名之直接緣由也。今核周鈔《舉正》本身內容廣泛，既有校正選文、選注之譌奪衍倒，亦有考辨、補正善注之得失，興之所至，甚至有以《選》證史之舉，於傳統意義上之校勘範疇，略有突破，加之筆者本書有對陳氏《文選》校勘之纂集、考辨，斠證內容，故名之曰《陳景雲文選舉正疏證》云。固不敢以定本自居，樂見於來哲。

二、陳校基本特徵及與何校之異同

先言陳景雲校勘所用之底本與副本。陳校所用底本為毛氏汲古閣初印本。周鈔《舉正》首行書名「文選舉正」下，有小字注一行：「校汲古閣本」。〔註11〕此當原本所有。然所謂「汲古閣本」，毛氏有初刻、重修，他家亦多有重刻之本。故周鈔《舉正》有顧廣圻按曰：「此據初印本也，與康熙丙寅上元錢士謐所據者不同，若今本更無論矣。讀者詳之。」署曰：「（嘉慶）甲子七月」。顧批謂「錢士謐所據者」，必是汲古閣本毛氏有重修本，此即錢士謐重刻本所據者。顧氏認為毛氏重修本不及初印本。錢本以下他家所重刻「今本」，自鄶以下無譏焉。顧強調陳所用為「汲古閣初印本」，是因為若不明乎此，就會誤解陳校無的放矢，甚至誤會陳以誤本立說。顧批實際上肯定了陳校之底本選擇，對何焯及與顧同輩之孫志祖二人皆以錢本為底本者，不無微辭。顧批之意義尚不止於此。異日，顧為胡克家校《文選》所撰《文選考異》十卷，底本所以捨毛本而用尤本，於此亦已見端倪。那麼，顧批所言陳校用「初印」，是否屬實？「甲子七月」為嘉慶九年。周鈔復載有顧同月「十二日又記」云：「疑此書文道並無他稿，但每條記於汲古閣本之上下左右，後東莊乃就而錄出耳。」此處祇言「汲古閣」，而不及「初印」，並非顧認識有變化，而是省略，切不可誤會。周鈔有翁同書題跋云：「本朝何義門，陳少章兩家改訂，特為精審。少章所校乃據汲古閣初印本與諸本對勘。」翁氏亦有「初印本」之說。翁選學中人，非影附顧批者可比。能驗證顧批者，自然最關鍵還在本書。姑舉一例。陸士衡《答賈長淵》「濟同以和」。陳校云：「下脫魯侯戾止，衮服委蛇二句，並注《毛詩》曰云云十句。」許氏《筆記》亦云：「汲古初刻脫魯公戾止二句及注」。並證陳校底本為汲古毛本初刻，亦是顧批確鑿之證。

〔註11〕陳景雲《文選舉正》，《文选研究文献辑刊》本第 36 冊，國家圖書館出版社 1913 年影印周鎮鈔本。

　　慎擇底本之外，廣徵或精選副本，歷來亦是前輩學者保證校勘質量之要訣。選學史上，與孫志祖有過嫌釁齟齬的顧廣圻，譏彈孫氏《文選考異》口舌之一，就是不徵必備之本而事《文選》校勘。王氏《書錄·文選考異四卷》「李少卿《與蘇武詩》悢悢不能辭」條，顧批云：「五臣『恨恨』，善『悢悢』，自有明文。何以不察？豈侍御未蓄《六臣文選》耶？」又，「《獄中上書》：白圭顯與中山」條，顧復斥云：「家中既少《文選》，何必作《考異》？」〔註12〕偏衷利口，雖是顧氏厚德之累，然其強調校勘慎擇副本，確是後人治學、事校勘者之不二法門。與孫氏不同，作為前輩之陳氏，校《選》伊始，有充分準備。所涉副本，單善注本，有宋刻尤延之本，陳校稱為「宋本」；又有近時錢士謐重刻毛本，陳則稱之為「修改本」（此點與顧批以錢本出毛重修本正斗接榫合）。錢本作為副本，其所有之參考價值，有現成內證：《吳都賦》「與士卒之抑揚」。「抑揚」，諸《文選》本（包括奎章閣本等六臣合注本、尤本、五臣正德本及陳本。下同）同，毛氏重修本亦同。陳校云：「今脩改本作揚抑，叶韻。似當從之。」檢惟錢本正作「揚抑」。何校所據底本為錢本，此處認同錢本無異辭，故不出校。本條略可窺，前胡於錢本有偏見，此偏見與抑孫，恐不無干係。陳副本用尤本之得益，則不待言。如：《思玄賦》「溫風翕其增熱」善曰：「《淮南子》曰：『自北戶孫之外。』高誘曰：『北戶孫乃國名也。』」陳校云：「宋本無『孫』字，又下『孫乃』，宋作『孤竹』。今檢奎本以下諸六臣合注本（包括明州本、贛本、建本。下同）並作「北戶孫」、高注作「孫」，袁本、茶陵本並同。惟尤本無「孫」字、作「孤竹」，故可推陳校所謂「宋本」，此處指尤本。陳校所用副本兼及六臣合注本之六家、六臣兩大系統本。其中六臣本系統有贛本及其重刻本建本、茶陵本等；六家本系統有奎本、明州本、袁本等。陳校並有援引，且得其益。如《西京賦》「礎不特絏」善曰：「《說文》曰：『礎，似石著繳也。』」陳校云：「似，舊本作以。」檢奎本、明州本、建本、尤本誤同，惟贛本獨作「以」，復按前胡《考異》論本條云「各本皆誤。」前胡所云「各本」，依例括袁本、茶陵本在內，然則，進而可推此處陳所謂「舊本」，即是贛本爾。茶陵本亦是陳校副本。如：《寡婦賦》「飛旐翩以啟路」注：「然旐，喪柩之旌也。」陳校云：「喪，表誤。」奎本以下諸六臣合注本、尤本悉作「喪」。前胡《考異》曰：「茶陵本『喪』作『表』，袁本亦作『喪』」。

〔註12〕王欣夫《蛾術軒篋存善本書錄》與上引並見頁1410。上海古籍出版社，2002年版。

六臣合注本中贛本系統之贛本、建本及六家系統中袁本均遭排除，然則，可證陳所用副本中有茶陵本。其他如明州本、建本亦可以例推得，至於袁本，陳校則有明示，並不煩舉矣。陳校所涉「舊本」，有不明來源者。比如：《甘泉賦》：「猋桂椒而鬱移披」注：「又鬱眾移楊也。」陳校云：「眾，舊本作聚。」檢奎本以下諸六臣合注本、尤本並誤「眾」。惟不知陳此所謂「舊本」，何指矣。

須要指出者，陳校於副本之稱謂，有一定隨意性，並不固定。比如：上述引例「舊本」指贛本、「宋本」指尤本，然事實上，陳校亦有以「舊本」冠尤本者。如：陸士衡《文賦》：「雖一唱而三歎」注引鄭玄曰：「越，瑟底孔，盡疏之。」陳校按：「盡，舊作畫。」檢奎本以下諸六臣合注本並同，惟尤本作「畫」，足以當之。傅武仲《舞賦》：「黎收而拜」注條，陳亦以「舊本」稱尤本。至如《恨賦》「若乃趙王既虜，遷於房陵」注引《淮南子》高誘注：「趙王張敖。秦滅趙虜王，遷徙房陵。房陵在漢中。」陳校云：「趙王張敖。按：《史記・趙世家》：『趙王遷降。』《正義》亦引《淮南子》『遷流』之文，蓋七國之趙也。高誘誤以為張敖耳。一本無此四字為是。」奎本以下諸六臣合注本及袁、茶陵本並無「趙王張敖」四字，惟尤本有之。然則，陳又稱尤本為「一本」矣。陳校語中所以出現此種以「一本」、「舊本」等泛稱，隨意名副本之現象，此蓋源於陸氏《經典釋文》，此正是「舉正」（包括考異、點勘）一體所有之術語爾。

不妨比較一下何、陳師弟之版本選擇。舊作《何校集證》考得何校所用底本為錢本，副本可考者有：單李善注有尤本、李蒲汀藏宋本、汲古閣毛氏原刻本。五臣有陳本。六臣合注本有：袁（六家）、贛本、茶陵本（六臣）。別有郭正域評《選賦六卷》本一種。師弟同為廣徵副本，可謂英雄所見略同。不同在底本：何取錢本，陳改為毛本初印爾。錢本是汲古閣重刻本。在眾多翻毛本中，大抵因錢能補毛本脫文，如《七發》脫簡、上引《答賈長淵》脫「魯侯戾止，袞服委蛇」二句等，清人如許巽行、莫友芝等多以此本「差勝」，何校本側重《選》文，此是何以錢為底本原因之一。然如：《雪賦》空行，五臣作「折園中之萱草」二句，毛氏初印本、錢本並衍不能去，毛本仍有大量錢本未能訂正之譌脫，陳校固偏重在善注，凡此，並是陳改取毛本初印之必然。今案：兩家既並以恢復李善本原貌為宗旨，則陳氏逕取毛本初印，兼以錢本為副本，不僅省事，又可避免錢本因翻刻而新生之謬誤，此在版本選擇中，

陳氏所以稍勝何氏焉。並重錢本（何以為底本，陳用為副本），則是相異之中，兩家復有所同之亮點。其中緣故，蓋師弟並識錢本於校勘之固有價值，且當時此本流行，搜取方便耳。顧廣圻作《考異》，底本取尤本，副本在廣徵中精擇分別代表六家、六臣兩系統之袁、茶二本，取精用弘，有積薪居上之勢，然排斥錢本，亦未免有意氣用事之嫌。

　　次論陳校之基本特徵。特徵凡四。其一是：善重經典，陳觸原文。

　　《文選》李善注，雅崇經典。其援引文獻，各有重點：經部以《周易》、《尚書》、《詩經》、三《禮》為首選；史部以《左傳》、《史記》、兩《漢書》為骨幹；子部則以《淮南子》等為重鎮。然書有傳有逸，本有古有今，復因時代久遠、多歷書寫傳刻，難免譌倒衍奪，故欲事《選》文校勘，若不顧經典原文，多難發現其譌。陳校深明此理。如：任彥昇《齊竟陵文宣王行狀》「水漿不入於口者」注引《禮記》：「曾子謂子思伋曰：吾執親之喪。」子思，名孔伋，初讀似並無不是。然陳校乙注「伋曰」二字。前胡《考異》以為「是也。各本皆倒」。原來《禮記注疏・檀弓上》正作「曰伋」，伋字下屬，此陳校所本。古文獻直行書寫，錯簡移位平常習見，若不覈原文，即有他本可助，有時幾是非難辨。復如：嵇叔夜《琴賦》「乃斲孫枝」注引鄭玄《周禮》注曰：「孫枝根之未生者也。」陳校云：「枝上，脫竹字，未，末誤。」其校是。尤本脫、誤悉同毛本。奎本、明州本、建本脫「竹」、「未」作「末」。贛本脫「竹」、誤「之」、誤「未」。後來前胡《考異》校此，亦未能竟全功。其緣即在陳校所據為《周禮》鄭注原文爾。

　　陳校於經典原文，有直取今本原文改正者，如上二例。若有李善併引二書原有異文者，陳則疑以存疑，取捨慎重。如：顏延年《赭白馬賦》「秘寶盈於玉府」注：「《周禮》曰：『玉府掌王之金玉玩好。』《尚書》曰：『王府則有。』」善引經典二書「王」、「玉」互異。《周禮》語見《周禮注疏》卷六「大府」，作「玉」。《尚書》語見《夏書・五子之歌》，作「王」。都是原文，而生歧義。故陳校祇稱：「必有誤」，於二經典不作決擇。前胡《考異》亦云「無以訂也。」此猶如《魏都賦》「庶土罔寧」注併引《尚書》「庶土交正」、《毛詩》「庶土有揭」。陳校云：「李注兼引《書》、《詩》，又土、士互異，必有誤」，不輕言是非，如出一轍。或有經典文舊注有兩家者，陳則取李善所引者，堅執還善注真相之宗旨。如：郭景純《江賦》「商攉涓澮」注：「許慎《淮南子注》曰：揚攉，粗略也。」陳校云：「攉，舊本作攉。」今案：《淮南子・俶真訓》：「物豈

可謂無大揚攉乎？」高誘注曰：「揚攉，無慮，大數名也。」原來，李善作「攉」，則從《淮南》許慎注。五臣作「攉」，蓋求異善本，故改從高誘。陳校所謂「舊本」，即許注本。攉、攉音義並近可通，陳則從許注舍高注，取舍之間，即為申善而黜五臣，以正業已為五臣所亂之正文爾。足見陳於經典原文，固不以本之今、舊為是非，初衷一在以善還善之原則也。但陳不偏執，固步自封。任彥昇《齊竟陵文宣王行狀》「又以奏課連最」注引《漢書》曰：「倪寬為農都尉，大司農奏課最連。韋昭曰：最連得第一也。」陳校以為注「倪寬為」下，脫「司」字。「最連」，當乙。今案：上句，今本《漢書·兒寬傳》未見，但本書任彥昇《王文憲集序》「風化之美，奏課為最」注引《漢書》曰：「倪寬為司農都尉。大司農奏課聯最。」「倪寬為」下，正有「司」字，足見李善所據本《漢書》有「司」字。本條下句「大司農奏課連最」語，未見於《兒寬傳》，卻見於《敘傳》「班上況為河農都尉」事，作「聯最」。聯與「連」同。前胡《考異》曰：「陳校是也。各本皆誤。」當亦以陳校所據者是《漢書》原文。不過，此處所謂「原文」，是李善所見古本《漢書》，而陳乙轉「最連」，所據今本《漢書》，本不與上同篇。此又可見，陳校據經典原文有一定之靈活性。縱觀周鈔《舉正》，不難發現陳氏於善引《詩經》每見異議。而所校亦每有心得——

曹子建《求通親親表》：「是以雍雍穆穆」注：「《毛詩》曰：有來雍雍。又曰：天子穆穆」。

陳校：注當引《詩》「雍雍在宮」及「穆穆文王」釋之。今注未諦。

今案：「有來雍雍」，見《毛詩·大雅·雍》，序云：「禘。禘大祖也。」「天子穆穆」，一見《周頌·雝》。一見《大雅·假樂》，序云：「假樂嘉成王也」。此善引。陳援「雍雍在宮」，見《毛詩·大雅·思齊》，序云：「思齊。文王所以聖也」；「穆穆文王」，見《大雅·文王》，序云：「文王。文王受命作周也。」欲論兩家短長，但比勘曹《表》宗旨與上下文義即可判之。子建本意惟在「求存問親戚」，玩善注所引「禘大祖」及「假樂嘉成王」之《詩》，皆不能切合，而陳所援《詩》有「文王所以聖也」之義，與《表》上文引孔子稱堯之德，「堯之為君惟天為大」、「堯之為教，先親後疏」，又稱「周之文王亦崇厥化」無不密合，故自當以陳校為得。又同篇——

「宣緝熙章明之德者」注：「《毛詩》曰：維清緝熙，文王之典。」

陳校：注當引《大雅》「於緝熙敬止」文，乃與前「穆穆」相應。

今案：善引「維清緝熙」二句，見《周頌·維清》，序云：「《維清》。奏象舞也。」鄭箋云：「象舞，象用兵時刺伐之舞。武王制焉。」所言在樂；而「於緝熙敬止」，則為上條「穆穆文王」下句，鄭箋云：「穆穆乎，文王有天子之容於美乎！又能敬其光明之德」與上句，同為稱文王之德，故陳謂「乃與前穆穆相應。」復如——

桓元子《薦譙元彥表》「是以僶俛從事」注引《毛詩》曰：「何有何無，僶俛求之。」

陳校：注當引《詩》「僶俛從事，不敢告勞。」今誤。

今案：「何有何無」二句，出《毛詩·邶風·谷風》，鄭《箋》云：「君子何所有乎，何所亡乎？吾其黽勉勤力為求之。」「僶俛從事」二句，用《小雅·十月之交》，鄭《箋》云：「詩人賢者，見時如是，自勉以從王事。雖勞不敢自謂勞，畏刑罰也。」本條亦當以陳說為是。善引之失在不考究所引《詩》內容與本篇作者初衷是否切合。「僶俛」，《谷風》取義主觀勤奮努力，《十月之交》義則在「勉強」，祇求無虧缺，「畏刑罰也」。退一步，祇求字面相同，《谷風》，唯在「僶俛」二字，而《十月之交》四字並同，亦似更為切近矣。當然，上所列三條，並不屬於狹義文本校勘範疇，但由此亦可略窺陳校於經典原文之審慎之心。

於經典原文，何、陳師弟略有異同。何校似不如陳氏用心，屢見失誤。今舉二例。例一：曹子建《責躬詩》「時惟篤類」注引《魏志》：「詔云：植，朕之同母弟。骨肉之親，舛而不殊，其改封植。」何輕信今本《三國志》改「舛而不殊」為「舍而不誅」。陳則據漢宣帝《封海昏侯詔》有「骨肉之親，析而不殊」語，云：「《國志》作『捨而不誅』，細尋恐如李注所引為得。謂植雖有過，不忍遽絕耳。」前胡《考異》斷云：「陳校是也。考《求通親親表》云：『骨肉之恩，爽而不離。』李彼注引《漢書》『粲而不殊』，如淳曰：『粲，或為散。』此舛與爽、粲、散、析互異，而義皆同。《漢書·宣紀》作粲。《武五子傳》作析，當各依其舊。今《國志》蓋誤，而何據之，非矣。又荀悅《漢紀》宣帝詔作『捨而不誅』，亦後人所改。」例二：司馬長卿《上林賦》「乘虛無，與神俱」注引張揖曰：「郭璞《老子經注》曰：虛無寥廓，與元通靈。」奎本以下諸六臣合注本、尤本悉同。何校「經」上增「道德」二字。今案：陳以「郭璞《老子經注》曰」七字衍，曰：「張氏乃曹魏時人，不當引郭語，《老子》又無郭注。」前胡《考異》曰：「其說是矣，各本皆衍。」梁氏《旁證》

補曰：「《史記正義》、《漢書》注引張說皆無此。」陳校及諸家說並是，何校尚未得其真諦，其失正在輕忽經史原文耳。

　　陳校特徵之二是：以史校《選》。此是陳氏秉承師門傳統。陳精於史學、擅長考據，奄有二難，以之校《選》，於所涉事件發生之時間（朝代更替、事跡紀年）地點（地理沿革）。人物之姓氏地望、年齡生卒、禮儀職官等，每如燭照計數，能破眾說而祛疑竇。其考校以多見人所未見，擅長地理，尤為出色。

　　見人所未見，可分兩大類型考察。一類是，習見平常，校者熟視無睹，不覺其譌誤者。其有如生卒、年齡涉及數字者，如年號、姓氏中有一字相同者，有如書名有專用、泛稱一名多用者，有一事所涉及之主客當事人之混淆等。難以摟指，祇能或舉一二，略窺全豹。涉及數字之譌。如：謝希逸《月賦》作者下注引沈約《宋書》曰：「泰初二年卒，時年二十六。」年齡「二」字，諸《文選》本不作「二」，即為「三」，並誤。陳、何師弟並改「四」。蓋據謝本傳。姓氏有一字相同者，如：劉越石《勸進表》：「逆胡劉曜」注引「何法盛《晉書‧胡錄》曰：劉載使劉曜寇長安。」陳校云：「載，聰誤。」諸六臣合注本、尤本，惟奎本作「聰」，他本皆誤。今案：事亦見今本《晉書‧劉聰傳》，「使劉曜寇長安」者，正是劉聰。《冊府元龜》卷四百四十二「敗衂」亦有：「時劉聰使劉曜陷長安，愍帝出降」云云。陳似未能見奎本，本條足見陳校用史志之長。陳撰有《紀元要略》二卷。於朝代年號之校，輕車熟路。任彥昇《王文憲集序》「遷尚書左僕射」注引應劭《漢官儀》曰：「獻帝建始四年，始置左右僕射」。陳改「始」為「安」。今案：漢獻帝無建始年號，自是「建安」之誤。尤本正作「安」。奎本、明州本省作「善注同（濟）」，而濟注無「建始四年」四字，贛本、建本、毛本遞相誤同。《後漢書‧百官志》「尚書僕射」注引蔡質《漢儀》曰：「僕射云云。臣（劉）昭案：獻帝分置左右僕射。建安四年，以榮邵為尚書左僕射是也。」陳校當據此及尤本。又《宋書‧百官志上》：「漢獻帝建安四年，以執金吾榮邵為尚書左僕射、衛臻為右僕射。二僕射分置自此始也。漢成帝建始四年，初置尚書員四人」。原來贛本之誤，即在將「初置尚書」與「分置二僕射」之年號相混矣。年號之譌，稍讀史書，即可是正，而人物姓氏、生卒年齡，則非有史學功底不辦。專有名詞與泛稱之混淆者，有地名與服飾共用一稱。如：李少卿《答蘇武書》「韓彭葅醢」注引《史記》曰：「彭越反，高祖赦之。遷處蜀道著青衣，行之鄭，逢呂后從長安來。」陳校云：「著字衍。青衣，道名，縣有蠻夷曰道。」前胡《考異》曰：

「注：遷處蜀道著青衣。陳云：『著字衍。』是也，各本皆衍。」陳校恐出《漢書・司馬相如傳》「甌下縣道」師古曰：「縣有蠻夷曰道」云〔註13〕。各本之所以衍「著」字，即因貿然以「青衣」為服飾耳。又有種族省稱與普通貶稱同冠一字者。如：謝玄暉《和王著作八公山詩》「阽危賴宗袞」注引《晉中興書》曰：「時盜賊強盛，侵寇無已。」陳校云：「盜，氏誤。」前胡《考異》曰：「陳所校最是。氏，苻秦也。不知者改之，各本皆作盜。其誤久矣。」今案：諸《文選》本及《集注》本並誤。《世說新語・識鑒》「于時朝議遣玄北討」注引《晉中興書》正作「氏賊彊盛」。《晉書》、《宋書》每以「氏賊」稱苻秦，本書潘安仁《關中詩》「周殉師令，身膏氏斧」注引《周處別傳》亦稱「氏賊」。陳校當從《晉書》、本書內證，或有《世說》注等正之。前胡「陳所校最是」，良非虛言。又有同一事件，當事人主客置換者。如：任彥昇《百辟勸進今上牋》：「獨為君子」注引謝承《後漢書》：「王暢誅劉表曰：蘧伯恥獨為君子。」六臣合注本、尤本諸《文選》本並同。陳校則云：「當作：劉表誅王暢。《魏志・劉表傳》注引謝《書》甚詳」。今案：《魏志・劉表傳》裴注引謝承《漢書》曰：「表受學於同郡王暢。暢為南陽太守，行過乎儉。表時年十七，進諫曰：『奢不僭上，儉不逼下』，蓋中庸之道，是故蘧伯玉恥獨為君子」云云。暢長表幼，又引蘧伯玉故事，明是表語，合為誅王也。前胡《考異》亦以陳校為是。此外，陸士衡《演連珠》「是以百官恪居」注引《左氏傳》「閔子騫曰：敬恭朝夕，恪居官次。」當事人，陳、何並改「閔子騫」為「公鉏」。蓋「敬恭朝夕，恪居官次」乃公鉏事，非閔子馬語也。亦是其例（說詳下文）。

　　見人所未見之另一種類型是：冷僻、複雜，學有專門，令通常校者望而生畏，如涉職官、禮儀、地理之類。職官、禮儀制度之例，如：沈休文《恩倖傳論》：「且士子居朝」。陳、何校並改「士」為「任」。陳云：「士子，今本《宋書》作任子，為是。」五臣本作「仕」亦誤。誤者，蓋不明「任子」之義爾。《漢書・王吉傳》：「今使俗吏得任子弟，率多驕驁，不通古今……宜明選求賢，除任子之令。」師古引張晏曰：「子弟以父兄任為郎。」〔註14〕蘇洵《上皇帝書》：「夫所謂任子者，亦猶曰：信其父兄而用其子弟云爾。」〔註15〕「任

<hr/>

〔註13〕班固《漢書》，中華書局 1962 年版，頁 2580、頁 3065、頁 3326。
〔註14〕班固《漢書》，中華書局 1962 年版，頁 2580、頁 3065、頁 3326。
〔註15〕蘇洵《嘉祐集》卷十《上皇帝十事書》，文淵閣《四庫全書》本，上海古籍出版社。

子」是專有名詞，指漢以來任子入仕制度。父兄二千石任職二年，得任其子弟。詳見《文獻通考・選舉考七》。陸士衡《辨亡論上》「張惇以諷議舉正」注：「《吳錄》曰：孫權以為車騎將軍。」陳校云：「車騎將軍下，脫『主簿』二字」。張惇，一作「敦」。事見《三國志・吳志・顧邵傳》「而陸遜、張敦、卜靜等皆亞焉」注引《吳錄》曰：「敦字叔方。……並吳郡人。……孫權為車騎將，辟西曹掾，轉主簿，出補海昏令。……年三十二卒」云。〔註16〕陳校當從《吳志》裴注正之。原來，任車騎將軍者為孫權，為其所辟「西曹掾，轉主簿」者係張惇耳。此傳寫誤淆主客官職爾。陳若然不生疑張「車騎將軍」之職，不核裴注、不知「惇」別作「敦」，則即如今縱有索隱電腦，搜檢亦難矣。陳有《三國志舉正》，故能舉重若輕如此。

　　至於陳校地理之勝，則史有定評。四庫館臣論其「《通鑑胡注舉正》十卷」云：「是書舉正胡三省《通鑑》音註之誤，凡六十三條，而所正地理居多，頗為精核。」〔註17〕沈廷芳撰《文道先生傳》亦云：「於地理典制，尤極研晰。」〔註18〕上引地名「青衣」之校，已見其功力。復如：范彥龍《贈張徐州謖》「為我西北飛」注引《輿地志》曰：「宋以鍾離置徐州，齊以荊州為北徐州也。」奎本以下諸六臣合注本、尤本衍同。陳校：「荊州二字，衍。」前胡《考異》案：「所校是也，謂即鍾離之徐州，而加北字耳。各本皆衍。」《南齊書・州郡上》：「北徐州，鎮鍾離」，又《東昏侯紀》「（永泰二年）秋七月甲辰，以驃騎司馬張稷為北徐州刺史」〔註19〕，皆可證陳校、前胡說是。陳地理之校，亦多見於兼正善注之失時。顏延年《車駕幸京口侍遊蒜山作一首》「衿衛徙吳京」注：「言……衿帶周圍，徙此吳京。宋都吳也，故曰吳京也。」陳校云：「圍，衛誤。宋都吳也，也，地誤。又：京口，一名京。起自孫吳之世，因依山筑壘，取《爾雅》：『絕高為京』義耳。自吳及宋，皆非建都此地。注誤。」今案：本書《吳都賦》正作「衛」。奎本以下諸六臣合注本、尤本悉作「衛」、「地」。陳校當從尤本等正之。考論京口並非建都之地，原原本本，隻眼獨具，能正善注之失。再如：陸士衡《漢高祖功臣頌》「四邦咸舉，二州肅清」注：「據《禹貢》九州之屬，魏、趙屬冀州，齊、代屬青州。四邦，魏代趙齊也。」陳

〔註16〕陳壽《三國志・吳志・顧邵傳》，中華書局 1959 年版，頁 1229。
〔註17〕永瑢等《四庫全書總目》卷四十七，中華書局 1965 年版，頁 421、頁 425。
〔註18〕陳景雲《韓集點勘》附錄，文淵閣《四庫全書》本，上海古籍出版社。
〔註19〕蕭子顯《南齊書》，中華書局 1972 年版，頁 258、頁 100。

校按：「代，非青境。亦當云屬冀乃合。又《張耳贊》曰：『報辱北冀。』即指平趙、代事，尤易曉也。」前胡《考異》亦從陳校，案曰：「代字，當在魏字下，各本皆誤。下文『四邦，魏、代、趙、齊也』，可證『代』在『齊』字下者，後來所改也。」今按：明州本良注曰：「魏、趙、代皆冀州分，齊，青州分，故曰二州。」陳校本爛熟經典，或亦有明州本五臣注啟發，復以本篇內證為佐，發覆今本注文之譌，而後，得同里後賢之助，終成定讞。陳校地理之長，亦是陳、何師弟有分別之一端。

　　陳校特徵之三，是雖以還李為宗旨，而不廢五臣之是。陳與乃師都求恢復李善本《文選》本來面目，都有追求真相之心，故於五臣注，並不一味排斥。五臣本有得善本真者、其說有是者，往往兼收並蓄，籍以正舊本傳刻李善本之淆亂。就陳校言，有直接言五臣為是者。如：沈休文《齊故安陸昭王碑文》「南接衡巫」注：「衡、巫，三江名。」奎本等諸六臣合注本、尤本，惟贛本獨作「二山名」，其餘並同毛本。陳校云：「劉良曰：衡、巫，二山名。此注是。」今案：本書顏延年《始安郡還都與張湘州登巴陵城樓作》「衡巫奠南服」注：「衡、巫，二山名」。是善注亦作「二山名」，陳校是也。姚範《援鶉堂筆記》載「何云：『劉良注：衡、巫，二山名。』」何校尚有備異文之保留，陳校逕下斷語，無餘地。又如：王仲寶《褚淵碑文》「既秉辭梁之分」注引《國語》曰：「惠王以梁予魯陽文子。辭曰：『梁險而在遠，懼子孫之有貳者，縱臣而得全其首領以歿，懼子孫之以梁乏臣之祀也。』乃與魯陽。」尤本同。《集注》本作「介」。六家本（奎本、明州本）作「介」，校云：「善本作分。」六臣本（贛本、建本）作「分」，校云：「五臣作介。」陳校云：「分，五臣本作介，為是。」今案：事見《國語‧楚語下》。王「與魯陽」之上，有「王曰：子之仁（人），不忘子孫，施及楚國」十三字〔註20〕，可判作「分」、作「介」之是非。「介」，與「价」通。義為善也。正可與惠王稱文子之「仁」相切，又與《選》文下句「又懷寢丘之志」之「志」契合，所謂「仁人志士」也。李善本作「介」，此蓋後人傳寫善本，因形近而誤，五臣不得獨擅其美焉。奎本所見本已非，陳校是也。前胡主「分」，蓋亦疏於「介」與「价」通爾。何氏無校。陳校於五臣之是，時有揭示五臣之來源，以為己校所以從五臣之佐證。姑舉二例：楊子雲《羽獵賦》「熊羆之挈獲」注：「韋昭曰：挈獲，惶遽也。」尤本同。五臣二本（正德本、陳本）作「攫」。六臣合注本之校，則非云「五臣作

_____

〔註20〕韋昭注《國語》卷十八，《四部精要》本，上海古籍出版社1993年版，頁46。

攫」，即云「善本作玃」。陳校云：「玃，《漢書》作攫，五臣同。」今案：本書
王文考《魯靈光殿賦》「奔虎攫挐」善注：「攫挐，相搏持也。」復引《羽獵
賦》亦作「挐攫」。段玉裁謂今本《說文》作「挐攫」字。循段說，「玃」字自
當從手旁，韋昭注同。然則，贛本、尤本、建本皆非也。高步瀛《文選李注義
疏》云：「茶陵本、袁本所見善本皆轉寫之誤，善本當亦同。」陳並據《漢書》、
五臣正之，是也。何則從《漢書》亦是。本例是陳校從五臣之本而得真，下例
是陳校採五臣之說而為得。任彥昇《上蕭太傅固辭奪禮啟》：「昉啟：近啟歸
訴。君於品庶，示均鎔造。昉往從末宦，禄不代耕。」陳校云：「『昉啟』下，
呂延濟注：『昉，家集諱其名，但云君啟，撰者因而錄之。』又下文『昉往從
末宦』，昉字，六臣本注：『善本作君』，則知前昉字傳寫偶誤耳。兼以王僧達
《祭顏光祿文》中『王君』證之，其誤益明。蓋『王君』者，亦仍王氏家集中
之稱也。至『君於品庶，示均鎔造』二句，言鎔造大德，品庶均被，此君字自
指『君上』，五臣本亦作『昉』，非。」此條陳校文字之多，在《舉正》中罕見。
是非涉及「昉啟」、「君於庶品」、「昉往從末宦」三處。尤本作「昉」、「君」、
「昉」。五臣二本、奎本以下諸六臣合注本三處並作「昉」。今案：李善本從昉
家集，理合避諱，三處並作「君」。前胡《考異》論五臣本依次作「君」、「昉」、
「昉」，留第一字作「君」，以應濟注；又謂：袁、茶二六臣合注本並改首「君」
字作「昉」，「不但失善舊，亦與五臣不相應，甚非」；論尤本「君於庶品」作
「君」，為已校正，首與末作「昉」，仍沿六臣合注各本之誤。前胡說與陳校並
是。何校與陳，則同中有異。同在首末，異在居中之「君於品庶」句，何以為
其含義，同上句指「昉」，陳則以為指「君王」，蓋並下句，乃「言鎔造大德，
品庶均被，此君字自指君上」云。何校指昉，實從五臣，五臣向注「言我於眾
類之中微細，示同造化之一物」可證；陳校謂「君王」，乃從善注。兩相權衡，
何校之理解，非也。大體而言，陳校於五臣似有更大之寬容。何校時有不及。
陳校之寬容，於補正善注時，尤為顯著。或逕從五臣為補其脫漏，或由五臣
啟發而正其援引之不當。前者如：陸士衡《漢高祖功臣頌》「銷印棊廢」。善注
引《漢書》、《漢書述》百二十餘字，未及釋「棊」字。本書《西京賦》「天啟
其心，人棊之謀」有薛綜舊注「棊，教也。」陳校不引此而直接引「張銑注：
棊，教也」。又同篇「五侯允集」李善二引《漢書》、復引《史記》及《淮南子》
百三十餘字，陳校惟以《漢書》第二條「漢王用良計，諸侯皆至」九字「為最
合」、斥引《史記》為非。陳云：呂延濟注：「項羽死烏江。董翳、楊喜、呂馬

童、呂勝、楊武等各得其一體，高祖乃封五人為列侯，是謂五侯。」按：善注引《漢書》「諸侯皆至」事，為最合。杜預《左傳》注：「五等之侯」是也。呂注亦可備一說，若「部五諸侯東伐」，其事在漢、楚爭戰之始，與此無涉。而於五臣呂注說，則謂「可備一說」。蓋上善注九字，尚不如五臣於「五侯」為具體耳。二例並可見陳校於五臣之兼容。後者，亦舉二例：揚子雲《解嘲》：「孟子雖連蹇，猶為萬乘師。」注引蘇林曰：「連蹇，言語不便利也。」陳按：「孟子在當時有好辨之稱，言語不便之釋，於義未愜。宜小顏不取此說，以張晏屯難之解為當也。……連蹇者，言遨遊齊、梁，皆無所遇耳。」謹案：《漢書·揚雄傳》顏注未引蘇林說。此陳校正善注之失。良注：「連蹇，謂往來皆難也。言孟軻游齊，齊不能用；適梁，梁亦不用。然而雖往來屯難不見任用，終亦為齊威王師也。」是陳校除從小顏所引張晏「屯難」說外，亦得益於五臣良注也。沈休文《齊故安陸昭王碑文》「帝出于震，日衣青光」注：「言齊之興也。《周易》曰：『帝出乎震。』震，東方也。《春秋元命苞》曰：孔子曰：扶桑者，日所出，房所立，其耀盛。蒼神用事，精感姜原。卦得震，震者動而光，故知周蒼。代殷者為姬昌，人形龍顏，長大。精翼日，衣青光。』宋衷曰：『為日精所羽翼，故以為名。木神，以其方色衣之。』」李善注首句「言齊之興也。」下文先後援《周易》、《緯書》及其注為解，言既冗長而於其義則有闕，且未能切其首句。陳校補正曰：「阮孝緒言：『齊為木行，東為木位。』見《南史》本傳。此二句當引其語作注。」語簡而切，可補善注之闕。今檢五臣良注曰：「震，東方木也。言齊為木德，將登帝位，故云『帝出于震。』日，比君也。『衣青光』者，亦取其木色也。」陳校蓋依五臣，蕭規之跡，灼然可見。

　　對於何、陳師弟之間取五臣，後人如徐攀鳳等不無非議。此亦事出有因。蓋師弟並偶有以五臣亂善者。何氏不論，且說陳校。如：《羽獵賦》「然後先置乎白楊之南」注：「服虔曰：白楊，觀名也。」陳校：「白，五臣作長。」周鈔《舉正》有顧廣圻批：「考《漢書》服虔注，白字是也。五臣本每誤。」高氏《義疏》引《三輔黃圖》卷五曰：「白楊觀，在昆明池東。」今案：《漢書》本傳、本書潘安仁《藉田賦》「百僚先置位以職分」注引並作「白」，又觀下句為「昆明靈沼之東」，輔之高引《三輔黃圖》，五臣之譌可必。故五臣即便同《藝文類聚》，其誤亦毋庸置疑。校者縱以五臣備異聞，亦絕不容許。復如：李蕭遠《運命論》：「張良受黃石之符，誦三略之說。以遊於羣雄，其言也，如以水投石，莫之受也；及其遭漢祖也，其言也，如以石投水，莫之逆也」注引《漢

書》曰：「張良以兵法說沛公，沛公喜常用其策。為它人言，皆不省。」葉樹
藩海錄軒本《文選》錄何校云：「少章云：李周翰謂：『自以遊於羣雄，至莫之
逆也，善本無此一段。』今按善注引《漢書》云云，似不應無，或《漢書》一
條係後人補註。」徐氏《選學糾何》批評云：「何曰：李周翰謂云云。案：何
氏評《選》，於雜文中亦頗寥寥著墨，而獨喜引五臣以駁善注，實是一病。……
此段詞氣動宕，自不可刪。若李周翰之說，窘促不成文法，奚足援引乎？」今
案：諸《文選》本悉同。國圖藏監本此卷亦同。胡氏《考異》因所見「以遊於
羣雄」下至「莫之逆也」，袁本、茶陵本有校云：「善無此一段。」而袁本、茶
陵本無「《漢書》曰」下至「皆不省」一節注。乃下案曰：「二本所見，傳寫脫
去正文及注一節也。後《石闕銘》『計如投水』，引此《論》『張良及其遭漢祖，
其言也，如以石投水，莫之逆也』為注，然則善有可知。」前胡校得之。本
條，未見周鈔《舉正》，然據余氏《音義》並葉刻錄何校，並係何引陳校，當
然可信。陳、何校言「以遊於羣雄」下至「莫之逆也」一段為善注固有，以駁
李周翰誠是，然因五臣注影響，轉疑下《漢書》一節「似不應無」，或係「後
人補注」，確是陳、何之失。徐氏因視為「一病」，亦非無稽。然畢竟祗是小小
瑕疵，不足以掩陳、何善用五臣說之大醇。

　　陳校特色之四，是指摘精核，善解文意而考證細密。先說精核。陳校之
精，在用語潔淨，不拖泥帶水。標的之是非，少則三二字已解決，如「某，舊
本作某」、「某，宋作某」、「甲，乙誤」之類。多則如上引李《運命論》一節，
亦不足五十字。偶有百十字者。此蓋得於陸德明《經典釋文》及點勘文體之
法。核者，覈也。精確究其實也。其中有人習見而不察其非者。如：王仲宣
《詠史》「惜哉空爾為」。「爾為」，注引鄭玄《禮記注》曰：「爾，語助也」，祗
釋「爾」，奎本以下諸六臣合注本、尤本無異辭。陳校則云：「爾為，猶言如
此。漢魏間語皆然。如「《臧洪傳》袁紹語陳宮：『魏明帝曰：燕王正爾為。』
是也。」今案：陳校是。《六書故·數》：「如是之合為爾。」王引之《經傳釋
詞》亦云：「爾，猶如此也……凡後人言不爾、乃爾、果爾、聊復爾耳者，并
與此同義。」〔註21〕陳校獨得其解。又有人見而誤判者。如：《西京賦》「若
夫游鷮高翬」舊薛綜注：「《詩》云：『有集唯鷮。』翬翬，飛也。」陳校云：
「衍一翬字。」然前胡《考異》曰：「注：『翬翬飛也。』茶陵本不重翬字。袁

〔註21〕王引之《經傳釋詞》卷七，《四部精要》本，上海古籍出版社1993年版，頁
　　　671。

本與此同。案：似重者是。」尤本重「翬」字。前胡蓋從尤本，不取陳校。今案：本書《西征賦》「奮翼而高揮」注引本篇正祇一「翬」字。倘以「飛」釋疊詞，則「飛」下當有「貌」、「然」之類字，而非「也」字，故當以陳校衍一「翬」字，為是。王氏《書錄·癸卯稿》卷四引陳倬《文選筆記》云：「《西征賦》注引薛注作：『翬，飛也。』《陽給事誄》注引薛注作：『翬，猶飛也。』皆不重翬字。」〔註22〕說與余合。復有前胡正陳而反誤者。如：陸韓卿《奉答內兄希叔》「惜哉時不與」注：「劉越石《贈盧諶詩》曰」。陳校：「諶上，脫子字。」前胡《考異》以陳校非，案曰：「此如公幹稱幹，季重稱重之例。」考除奎本有「子」字，其餘六臣合注本、尤本並無「子」字。此明州本首脫，贛本等襲其誤耳。大抵古人為詩、賦、駢文之類，或受字數限制，故多見省稱姓氏例，然為注則本當求實，用字自可伸縮自如，若非有意修辭對偶，何必省字故設疑陣？前胡《考異》說拘泥，蓋亦未見監本、奎本耳。復如：枚叔《七發》「伯子牙為之歌。」陳校：「子字，衍。」周鈔《舉正》顧批云：「按：此非衍也。伯子，《廣絕交論》有之。」尤本有「子」。六臣合注本並言善本有，五臣無。今檢《藝文類聚》卷五十七「《七》」引、《北堂書鈔》卷一百六「歌麥秀」注引皆無「子」字。本書注引《列子》、《韓詩外傳》諸文獻，涉及「伯牙」，近四十見，無一例外。考顧批所及《廣絕交論》「伯子息流波之雅引」注云「伯牙及雅引，已見上文」，是文雖稱「子」，而注仍作「伯牙」，然則，「子」乃尊稱，非名也。顧論不能證「子」字之衍否，況《廣絕交論》正文之「子」或乃「牙」之誤。顧批及各本所見皆非。許氏《筆記》曰：「子牙。汲古初刻作『伯子牙』，錢（士謐）氏重校削去子字，非。」許氏同顧批，亦非。陳之核，尤貴在所校多人所未及者。有非但前輩如錢陸燦、潘耒、何氏固不及，連後賢如二胡（廣圻、紹煐）、梁（章鉅）朱（珔）皆未曾措意者。如：謝靈運《石門新營——》「清醴滿金樽」注：「曹子建《樂府詩》曰：『金樽玉杯，不能使薄酒更厚。』」陳校：「金尊玉杯二句，非詩，疑上句有脫誤」。今檢《集注》本、奎本以下諸六臣合注本、尤本誤同。今案：陳疑有理。「金樽」二句，李善之先，今見於梁·蕭繹《金樓子·立言下》云：「金罇玉盃，不能使薄酒更厚；鸞輿鳳駕，不能使駑馬健捷。」〔註23〕蓋並非曹植語。《金樓子》下條有「陳思王云：投虎千金，不如一豚肩」云云，此李善或後人錯行誤繫之

〔註22〕王欣夫《蛾術軒篋存善本書錄》頁1075。上海古籍出版社，2002年版。
〔註23〕蕭繹《金樓子》卷四，上海古籍出版社文淵閣《四庫全書》本。

曹植耳。本書江文通《望荊山》「金樽坐含霜」注、謝靈運《擬魏太子鄴中集・應瑒》「金樽盈清醑」注引誤並同。馬季長《長笛賦》「安翔駘蕩」注：「毛萇《詩傳》曰：『間，代也。』《莊子》曰：『惠施之材。』」陳校：「毛萇《詩傳》曰：『間，代也。』此八字當在上『雜弄間奏』句下」。今案：此八字蓋釋「間」字，當如陳校乙正。上二條尤本誤並同，然則，前胡《考異》亦漏校，遑論他家！如此類甚多，不勝枚舉。

　　次論考證細密。陳校之考證，就形式而言，不但涉及文字之譌奪衍倒、錯簡等校勘慣例，且顧及科段與句讀。前者，於倒文、錯簡尤見措意，頗具特色。嵇叔夜《幽憤詩》「藏垢懷恥」注：「《說文》曰：『懷，藏也。』杜預曰：『忍垢恥也。』」陳校云：「《說文》下六字，當在杜注下。」此對照正文「垢」在「懷」前，即可決矣。奎本以下諸六臣合注本、尤本皆倒。陳校外，諸家惟前胡、梁氏有校，實亦遞從陳校耳。復如：劉孝標《重答劉秣陵沼書》「冀東平之樹，望咸陽而西靡」注：「《聖賢冢墓記》曰：無鹽人傳云：『思王歸國京師。後葬，其冢上松栢西靡。』」陳校云：「思字，當在國字下。」今案：諸六臣合注本、尤本並無「無鹽人傳」二十字，明州本有「東平樹事，出《聖賢家墓記》」云云。《漢書・東平思王宇傳》「立三十三年，薨」顏注有「《皇覽》云：『東平思王冢在無鹽。人傳言：王在國，思歸京師。後葬。其冢上松栢皆西靡也。』」〔註24〕。此或傳寫以「思王」為『曹植』而譌。陳校當從《漢書》顏注乙正。錯簡，實亦是倒奪位移。陸士龍《答兄機》「南津有絕濟，北渚無河梁」注：「機詩曰：『我若西流水，子為東跱岳。』酸者不能苦於言。《漢書》：『董仲對曰：天地之常經，古今之通義。』」本條既有奪脫，復有錯位。陳校云：「注『我若西流水，子為東跱岳』下，脫『故云南北以報之。《楚詞》曰：江河廣而無梁。』又下云：『酸者不能不苦於言。漢董仲舒《對策》曰：天地之常經，古今之通義。』按：『酸者』上，脫『張平子書曰』五字。又，此四句乃下劉越石《答盧諶詩》序中『備辛酸之苦言，暢經通之遠旨』二語注文，今誤刻於此。」今案：「酸者」二十四字，蓋由下劉越石《答盧諶詩》「備辛酸之苦言，暢經通之遠旨」兩句善注：「張平子書曰酸者」下至「通義」三十字誤入。尤本有此三十字，奎本以下諸六臣合注本三十字，則設在下「執玩反覆，不能釋手，慨然以悲」三句下。尤本是陳、何校所據。本條錯接下劉文注，其間相距約兩個半版，非細心尋覓，何能辦焉？陳校正科段，則如：陳孔

〔註24〕班固《漢書》，中華書局 1962 年版，頁 2580、頁 3065、頁 3326。

璋《檄吳將校部曲》「又使征西將軍夏侯淵等」注：「《魏志》曰：夏侯淵，字妙才。惇，族弟也。為征西將軍。率精甲五萬及武都氐羌巴漢銳卒，南臨汶江，搤據庸蜀。注：《魏志》曰：建安二十一年，留夏侯淵屯漢中」陳校按：「『使征西將軍』至『搤據庸蜀』，本是一事，所以斷蜀之援吳也。不應析而為二。」檢《集注》本、尤本注並誤析為二。科段設置之不當與錯簡往往有直接因果關係。潘安仁《寡婦賦》「之死矢兮靡佗」注：「《毛詩〔註序〕》曰：《柏舟》：共姜自誓也。衛世子共伯早死，其妻守義。父母欲奪而不許。注：共伯，僖侯之世子也。曹植《文帝誄》曰：願投骨於山足，報（思）〔註恩〕養於下庭。《毛詩》曰：……又曰：髧彼兩髦，實〔註維〕我儀。……信無佗心。」陳校：「注衍『《毛詩〔註序〕》曰：《柏舟》』以下三十一字。曹《誄》一條，當在上一條班賦後。」今案：陳校所涉文字異同衍奪，實包括賦末自「蹈共姜兮明誓」至尾句「之死矢兮靡佗」三聯內容。造成尤本與六臣合注本善注之歧異，癥結在五臣與善本科段之不同。六臣合注本（從五臣本）三聯為一段設注，單善注本（尤本、毛本）則每聯為一段而施注。尤本較六臣祖本奎本有三處衍文：「曹植《文帝誄》」一節、複出「《毛詩〔註序〕》曰：《柏舟》」至「不許」一節、其後「注：共伯」云云一節。令人矚目的是「複出」一節：尤本早已引於注首聯「詠栢舟兮清歌」下，竟然於末句下再現。此決非善注之疏忽，當是尤本（或其所祖單善注本）切割六臣本善注分繫三處時，忘其已有歸屬矣。陳校、前胡謂：「曹《誄》」當繫上「終歸骨兮山足」注「班婕妤《自傷賦》曰」下，並正其錯位，是也。至於句讀之正，陳校亦絲毫不敢鬆懈。姑舉二例：枚叔《上書重諫吳王》：「腐肉之齒，利劍鋒接，必無事矣」。陳校云：「劍字斷句。鋒，指吳兵。」今案：《漢書》本傳、《藝文類聚》卷二十四同（後者脫「事」字）。本條句讀可有三式：一，「鋒」下斷句。如：《太平御覽》卷四百五十一引作：「腐肉之齒，利劍鋒也」。二，「劍」下斷句。如：《白孔六帖》卷十三：「腐肉之齒利劍」。《記纂淵海》卷五十一、卷五十六並同。三，增字斷句。如：荀悅《前漢紀》卷九則作：「腐肉之齒利劍，鋒刃始接，則無事矣」，宋・王益之《西漢年紀》卷九，同。增字斷句不足取，今觀上文作：「譬猶蠅蚋之附羣牛」，則「劍」下斷句與上文為偶，況本書陸士衡《豪士賦序》「文子懷忠敬而齒劍」注引亦至「劍」下斷句，故當從陳校。前胡不錄，豈不屑句讀之校歟？

　　就考證內涵而言，陳校表現出善解文意和邏輯推理嚴密。循文責義，善

解文意，能得《選》文作者之初衷。如上文《演連珠》「是以百官恪居」注引《左氏傳》「敬恭朝夕，恪居官次」，陳校改主其事者為「公鉏」，而顧廣圻自批《舉正》至撰《考異》，竟誤以為閔子馬，梁氏《旁證》並宗其譌而不悟。直至二許隸之何校，嘉德進而考出《左傳》「敬恭朝夕，恪居官次，乃公鉏事，非閔子馬語也。公鉏以閔子馬之言為然，而敬恭」云云，始撥亂反正，是陳何之校而非前胡，乃真相大白。今案：事見《襄公二十三年》。審其上下文，誠如嘉德所言：「敬恭朝夕，恪居官次，乃公鉏事，非閔子馬語」，蓋公鉏然閔子馬之言，而行此八字。考《北堂書鈔》卷三十六「敬恭朝夕，恪居官次」條注引《左傳》作：「季氏以公鉏為馬政。慍而不出。閔子馬見之，曰：子無然。禍福無門，惟人所召。公鉏然之，敬恭朝夕，恪居官次。」〔註25〕其所節引，足為嘉德說佐證矣。又，司馬長卿《上書諫獵》：「其為害也不亦難矣」。諸《文選》本咸有此「亦」字。陳校云：「亦字，衍。《漢書》本無」，蓋從《漢書·司馬相如傳》、顧寧人、潘耒說等。孫志祖、梁章鉅據《漢書》宋祁引劉敞謂「亦字不當刊。」前胡《考異》無校，則亦從劉說。今案：據《漢書》宋祁校又云：「越本作不亦難矣。」是《漢書》亦有異文。然有「亦」與無「亦」，義正相反。「不亦」是表肯定的反問句。「不亦難矣」，其義為「難」。如：《禮記·檀弓下》：「武子曰：不亦善乎？」正曰「善」。今觀上文曰「況乎涉豐草，騁丘虛，前有利獸之樂，而內無存變之意，其為害也不難矣！」所言正謂：若如此縱樂行獵，則「被害不難（易遇害）」，不是「被害難」，故當以無「亦」字者為是，陳校得焉。再續一例。棗道彥《雜詩》「亂象侵邊疆」注：「《左氏傳》：吾聞之：『宋災，於是乎知有天道。可必乎？』對曰：『國亂無象，不可知也。』」陳校：「（知有天道）下脫『天道』二字。」奎本以下諸六臣合注本、尤本悉脫。今案：本書王仲宣《七哀詩》「西京亂無象」注亦脫「天道」二字。語見《春秋左傳注疏·襄公九年》，原文本不重「天道」字，然承上下文、循文理當有。原作：「吾聞之：『宋災，於是乎知有天道。何故？』……對曰：『商人閱其禍敗之釁，必始於火，是以日知其有天道也。』公曰：『可必乎？』對曰：『在道。國亂無象，不可知也。』」杜注：「言國無道，則變亂亦殊，故不可必知。」〔註26〕善注本節取為文，「可必乎」上刪節過多，讀者難解。玩上下文義，公復問「可必乎」者，乃謂「天道可必知乎？」「可必（知）」與「不

〔註25〕虞世南《北堂書鈔》，中國書店影印本，頁93。
〔註26〕《春秋左傳正義》，中華書局《十三經注疏》本，1980年版，頁1836、頁1941。

可知」之對象，皆是天道，故「可必」上必如陳校重「天道」二字，善注文義方得貫通無礙。前胡、梁氏並宗其補。本條盡見陳氏熟諳史書，妙解文義，故能補善注節取所不可或缺之脫漏。

善解文意，實基於考證邏輯推理之嚴密。此乃陳校最顯著之特色，故亦標舉三例以彰明之。謝靈運《盧陵王墓下作》「理感深情慟，定非識所將」注：「言己往日疑彼三人，迨乎今辰，己亦復耳。斯則理感既深，情便悲慟，定非心識之所能行也。王隱《晉書》曰：『荀粲與傅嘏善，夏侯玄亦親。常調嘏、玄曰：子等在世業間，功名必勝我，識減我耳。嘏難曰：能成功名者，識也，天下孰有本不足而末有餘者？粲曰：功名志局之所獎，然則志自一物耳。固非識之所獨齊。我以能役子等為貴，未能齊子所為也。』」陳校云：「三，二誤。」胡氏《考異》祇言「陳曰云云。是也，各本皆譌。」今案：欲決作「二」作「三」之是非，首先當明李善開頭幾句與徵引王隱《晉書》，各有司職：開頭是注者疏通兩句大意，自然與「二」、「三」有涉；徵引祇在釋下句之「識（心識）」字含義、來歷，與此無關，故得割斷。其次須明「二」、「三」之具體內涵，所指何人。陳氏未交待，前胡付闕如。其實是謂季札、彭城老父。此由上文及善注可證。遠在上三聯已有交待：「延州協心許，楚老惜蘭芳」，「延州」、「楚老」即此二人。其下聯：「解劍竟何及，撫墳徒自傷」，「解劍」、「撫墳」，明是分承二人；依次而下：「平生疑若人，通蔽互相妨」，李善惟恐讀者不明「若人」所指，因復下注曰：「若人謂延州及楚老也」；一路相承而下，直抵本聯，故本聯「言已往日疑彼三人」，「三人」，必是「延州」、「楚老」二人之譌。往日緣何「疑此二人」？所疑者何？即上詩云「通蔽互相妨」，善注所云：「令德高遠，是通也；解劍、撫墳是蔽也」。詩人是言，以往自己於二人之德與行，難以理解。此是放縱，至本聯乃為收擒。始悟：「斯則理感既深，情便悲慟，定非心識之所能行也」云云。後之讀者，不能不擊節李善解得深切。作「三人」者，此淺人妄改。因不知此聯乃就上三聯相承而下之邏輯關係，又無視善注，不知本聯善注徵引王《晉書》之本意，竟遽以彼書之荀粲、傅嘏、夏侯玄三人充之，令人失笑。由此可悟：論《文選》校勘者，豈可不尋繹詩理、漠視善注哉？例二：王仲寶《褚淵碑文》「荀裴之奉魏晉」注：「《魏志》曰：『太祖封荀攸亭侯……』臧榮緒《晉書》曰：『裴秀，字季彥……常道鄉公立，與議定策。』」陳校按曰：「荀，謂荀顗也。此言淵歷事宋、齊，猶荀顗、裴秀當魏晉代興之際，並以舊臣作佐命耳。注引荀攸，非是。」今案：荀

攸，未有事二朝事，顗則由魏臣入晉。陳校當據《晉書》、尤本等正之。此處考辨史實，即為校正文字。例三：曹子建《七啟》「爾乃御文軒」注：「文，畫飾也。軒，殿檻也。《尸子》曰：『文軒無四寸之鍵，則車不行。』《新語》曰：『高臺百仞。文軒，彫窗也。』」陳校云：「注：軒，殿檻也。按：文軒，猶雕軒耳，況既曰御，非軒檻，明矣。殿檻之釋，與《新語》一條，皆屬誤贅。」前胡於陳校既有贊同，但仍有所保留。其《考異》云：「陳云：『文軒，猶彫軒耳。殿檻之釋，與《新語》一條，皆屬誤贅。』今案：此注與中引《尸子》文軒義乖，陳說近之。但各本盡然，未審所誤果當若何也。」今按「文軒」，文為「畫飾」，無異議，而「軒」字，善注竟有三種解釋：車、殿檻和彫窗。陳氏以「車」為是，故以與「殿檻」、「彫窗」相關文字，皆為贅文。考《集注》本惟有「《尸子》曰」十四字。陳說居然近之，雖容有瑕疵，但前胡因「各本盡然」所生之疑，則可渙然矣。《四庫全書總目·綱目訂誤四卷》云：「景雲是書，又捃摭諸家所未及，悉引據前史原文互相考證……皆指摘精核，足正傳訛。……諸條亦皆允當。其於摭實之學，亦可云愈推愈密矣」〔註27〕上引王氏《書錄·三國史辨誤一卷》亦云：「以何陳師弟所校他書觀之，少章考據精密，當有出藍之譽。」〔註28〕。館臣「愈推愈密」、王氏「出藍之譽」之品，不可謂不高，然的係事實，陳校受之無愧。

　　校勘之事，大家亦講究風格。何陳師弟，風格同中有異。同在精煉簡潔，不同則由於經歷、性格之差異，在何校表現為多評泊，辭風流麗，然前朝時文流風所及，沾染帖括八股氣，故不免全謝山「紙尾」之譏。陳校則以文道自重，多考證，嚴而有法，恪守經典訓詁注釋家之風，不言作法，拒絕平點，辭氣平澹質實。偶有以《選》正史或走筆史論，亦無事張揚，略有節制。前者如：應休璉《與從弟君苗君冑書》，陳校其題「君苗君冑」云：「唐人謂君苗無姓，豈史失傳？是《書》昆季粲然。《文選》不可不業也。」末句有感而發，祇為張目選學以補史傳所闕耳。後者如吳季重《答魏太子牋》「臣幸得以下愚之才」。陳校按：「前言陳、徐諸子短於將略，至書末云云，蓋隱隱以兼資文武自命。然季重後歷清顯，久鎮方面，而勳業無聞，豈非亦韜於文士、愧於武夫者耶？」行文初釋文義，「然季重」以下則走筆譏刺，此文史家一時之興，非是戲言辯口，故終究有王氏「出藍」之譽。而陳何在《文選》校勘史上之地

〔註27〕永瑢等《四庫全書總目》卷四十七，中華書局 1965 年版，頁 421、頁 425。
〔註28〕王欣夫《蛾術軒篋存善本書錄》頁 468。上海古籍出版社，2002 年版。

位，亦因此大略克定。竊以為：清代選學校勘，從質量、數量綜合考察，誠當以顧廣圻、陳景雲、何焯為三鼎甲。顧氏受業於江艮庭，傳惠棟之學，兼通小學、版本，當乾嘉之極盛，切磋名流。《考異》十卷，精詣重開江都絕學，於恢復崇賢舊觀，厥功最偉。近代龔自珍《己亥雜詩》稱顧氏「劉向而後此大宗，豈同陳晁競目錄」！日人神田喜一郎《顧廣圻年譜》推為「清代校勘第一人」。獨占鰲頭，是名至實歸。而陳、何師弟，陳校詳核精能，考據持重，忠厚守法。嘉慶九年，顧廣圻題跋已有「然一時談《選》學者，未能或之先矣」之論見本書附錄一，嗣有近人王氏「出藍」之說，則乃師何氏祇得屈就探花矣。

若然進而探討陳校成功之根源，則可借用余舊作《何校集證序》論何氏校《選》所得天時、地利之說，今再補上「人和」，似可交卷矣。清初，自顧炎武以後，士風好古樸實，是謂天時；中吳自唐陸善經以來治《選》之文化傳統土壤，是謂地利。所謂「人和」，即是陳有幸復得名師指點，師弟共登選學史簿錄。何於陳校獎掖援引，不遺餘力。或稱「少章云」，如上李蕭遠《運命論》：「張良受黃石之符」條。或逕作「陳云」，如：木玄虛《海賦》「昔在帝媯巨唐之代」注引《左氏傳》「舜臣堯，舉八愷，使主后土。」何校曰：「陳云：『巨，五臣本作臣。然觀注中臣堯之解，則似善本亦作臣。巨字乃後人傳寫之誤也。』」此類蓋多承上而省稱。遇說有不同，何或並列二說，或委婉其辭，間接揭出陳誤校之來源。如：李令伯《陳情表》「報養劉之日短也」注引《毛詩》曰：「蓼莪孝子，不得終養也。」陳校云：「養字，衍。」何則曰：「《晉書》作『報養』，《蜀志注》同。一無『養』字。乃流俗妄削。」大度寬容而不失原則。陳於師校，則往往述而不作。如：左太沖《吳都賦》「與士卒之抑揚」。「抑揚」，何校改「揚抑」。陳云：「抑，叶韻。」復如：左太沖《魏都賦》題下有「劉淵林注」。何校：「前注云：『孟陽為注《魏都》』，今何以並題『淵林？』」陳述云：「賦末，善曰：『張以慊先隴反』云云，則知卷首本題張孟陽注，與前合。後來誤作劉淵林耳。」凡有異議，則諱去何校，頗得著作之體。如：劉孝標《辨命論》「三閭沉骸於湘渚」注引《漢書》曰：「賈誼渡湘水，為賦湘渚屈原。」「賦」下，何增「投」字、「湘渚」下增「弔」字，蓋從《史記》以改善注。陳校則云：「湘渚二字，以弔之誤。」則從善注依《漢書‧賈誼傳》。今檢其與諸六臣合注本及尤本、本書袁彥伯《三國名臣序贊》「放同賈屈」注、李蕭遠《運命論》「賈誼以之發憤」注引併合，故其校見長於乃師。師徒切磋，亦師亦友，既得疑義共賞之樂，又惟從真理為馬首，風範堪垂後世。

　　討論陳校之失，本是全面評價陳校題中之合有之義。前胡《考異序》論
《文選》之異同，已失崇賢舊觀，以為釁起於五臣，再在尤延之刻本。以為
「即何義門、陳少章斷斷於片言隻字，不能挈其綱維，皆繇有異而弗知考也。」
關於善注已經尤本增減，前胡《考異》復於潘安仁《懷舊賦》「而道元公嗣」
條，重申：「陳不知今所行選注，經尤校改，每非善舊，故尚不加遽斥，其實
善無是語也。」《別賦》「桑中衛女」條，復申前說。繼起者，有徐氏《糾何》，
如：上引《運命論》「張良受黃石之符」條，何、陳引李周翰說，徐乃指謫為
「獨喜引五臣以駁善注，實是一病」、「若李周翰之說，窘促不成文法，奚足
援引乎」云云。胡、徐兩家之說，有是有非。前胡「斷斷」之說，若以謂陳
何校，多有惟專注於文字之異，而忽視以善注體例以正毛本及諸家之譌，則
確中其病；若一味以兩家從尤本為非，則大不其然。彼以尤本「一意增多」善
注，就不符事實。事實是《考異》所謂尤本擅增者，大抵都有版本依據，本非
自尤氏始焉。尤本之校多有與《集注》本、奎本等暗合，即為明證。故前胡對
尤本之批評，本身闕乏客觀、公正。徐以陳何校有以五臣亂善，此種現象確
有存在，此係何、陳師弟不廢五臣校勘原則，所致之負面影響，然不多見。誠
不足以小疵掩大醇。退就徐氏所言《運命論》一條而言：「以遊於羣雄」下至
「莫之逆也」一段。陳、何校初據善注引《漢書》，以為原本當有，然因李周
翰注影響，復疑《漢書》一節為「後人補注」，則是進退失據，確係陳何之失。
徐氏若即此謂何陳校以五臣亂善，亦不為無稽；若就此個別現象，推論出「獨
喜引五臣以駁善注」云云，則顯係危言聳聽，有失公允。況且，此條真偽尚有
疑問，王氏《書錄》載顧氏批孫志祖《考異》時，即呼「少章冤枉難申」，蓋
「《舉正》無此條。出《音義》。《音義》尚未如此舛錯。」〔註29〕此已足證徐
說之偏頗矣。

　　顧千里跋《文選六十卷校宋本》：「雖以陳文道之精心銳志，既博且勤，
而又淵源多助，然《舉正》一書，猶時時有失。」〔註30〕顧云誠然。余考量
陳校之失，約有三端：首要在疏於音韻之學、多有誤改通叚。姑舉三例。如：
《嘯賦》「坐盤石」注引「《聲類》曰：『盤，大石也。』」陳校：「盤，作磐。
注同。」今案：「盤」，與「磐」通。《正字通·石部》：「磐，亦作盤。」本書
《古詩十九首·明月皎夜光》：「良無磐石固，虛名復何益？」善注複引《聲

〔註29〕王欣夫《蛾術軒篋存善本書錄》頁 1411。上海古籍出版社，2002 年版。
〔註30〕顧千里《顧千里集》卷二十三，頁 372。中華書局 2007 年版。

類》與本條同。此陳校疏於通假之證。復如：《景福殿賦》「寔曰永始」注引韋仲將《景福殿賦》曰：「夫時襄羊以劉覽。」陳校：「劉，當作瀏。瀏覽，與《西征賦》『瀏眄』同義。」今案：「瀏」，從「劉」得聲，字得通。《淮南子・原道篇》：「劉覽偏照，復守以全」高誘注：「劉，猶留連之留，劉覽，回觀也。」《玉海・魏永始臺》引正作「劉」。並是其證。再如：《神女賦》「宜持旁」注：「旁，宜侍王旁。」陳校云：「持，作侍。」今案：「持」，古與「侍」通。《荀子・榮辱》：「父子相傳，以持王公」，是其證。毛本不誤，必有所出。陳氏又疏矣。陳校之失，其次在於善注體例，未能深究而且恪守奉行，又未能如善注、如後來顧廣圻依例校書。即如於善注復出前文之體例，就極少措意。如：陸士衡《五等諸侯論》「土崩之困，痛於陵夷也」注引《漢書》：「徐樂上書曰：『何謂土崩？秦之末葉是也。人困而主不恤，下怨而上不知，此之謂土崩。』」陳祗校「秦之未。未，末誤」，而未能顧及上文《辨亡論上》「皇家有土崩之釁」注，已有出校，本條依善例當云「土崩，已見上文」。此處複出雖事出有因，然究失照應矣。至於未能設例校《選》，如善注例稱「《小爾雅》」為「小雅」，陳校屢出，便是明證。陳校之失，再次在少究避諱與忽略類書。前者如：《於安城答靈運》「迢遞封畿外」注引《毛詩》曰：「京畿千里。」陳校：「京，邦誤。」前胡《考異》是陳校，並指出陳校蓋依「正文云：封畿，即邦畿耳。」今案：《毛詩》見《商頌・玄鳥》，正作「邦」。前胡曰「正文云封畿，即邦畿」，此言甚是，然亦如陳未見申述理由。余謂「封」蓋漢諱「邦」之代字。《論語・季氏》：「且在邦域之中矣」，陸氏《釋文》：「邦或作封」。唐人寫本多見諱「邦」作「邽」字。《俄藏敦煌寫本Φ242文選・韋孟諷諫詩》「邦」字凡五見，四作「邽」〔註31〕，蓋取其與「邦」字形近耳。〔註32〕北魏太祖名珪，諱嫌名邽作「封」，故《魏書・地形志下》「上邽」、唐《元和郡縣志》卷二華州「下邽」，皆作「封」。並是余說之佐證也。後者，則如：謝玄暉《新亭渚別范零陵詩》「垂稱於平陽魏郡，蒙惠化」。陳校乙「平陽」二字、「魏郡」下，補「百姓」二字。今案：語見《晉書・鄭袤傳》作：「宣帝謂袤曰：『賢叔大匠，垂稱於陽平、魏郡，百姓蒙惠化。』」然《太平御覽》卷二百六十一引「王隱《晉書》」於「魏郡」下，作「并蒙」二字，此方得善本之真。何、陳校依今本《晉書》，

〔註31〕饒宗頤《敦煌吐魯番本文選・俄藏 L.1452 韋孟諷諫》，中華書局 2000 年版，頁 38～41。

〔註32〕范志新《避諱學・說邦巽》，臺灣學生書局，2006 年版，頁 269～273。

惜尚欠一間。此可見類書於考證校勘文獻有不可或缺之功。余復思陳校所失
之根源有二。簡言之：疏於音韻、通假，蓋由於生不逢時，未能如後輩顧廣圻
等經受乾嘉學風之洗禮；而忽略善注體例、前人避諱及利用類書，則大抵緣
於騎重經史，強調一端而發生之偏勝之弊耳。限於篇幅，祇得粗枝大葉，不
及細論矣。

初稿於二〇一四年十月六日蘇州養蠶里

校定於二〇一六年四月十七日聖何塞

目

次

凡　例

一、本書每條內容分三大義項：陳校、集說、疏證。

二、【陳校】項，取陳氏有關校勘內容。凡出《舉正》別取他書者，皆標明來歷。〔註1〕

三、陳有獨校正文或注文者：凡《周鈔》惟注無文者，概補出正文；若有文無注，無以明陳校及有關選家之論述者，補出相關注文。

四、周《鈔》陳校，多見省略。每將不同科段正文陳校，或同科段非同句注陳校，統繫某一句正文之下，間有以「又」字相連。讀者不便，且不無誤植、失序之虞。不得已而作相應之技術處理。共一主者，截其流，分別補出相應正文〔註2〕；誤繫者，釐清歸屬，以免張冠李戴。〔註3〕失序者，正其倫。〔註4〕其有：一校之中或有下句之文、上句之注，周《鈔》概以文居前、注居

〔註1〕如：陳校《魏都賦》「兼重悾」句，不見《舉正》，而見余氏《音義》、姚氏《筆記》等。

〔註2〕《典引》「內霑豪芒」陳校云：「注首脫善曰二字。下品物咸亨及功君百王注首，並同」。又，注中咸享，享，亨誤」。一條校，涉及三條同為注首有脫文之正文，且又兼及居中一條「品物咸亨」條之文字之譌，故不得不分三條處置。

〔註3〕如：《金谷集作詩》「前庭樹沙棠」之注，誤繫首條「石子鎮海沂」下。

〔註4〕如：《笙賦》：「統大魁以為笙」注：「言其管各守一聲，以主相應總統也」。陳校云：「總統二字，乙；又，次之，次作吹」。「總統」，是校上聯下句「統大魁以為笙」之注；「次之」云云，則是校下聯上句「基黃鍾以舉韻」之注，固不得以「又」字連綴，混為一條。復如：如《別賦》「橫玉桂而霑軾」善注先「論曰」後引「袁叔《正情賦》」，周《鈔》陳校卻先校「袁賦」，居「論曰」之上，今據注及前胡乙正。

後，有時不免失序，今分為二條，以見先後。〔註5〕周《鈔》次序有誤先後者，今悉從相應正文或注文及胡氏《考異》等乙正。

五、周《鈔》引陳校過略，有若不引相關內容，易致混淆者，必備引以彰明之。〔註6〕

六、條目所引《選》文，其有明顯譌誤或與本條校勘關涉者，隨手訂正，不予考辨；其餘一仍原文，蓋所重者陳校耳。

七、【集說】項，收繫本書所確定之十餘家選家之說，無論彼說有否涉及「陳校」「陳云」等字樣，祇要議題相同，概以收入。

八、羅列諸家以其著作問世前後為次第。其有經後人加按編纂行世者，即以後人為次，如姚範、許巽行兩家《筆記》。說詳下。

九、凡後出諸選家引陳校，若與上【陳校】項所引內容相同，無關鍵異文，則逕省作「陳曰云云」。其論說，有因仍上某家者（如梁章鉅之與胡克家、胡紹煐之與梁章鉅），或逕省，或節取之，以省篇幅。

十、嘉慶胡克家重刻尤氏《文選》，所附胡氏《考異》十卷，為顧千里代撰，是為學界共識。因周《鈔》有數十條顧氏校勘，與《考異》略有異同、精粗之分，為存文獻原貌，乃分別冠以「顧校」、「胡氏《考異》」，區而別之。

十一、所採諸選學名家代表《選》著有：何焯（1661～1722）《義門讀書記・文選》卷四十六至四十九（《文淵閣四庫全書》本）、葉樹藩海錄軒重刻汲古閣《文選》（乾隆三十七年刻本）余蕭客（1729～1777）《文選音義》（乾隆戊寅1758靜勝堂本）、孫志祖（1737～1801）《文選考異》（《續修四庫全書》本）、《文選李注補正》（民國《叢書集成初編》本）、胡克家（1757～1817）《文選考異》（中華書局1977年縮影嘉慶己巳本）、王念孫（1744～1832）《讀書雜志・餘編卷下・文選》（本書所用為《續修四庫全書本》影印道光本）張雲璈（1747～1829）《選學膠言》（道光乙未本）、梁章鉅（1775～1849）《文選旁證》（《續修四庫全書》本）、姚範（1702～1771）《援鶉堂筆記・文選》（道光乙未年刊本1835）、朱珔（1769～1850）《文選集釋》（光緒小萬卷齋本）、薛傳均（1788～1829）《文選古字通疏證》（《叢書集成續編》本）、徐攀鳳（？）

〔註5〕如：《西陵遇風》「積素盛原疇」陳校云：「盛，惑誤。又注《爾淮》，淮，雅誤」。所引《爾雅》蓋注上句「浮氛晦崖嶽」者。

〔註6〕如：《王撫軍庚西陽集別作》：陳校云：「發棹西江隩，注：隩、隈二字并當作隩」。今為斟證，若不備引相關郭注，極易誤為即注「《爾雅》曰：隩，隈也」之「隩隈」，不知陳氏實言《爾雅》之「隩」、郭璞注之「隈」耳。

《選學糾何》（民國《叢書集成初編本》）、胡紹煐（1791～1860）《文選箋證》（《續修四庫全書》本）、許巽行（1727～？）《文選筆記》（民國《文淵樓叢書》本）、黃侃《文選平點》（上海古籍出版社 1985 年本）、高步瀛《文選李善注義疏》（中華書局 1985 年本）等。排列以著作刊刻問世先後為序。姚、許兩家因分別有門人方東樹、玄孫許嘉德增補，故排列相應居後。除上述十六家外，汪師韓、李詳、祝廉先等選家有關《文選》考異，咸有可採，然因所收過於單薄，故有依例隸屬本項，間有歸入【疏證】項內，酌情度理，靈活處理。

　　十二、【疏證】項徵引《文選》諸本，考辨異同，甄別諸家判決陳校之是非得失。《疏證》所用重要參校本，六臣合注本有：韓國奎章閣藏本（簡稱奎本）、日本足利學校藏本（簡稱明州本，人民文學出版社 2008 年版）、贛州本（《文淵閣四庫全書》本，簡稱贛本。間有涉及其他贛本，則以藏所為冠詞，以為區別，如：臺北故宮藏贛本、日本楓山官庫藏贛本）、《四部叢刊》本（簡稱建本）。單李善注本：有尤延之本（簡稱尤本。包括中華書局 1977 年縮影胡克家翻刻本及 1973 年版）。五臣注本有：朝鮮正德本（簡稱正德本）、南宋陳八郎本（簡稱陳本）。除五臣正德本外，其餘諸本（或其底本）皆為宋本。正德本出浙本，其祖本為平昌孟氏本，來源早於陳本，故亦於採入。寫本則有：《文選集注》本（即黃侃所稱唐寫本。上海古籍出版社 2000 年版。《集注》所引《文選鈔》，簡稱鈔）、饒宗熙編敦煌《文選》本（簡稱敦煌本。中華書局 2005 年版。中有法藏本，高步瀛稱唐寫本）、日藏無名氏抄白文本《文選》（簡稱影抄本。即黃侃所謂「楊守敬影抄日本卷子本」、高步瀛稱「日本古鈔無注三十卷本」者）、芳村弘道校靜嘉堂文庫所藏古鈔無注本《文選》卷十殘卷本（簡稱日古鈔卷十殘卷。載《中國文選學》，學苑出版社 2007 年版）。

　　十三、善注有「已見上文」例。實際操作多見復出，且其中屢見譌誤，每為校者所詬病。為利於校勘研究，故今於其譌誤，仍為斠證，然不一定復補「當從善例，省作已見上文」云云，以省篇幅。

　　十四、常見文獻，前人援引多見用省稱、簡稱，如「《史記》」、「《漢書》」省作「史漢」、「《後漢書》」，省作「漢書」、「後書」之類，讀者據常識或上下文，自能辨別，故一般不作補正。

　　十五、何、陳師弟，先後校《選》。余先成《文選何焯校集證》一書。兩家條目難免有重合者，若與本書考校結論有異同者，當以本書為準。

文選舉正

校汲古閣本　東吳陳景雲

書名題下注

【陳校】

校汲古閣本。

【集說】

（顧）廣圻按下簡稱「顧按」：此據初印本也。與康熙丙寅上元錢士謐所據者不同。若今本，更無論矣。讀者詳之。（嘉慶）甲子（九年）七月。

【疏證】

陳校所據為汲古初印，顧按甚是。本書亦有內證。姑舉一例：陸士衡《答賈長淵》「濟同以和」。陳校云：「下脫『魯侯戾止，袞服委蛇』二句，並注『《毛詩》曰：魯侯戾止，《爾雅》曰：戾，至也。《周禮》曰：三公自袞冕而下，《毛詩》曰：退食自公，委蛇委蛇』十句」。許氏《筆記》亦云：「汲古初刻脫『魯公戾止』二句及注。」並是陳校底本為汲古毛本初印之證。翁同書題跋云：「本朝何義門，陳少章兩家改訂，特為精審。少章所校乃據汲古閣初印本與諸本對勘。」見本書附錄一亦可為顧按佐證。錢士謐本下稱「錢本」，乃係毛氏汲古閣重修本之翻刻本。

李善〔上文選注〕表

崇山墜簡

【陳校】

按：「崇」，當作「嵩」。晉元康中，有人自嵩下，得竹簡一枚，上兩行科斗書。司空張華以問束晳。晳曰：「此明帝顯節陵中冊文也。」檢校果然。事詳張騭《文士傳》，李氏正用此。傳寫者誤以「嵩」為「崇」耳。況「嵩山」已見上，行文必自相避，不應錯出也。

【集說】

顧按：《晉書・束晳傳》載此事。《文士傳》，《為蕭揚州作薦士表》注引。附翁同書案：「崇」、「嵩」字，古文通用。非誤。（周鈔《舉正》「顧按」外，有數條翁同書批，因惟四、五條，遂附顧批後，不另立。下同）

姚氏《筆記》曰：方東樹按：惜抱先生云：「嵩山，古謂之崇山。」

許巽行《文選筆記》曰：「崇山墜簡。」《說文・新附》「嵩」字下注云：「韋昭《國語注》：『古通用崇字。』然此崇山即嵩山。與上文『撮讓崇山』，音義各異。任彥昇《表》云：『《竹書》無落簡之謬』注引張騭《文士傳》有『於嵩山下得竹簡一枚，兩行科斗書。張華以問束晳，曰：此漢明帝顯節陵中冊文。』亦見《晉書・束晳傳》。江總《皇太子太學講碑》云：『羽靈蠹跡，嵩山落簡』，《東觀紀》：『靈帝使中郎將堂谿典請雨，因上言，改崇高山為嵩高山。』」此當作「嵩」。

【疏證】

　　奎本、明州本、贛本、尤本同。建本及五臣正德本、陳本不錄李善《表》。本書《為蕭揚州作薦士表》「竹書無落簡之謬」注引張騭《文士傳》「於嵩山下」，陳校當從本書內證耳。檢《北堂書鈔》卷五十七「束晢創三帝紀」注及卷一百四「竹策簡文」注引《文士傳》並作「於嵩高山下」、《白孔六帖》卷二十六「識竹簡」注作「時嵩山下」、《後漢書・禮禮儀下》「奉諡哀策」章懷注作「嵩高山下」，後二家未言出處。諸家文字雖稍有異同，然並作「嵩」。許說亦同陳校。然翁氏云「崇、嵩字，古文通用」，其說是。《說文・山部》：「崇，嵬高也。」段玉裁改「嵬高」為「山大而高。」注云：「《大雅》：『崧高惟嶽。』《釋山》、《毛傳》皆曰：『山大而高，曰崧。』《孔子閒居》引《詩》崧，作嵩。崧、嵩二形，皆即崇之異體。」徐灝注箋：「崇，經傳中，汎言崇高者，其字亦作嵩。《漢桐柏淮源廟碑》：『宮廟嵩峻。』《三公山碑》：『厥體嵩厚。』並與崇同。後世小學不明，遂以崇為汎稱，嵩為中嶽」。段、徐二家說，共證翁說為圓通。陳校未明乎此，然其與上文「行文不應錯出」說，亦有合理因素，不得一概抹殺。

文選卷一

兩都賦二首　班孟堅

班孟堅兩都賦二首　注：自光武至和帝，都洛陽，西京父老有怨。班固恐帝去洛陽，故上此詞以諫。和帝大悅也。

【陳校】

賦作於明帝之世。注中「故上此以諫。和帝大悅」語，未詳所據。

【集說】

余蕭客《文選音義》曰：何曰：「案《後漢書・班固傳》：『自為郎後，漸見親近。乃上《兩都賦》。』、『及肅宗雅好文章，固愈得幸。』則《兩都賦》明帝世所上。注『和帝』，誤。」

胡克家《文選考異》曰：何屺瞻焯校曰：「案《後漢書・班固傳》，則《兩都賦》，明帝世所上，注『和帝』，誤。」陳少章景雲校曰：「賦作於明帝之世，注中『故上此以諫，和帝大悅』語，未詳所據。」今案：此一節非善注也。善下引「《後漢書》：顯宗時，除蘭臺令史，遷為郎。乃上《兩都賦》」，不得有此注甚明。即五臣銑注亦言「明帝」云云，然則，並非五臣注也。且此是卷首所列子目，其下本不應有注，決是後來竄入。

張雲璈《文選膠言》曰：《兩都賦》作於明帝時。何義門、陳少章皆以為考本傳，賦作於明帝之世，而云「和帝」，未詳此注所據。按：今胡中丞校本謂云云，據此，則所云，非五臣闌入李注者。

梁章鉅《文選旁證》曰：《後漢書·班固傳》云：「顯宗召詣校書部，除蘭臺令史，遷為郎。」又云：「自為郎後，遂見親幸。乃上《兩都賦》。」據此，則《兩都賦》明帝時所上，此注云「和帝」者誤。此一節注恐是後來竄入。觀李注下「《後漢書》：顯宗時，除蘭臺令史，遷為郎。乃上《兩都賦》」，不得有此注甚明。即銑注亦言「明帝」云云，然則，並非五臣注也。且此是卷首所列子目，其下本不應有注。

徐攀鳳《選注規李》曰：前注「自光武至和帝……和帝大悅」，後注「《後漢書》：固，顯宗時，除蘭臺令史，遷為郎，上《兩都賦》。」案：後注為是。李氏此書，類援前人之書為注。前注失所引書名，歷考史傳，亦無「和帝大悅」事，其為五臣妄加，而非李元本可知。

許氏《筆記》曰：班作賦在明帝時，下文引《後漢書》云：「顯宗時上賦」，諸書無「和帝大悅」事，後人妄加。削。嘉德案：何義門、陳少章皆云「和帝誤」。胡云：「此並非五臣注，後人竄入甚明。」

黃侃《文選平點》曰：文題下注，非李氏文。凡題下注，皆有可疑。

高步瀛《文選李注義疏》曰：此下原注云：「自光武至和帝都洛陽，西京父老有怨」云云。胡克家《文選考異》曰：「何屺瞻焯校曰云云，陳少章景雲校曰云云。謹案：此一節非善注也」云云。步瀛案：胡氏說是。許氏《筆記》亦斥此注為「後人妄加」。葉刻海錄軒本，移此注於「《兩都賦》序」下，亦非是。今削去。

【疏證】

奎本以下諸六臣合注本、尤本悉同。近人李詳《文選萃精說義》云：「注『自光武至和帝』，至『大悅也』。案：『孟堅《兩都賦》，和帝時上。和帝十歲即位，即位四年，孟堅坐竇黨死，焉有『和帝大悅』之事？此注不引書名，亦與善注例不符，顯為後人屢入。胡氏《考異》云：『子目下本不應有注。』是也。」謹案：陳校疑以存疑，可見謹慎。黃氏《平點》與李詳說並精當。高氏備引諸家，亦有李詳，而不及其《精義》，惜矣。

兩都賦序

稽之上古則如彼　注：蔡邕《獨斷》：或曰朝廷，亦皆依違尊者都舉□□以言之。

【陳校】

「尊者都舉□□」。舊本作「尊者所都連舉」。

【集說】

余氏《音義》曰：「尊者所都連舉朝廷。」何曰：宋本作「尊者都舉口空脫一字朝廷。」

胡氏《考異》曰：注「亦皆依違尊者都舉朝廷以言之。」吳郡袁氏翻雕六臣本、茶陵陳氏刻增補六臣本「都」上有「所」字、「舉」上有「連」字。案：此尤延之校改之也。……（袁本、茶陵本）皆取六家以意合併如此。凡各本所見善注，初不甚相懸，逮尤延之多所校改。遂致迥異。

梁氏《旁證》曰：「或曰朝廷，亦皆依違尊者都舉朝廷以言之。」六臣本及汲古閣毛本「都」上並有「所」字、「舉」上並有「連」字。

高氏《義疏》曰：今《獨斷》卷上「亦」下，無「皆」字。又「尊者」下，有「所」字、「舉」上，有「連」字。張（伯顏）本、毛本、六臣本同。尤本蓋誤脫，今據補。本書朱叔元《為幽州牧與彭寵書》注引《獨斷》曰：「朝廷者，不敢指斥君，故言朝廷。」與今本異。

【疏證】

奎本以下諸六臣合注本並「都」上有「所」、「舉」上有「連」，是也。據胡氏《考異》吳郡袁氏翻雕六家本、茶陵陳氏刻增補六臣本皆作「所都連舉」，蓋皆遠祖奎本耳。尤本作「尊者都舉」，有明顯剜痕，實脫「所」、「連」二字。謹案：檢今本《獨斷》卷上「天子正號之別名」云：「天子自謂曰『行在所』，猶言『今雖在京師行所至耳。』巡狩天下，所奏事處皆為宮。在京師，曰奏長安宮；在泰山，則曰奏奉高宮，唯當時所在。或曰朝廷，亦依違尊者所都，連舉朝廷以言之也。親近侍從官，稱曰大家。百官小吏，稱曰天家。」蔡邕蓋記載天子自稱及眾人因避諱改稱天子之種種別號，皆與行在有涉。「朝廷」，則稱號之一爾。「都」，有居義。《漢書·東方朔傳》：「客難東方朔曰：蘇秦、張儀一當萬乘之主，而都卿相之位。」注引如淳曰：「都，居也。」「所都」，即

「所居」、「居所」耳。尤本蓋未明此義，故有奪字、剜挖之舉。胡氏《考異》謂「此尤延之校改之」，似是。毛氏汲古閣初刻本、康熙錢氏重翻本亦作「所都連舉」，汲古閣毛氏重修本（今藏蘇州大學圖書館）作「尊者都舉□□空脫二字」，與陳校所稱引同，此蓋陳據譌本而言。四庫館臣鈔本作「尊者所都地舉朝廷以言之」，此則多係館臣逞臆妄改。不足採信。又，諸本悉衍「皆」字，高氏說是。謹又案：題下「一首」二字，據前胡《考異》加。說見下文《西都賦》下。

西都賦

有西都賓 注：《穀梁傳》曰：葬我君桓公。我君，接上下也。

【陳校】

按：「公」下脫一「葬」字。又：四句與本文訓釋無預，蓋錯簡。

【集說】

顧按：此注《賦》「我」字也。

梁氏《旁證》曰：按此注不知所釋。又按《春秋·桓十八年》：「葬我君桓公」，《穀梁傳》：「葬我君，接上下也」。此所引，亦脫「葬」字。

姚範《文選筆記》曰：「我君，接上下也」旁，於「桓公」下增一「葬」字。余按：「葬」字似何增，非善注本有，蓋「葬我君桓公」本經文，今既去本傳「傳曰」二字，而統以《穀梁傳》，則「葬」字亦不必增。又按：章懷之注《後漢》，凡《文選》所取篇翰，即用善注。（方東）樹按：章懷所取簡當，以較善原注為優多矣。

高氏《義疏》曰：梁章鉅曰云云。步瀛案：此注蓋解「我」字之義。言舉國上下皆可稱國都為「我都」也。《穀梁》楊疏曰：「我君者，接及舉國上下之辭。」李意殆與楊同。然《傳》云：「薨，稱公，舉上也。」范注曰：「公五等之上。」（傳）又曰：「葬我君接上下也」，范注曰：「言我君舉國上下之辭。」鍾文烝《補注》曰：「注疏以下為臣民，非也。《廣雅》曰：『接，合也。』上下，謂五等爵也。公為五等之上，君則合上下稱之。」如鍾說，則「上下」謂五等爵之上下，非指君民也。與范、楊說異。

【疏證】

奎本以下諸六臣合注本、尤本引善注「公」下，悉無「葬」字。謹案：

陳、何校蓋從《春秋穀梁注疏・桓公十八年》增，當依姚說為是。高以「此注蓋解我字之義」，似是。陳氏「錯簡」說，非。

眾流之隈，汧湧其西

【陳校】

　　范《書》無此二句，以上下文勢觀之，似更緊健。又：善及五臣注本此八字皆無訓釋，頗疑昭明定本與范《書》同。

【集說】

　　余氏《音義》曰：《後漢書》無此二句。

　　孫志祖《文選考異》曰：許氏慶宗云：「善於此二句無注，蓋無此二句。或五臣本有之，後人羼入善本爾」。

　　胡氏《考異》曰：何云：「《後漢書》無此二句。」陳云：「善此八字無訓釋，疑與范《書》同。」案：各本皆有，恐五臣多此二句。合併六家失著校語。尤以之亂善也。凡袁本、茶陵本所失著校語者，說具每條下。其尤本無誤，多不復出。

　　梁氏《旁證》曰：《後漢書》無此八字。陳氏景雲校曰：「善此八字無訓釋，疑與范《書》同。有者恐係五臣本。」按：此以「西」字與上「川」字非韻，而疑之耳。

　　姚氏《筆記》曰：何曰云云。

　　朱氏《文選集釋》曰：許氏慶宗曰云云。余謂「《後漢書》亦無此二句」，則無者是也。

　　胡紹煐《文選箋證》曰：《後漢書》無此二句。陳氏景雲曰：「善八字無訓釋，疑與范《書》同。有者恐係五臣本。」梁氏章鉅《旁證》云：「此以西字與上川字非韻，而疑之。」紹煐按：西，讀若遷，古音同在《元部》。「西」與「川」未嘗非韻，然善與五臣「汧水」皆無注，疑是後人以別本增之。

　　黃氏《平點》曰：「眾流」二句不必有，《後漢書》無。抄本即楊守敬影抄日藏無名氏抄三十卷白文本、亦稱日藏卷子本亦無此八字。善本當亦無之，故無訓釋。

　　高氏《義疏》曰：胡克家曰：「何曰云云。……尤以之亂善也。」孫志祖引許慶宗說同。胡紹煐曰：「善與五臣汧水皆無注」云云。步瀛案：《古鈔》本即日藏古抄三十卷白文本無此二句。

【疏證】

　　諸《文選》本悉有此兩句，《通志》卷一百九上本傳、宋·祝穆《古今事文類聚》續集卷一同。李詳《萃精說義》：「案《固傳》本無此二句，或昭明所見集本有此。後人以其無注，滋生異議，疑不然也。」謹案：何、陳外，復有孫、胡、梁、姚、朱、後胡紹煐、李、黃、高九家，是自清至民國選學家大多以為善本無此兩句，何校蓋始作俑者也。然宋翔鳳《過庭錄·文選》曰：「《後漢書·班固傳》載《西都賦》『帶以洪河涇渭之川』句下，無『眾流之隈，汧湧其西』二句。……眾流之隈，謂芮水；汧湧其西，謂汧水。案：魏晉以前，古音西字皆讀如先，故與川協。至《廣韻》乃入《齊部》，蓋始於宋、齊以後，故章懷注《後書》，疑其非韻，遂刪此二語也。」俞正燮《癸巳存稿·文選自校本跋》亦云：「《文選》例有甄別。文詩同題，刪落整篇者多矣。其本有視他本增多者：《西都賦》視《漢書》多『眾流之隈，汧湧其西』……蓋昭明得他本增入者。……唐人所傳《文選》，未必即梁本。審宋、俞二家說，蓋亦以二句為章懷誤芟，《文選》固有。此與諸《文選》本悉有此二句合，陳、何校並非也。許慶宗以『善無五臣本有』，亦非。」謹又案：本條，余氏《音義》作：「眾流，《後漢書》無此二句」，並不作何校。蓋按《音義》一書體例，凡正文迻錄何校，當有「何曰」、「何校」字樣；否則當屬余氏。可參拙著《文選何校集證》附錄二《論余蕭客〈文選音義〉保存考正何焯校之成就》孫、朱亦不作何校，兩家皆出許慶宗，許則或從《音義》。胡、姚二氏繫何氏，言之鑿鑿，況姚氏係親見何手校本者，疑余氏偶疏脫或所據之何校本固無耳。

圖皇基於億載，度宏規而大起　注：《小雅》曰：羌，發聲也。度與羌古字通。度或為慶也。

【陳校】

　　按「小」下脫「爾」字。「度」當作「慶」。

【集說】

　　余氏《音義》曰：何曰：「《小雅》，並指《小爾雅》。」

　　顧按：此非脫也。今善本《孔叢》尚作「小雅第十一」。

　　胡氏《考異》曰：「度宏規而大起」。案：「度」，當作「慶」。必善「慶」、五臣「度」，袁、茶陵二本所載五臣銑注云：「度大規矩」，作「度」無疑。各本失著校語。尤本以之亂善也。注亦失舊，見下。又曰：注「度與羌古字通。

度或為慶也。」陳云「度，當作慶。」是也，各本皆誤，下同。「慶」，當作
「度」。案：云「慶與羌古字通」者，正文作「慶」，與所引《小雅・廣言》之
「羌」，古字通也。云「慶或為度」者，此賦作「慶」，或本為「度」，如今《後
漢書》之作「度」也。五臣因此改「慶」為「度」。後來合併，又倒此注以就
之。而不可通矣。今特訂正。又案：「爾」，當作「小」，各本皆誤。此所引《廣
詁》文。又章懷注《後漢書》所引，今本亦誤「小」為「爾」，皆不知《小雅》
者改也。末條，見本篇「上反宇以蓋戴」注《爾雅》曰：蓋戴，覆也」。

王念孫《讀書雜志・餘編》卷下（下簡稱「王氏《讀書志餘》」）曰：「度」與
「羌」聲不相近，絕無通用之理。蓋李善本「度」字本作「慶」，今本作「度」
者，後人據五臣本及《班固傳》改之耳。善注原文當云：「《小雅》曰：羌，發
聲也。慶與羌古字通。自注：《漢書・揚雄傳・反離騷》：「懿神龍之淵潛，竢慶雲而將舉。」
宋祁校本云：「蕭該《音義》曰：慶音羌，今《漢書》亦有作羌字者。」又「慶天領而喪榮」，
張晏曰：「慶，辭也。」師古注：「慶亦與羌同。」又《甘泉賦》「厥高慶而不可虖彊度」、《敘
傳》、《幽通賦》「慶未得其云已」，師古注並云：「慶，發語辭，讀與羌同。」慶或為度自注
云：慶字草書作「口」，與「度」相似，故慶，誤為度。《史記・建元以來侯者年表》：「平津侯
公孫慶」，《漢表》作度。《說文》：「郊有大慶。」今本慶，譌作度。今本作「度與羌古字
通，度或為羌」者，後人既改正文作「度」，復改注文以就之，而不知「度」
與「羌」之不可通也。又案：善本作「慶」是也。慶，語詞。「宏規」與「大
起」相對為文，言肇造都邑，先宏規之，而後大起之也。

梁氏《旁證》曰：按注則正文之「度」及注中兩「度」字，並當作「慶」；
「慶」字當作「度」。「慶與羌古字通」者，謂正文之「慶」與《小雅》之「羌」
通也。「慶或為度」者，今《後漢書》作「度」是也。銑注云：「度大規矩」，
是五臣本亦改「慶」為「度」，後來合併，因誤倒此注以就之耳。《小雅》係
《小爾雅》，此所引《廣言篇》文。凡李注引「《小爾雅》」，並作「《小雅》」。
後做此。

姚氏《筆記》曰：按：注字誤，當作「慶與羌古字通，慶或為度也」。賦
「度」字當作「慶」。樹按：「慶，不如度字當」。

徐氏《規李》曰：注「《小雅》」，案：即《小爾雅》。五經《正義》皆如此
省文。注又云「度與羌通。度或為慶。」案：度，當為「忖度」之度，與上「圖
皇基於億載」「圖」字同義。

胡氏《箋證》曰：《旁證》曰云云。王念孫曰：「《漢書・揚雄傳・反離騷》：

竢慶雲而將舉，宋祁校本引蕭該《音義》」云云。又「慶字草書與度相似」云云。見《志餘》。

李氏《說義》曰：案：《固傳》「度」字無注。五臣銑曰：「度，大規矩。」是五臣本作「度」。善本正文「度」應作「慶」，注當云：「慶或為羌。《小雅》曰：羌，發聲也。」方合。王懷祖先生說最明確，見《讀書志》。

高氏《義疏》曰：「度」，當作「慶」。《小爾雅》，見《廣言》。梁章鉅曰：「凡李注《小爾雅》，並作《小雅》。後倣此。」姚範曰：「注當作：慶與羌古字通。」王念孫曰：「羌聲不相近……而後大起之也。」自注云：「慶字草書……今本慶，譌作度」。

【疏證】

奎本、贛本、建本、尤本作「小雅」同，明州本獨譌作「《爾雅》」。謹案：《小爾雅》，《孔叢子》之一篇。《四庫全書總目·小學類·存目一》：「《小爾雅》一卷」。案曰：「《漢書·藝文志》有《小爾雅》一篇，無撰人名氏。《隋書·經籍志》、《唐書·藝文志》並載『李軌注《小爾雅》一卷。』其書久佚。今所傳本，則《孔叢子》第十一篇抄出，別行通行本者也。分《廣詁》、《廣言》、《廣訓》、《廣義》、《廣名》、《廣服》、《廣器》、《廣物》、《廣鳥》、《廣獸》十章，而益以《度》、《量》、《衡》為十三章。頗可以資考據」云。顧按以今善本《孔叢子》尚作「小雅第十一」為據，證「小雅」是「小爾雅」之省，非脫，顧說是也。奎本等四本不誤。參下《西京賦》：「是以多識前代之載」條。關於「度」字，上《文選》諸本誤併同。五臣作「度」，銑注可證。善本作「慶」，則有《漢書》顏注可證。《漢書·揚雄傳上》：「慶夭頟而喪榮」注：「張晏曰：慶，辭也。師古曰：慶，讀與羌同。」並是其證。善注故多有取諸「顏監」者。前胡之辨亦力。慶，辭也。《雄傳》又曰：「厥高慶而不可虖疆度」師古曰：「慶，發語辭也。度，量也。……慶，讀曰羌。度，音大各反。」「慶或為度」，係善注，是善所見本，已有譌慶為度者。此誤若在顏前，則或因緣於二字「草書相似」；若在顏後，則二字「草書相似」之外，或別因涉顏注下文「不可虖疆度」而致爾。古人施注亦從源流，既從之而復欲同中求異。此異同之心，李善不免，故既從顏監後，復據他本補「慶或為度」一句，於「度」不得通「羌」，實未加深究。《後漢書》本傳亦譌「度」，是章懷亦有此異同心。至五臣則前有二李，勇改「慶」為「度」，無所顧忌矣。今本作「度」者，蓋並以五臣亂善也。毛本文並注，當並誤從尤本等，「度」字，陳校或從《漢書》正之。此蓋

諸家說之濫觴。諸家校，以高氏引王念孫考辨最為詳審。可以定讞矣。

肇自高而終平　注：高，高祖。《漢書》張晏曰：為功最高，而為漢帝太祖。

【陳校】

　　按：「高高祖」三字衍。「《漢書》」下脫「高祖」二字，「曰」下脫「以」字，「太」當作「之」。

【集說】

　　胡氏《考異》曰：注「高高祖漢書」。袁本、茶陵本此五字作「漢書高祖」四字，是也。案：此尤校改之。下同。又曰：注「為功最高」。袁本、茶陵本「為」上有「以」字。是也。又曰：注「而為漢帝太祖」。袁本、茶陵本「太」，作「之」，是也。

　　梁氏《旁證》曰：六臣本注「高高祖漢書」五字，作「漢書高祖」四字。「為」上有「以」字、「太」作「之」。毛本「太」亦作「之」。

　　高氏《義疏》曰：《漢書》張晏注，《史記·高祖本紀》集解、《漢書·高帝紀》注引「為」字上皆有「禮諡法無高」五字，下有「以」字。六臣本亦有「以」字。又上「高高祖漢書」五字，作「高祖漢書」四字。又「太」作「之」。《集解》、顏注「之」、「太」字兩有。案：《高祖本紀》曰：「群臣皆曰：高祖起微細，撥亂世反之正，平定天下，為漢太祖，功最高。上尊號為高皇帝。……令郡國諸侯各立高祖廟，以歲時祠。」是群臣雖定議為「太祖高皇帝」，而「高祖」已為通稱。故下文云「立高祖廟」，不云「太祖高皇帝廟」也。

【疏證】

　　尤本誤皆同。奎本以下諸六臣合注本悉作「漢書高祖」四字，「為」上有「以」字，「太」，作「之」。謹案：奎本為諸六臣合注本之祖。陳校蓋依六臣本，是也。毛本皆誤從尤本耳。高氏引「《集解》、顏注『之』、『太』字兩有」，是李善注《文選》與《史、漢》及其注本有異同。

內則街衢……貨別隧分　注：鄭玄《禮記》注曰：金玉曰貨。

【陳校】

　　按：「《禮記》」當作「《周禮》」。

【集說】

高氏《義疏》曰：《周禮》鄭注，見《天官·太宰》。

【疏證】

奎本以下諸六臣合注本、尤本悉作「《周禮》」。謹案：語見《周禮注疏·太宰》。此注蓋涉下文引「鄭玄《禮記》注曰」云云而誤。尤本不誤，故胡氏《考異》不論焉。毛本獨誤，陳校是。

鄉曲豪舉遊俠之雄，節慕原嘗，名亞春陵 注《史記》：魏公子無忌曰：平原之遊徒豪舉耳。《文子》曰：智過十人，謂之豪。《漢書》曰：秦地豪傑，則遊俠通姦。

【陳校】

按：「舉」，當從范《書》作「俊」。

【集說】

余氏《音義》曰：《後漢書》「舉」，作「俊」。

顧按：詳注意，是李善本作「豪舉」。

梁氏《旁證》曰：《後漢書》「舉」作「俊」。

高氏《義疏》曰：《古鈔》「舉」作「桀」。《固傳》作「俊」。

【疏證】

諸《文選》本咸同。謹案：李善作「舉」，顧按是，蓋有善注《史記》等可證。今觀上下文意，「豪舉」當與「遊俠」連文對舉。蓋「舉」有「行」義，《周禮注疏·地官·師事》：「凡祭祀、賓客、會同、喪紀、軍旅，王舉則從」鄭玄注：「舉，猶行也。」賈公彥疏：「此數事王行之時，師氏則從。」是其證。「豪舉」，即「行豪（豪行）」，故得與「遊俠」相對。班賦原謂：當時行豪遊俠之徒，不慕原、嘗，即從春、陵等四公子也。五臣濟注「豪舉，謂豪俠之人，自相稱舉以誇矜」云云，釋「舉」義非，然可證五臣亦作「舉」。善引《文子》「智過十人謂之豪」釋「豪」，而引《漢書》「秦地豪傑則遊俠通姦」，雖有「豪」字，而乃釋「傑」。高氏所謂《古鈔》作「桀」。「桀」與「傑」，古今字耳。與《後漢》作「俊」，義同。又可為余「對舉」說佐證。坊本正文「舉」下、善注「遊徒」間施逗，皆非。

與乎州郡之豪傑，五都之貨殖　注：《漢書》曰：王莽於五都立均官，
更名雒陽、邯鄲、臨淄、宛、城都市長安。

【陳校】

　　按：「城都」當作「成都」。「市長」下，衍一「安」字。

【集說】

　　胡氏《考異》曰：注「城都市長安」。袁本「城」作「成」，茶陵本亦誤
「城」。陳曰云云。是也。各本皆衍。

　　梁氏《旁證》曰：陳曰「長下衍安字。」是也，各本皆衍。「城」，當依六
臣本作「成」，《後漢書》注可證。

　　朱氏《集釋》曰：案：所引見《食貨志》。「五都」，本不連「長安」在內，
注倒置「長安」於下，似六都矣。「安」字蓋誤衍，「長」字讀上聲。《志》載
莽詔云：「……遂於長安及五都立五均官，更名長安東、西市令及洛陽、邯鄲、
臨甾、宛、成都市長，皆為五均司市稱師」云云。

　　高氏《義疏》曰：尤本「成都」作「城都」。今依袁、茶陵二本。又各本
「市長」下皆衍有「安」字，今依陳氏校刪。

【疏證】

　　奎本、明州本、贛本、尤本誤同。建本獨作「成」不誤，亦衍「安」字。
謹案：本書鮑明遠《詠史詩》「五都矜財雄」、王元長《永明十一年策秀才文》
「五都復而事庠序」、李蕭遠《運命論》「譬命駕而遊五都之市」注引《漢書》
並作「成」，不誤。毛本當誤從尤本等。陳校當從《漢書·食貨志》、本書內證
等正之。朱氏校釋詳審。梁氏所謂「六臣本」實包括袁本與茶陵本見《旁證·
凡例》，今袁本作「成」，茶陵本誤「城」，二家歧出，故《旁證》渾言「六臣本
作成」，非也。《旁證》涉此誤甚多，下略。

注：皆為五均司市師。

【陳校】

　　按：「司市師」。「市」下，當從舊本增「稱」字。

【集說】

　　胡氏《考異》曰：注「司市師」。茶陵本「市」下有「稱」字。袁本與此
同。

朱氏《集釋》已見上條。

高氏《義疏》曰：（尤本）「司市」下無「稱」字，袁本同。今依茶陵本。

【疏證】

奎本、明州本、尤本脫同。贛本、建本有「稱」字。謹案：《漢書·食貨志》有「稱」字。毛本當誤從尤本等，陳校當據此補正。本書鮑明遠《詠史詩》「五都矜財雄」、王元長《永明十一年策秀才文》「五都復而事庠序」、李蕭遠《運命論》「譬命駕而遊五都之市」注引《漢書》並無「稱」字。疑此當李善承上而節省，非疏漏脫文也。其亦善注體例之一歟？

其陽則崇山〔隱天，幽林穹谷〕　注：《韓詩》曰：在彼空谷。薛君曰：穹谷，深谷也。

【陳校】

注「在彼空谷」。當作「穹」。

【集說】

胡氏《考異》曰：注「在彼空谷」。何校「空」改「穹」，陳同。是也，各本皆譌。案：陸機《苦寒行》注引正作「穹」。

梁氏《旁證》曰：何校云云，陳同。是也，各本皆誤。臧氏琳《經義雜記》云：「賢者乘白駒而去，在彼穹谷，正有入山惟恐不深之意。薛夫子《章句》以為深谷，當矣。《說文》云：穹，窮也。亦為深遠之義。空，當為穹，毛訓為大，如字讀，不如《韓詩》義長」。

許氏《筆記》曰：注引《韓詩》「在彼穹谷」，薛君曰：「穹谷，深谷也。」校《文選》者據《毛詩》，輒臆改為「空谷」。《呂覽》「伊尹生於穹桑」，《春秋緯》「少昊邑於窮桑」。嘉德案：何校亦改「穹」，陳同。是也。《苦寒行》注引作「穹」。

高氏《義疏》曰：注引《韓詩》「穹谷」，各本作「空谷」。梁章鉅曰云云。許巽行曰云云。步瀛案：《呂覽·本味篇》作「空桑」，所引《春秋緯》不言出自何書。檢諸家所輯《春秋緯》亦無此文。惟《祭法》孔疏引《春秋命曆序》，但云「窮桑氏」，亦不合。二證皆未確。然此注引《韓詩》，自應作「穹」。

【疏證】

奎本引「《毛詩》」作「空谷」。明州本首改作「《韓詩》」而「空」字仍之，

得失參半，贛本、尤本、建本先後踵其得失。宋·王應麟《詩攷》引作「穹」，又《玉海》卷三十八：「《文選》注：奄有九域，在彼穹谷」。謹案：本書王仲宣《贈士孫文始》「白駒遠志」、謝靈運《酬從弟惠連》「詎存空谷期」、桓元子《薦譙元彥表》「無聞於空谷」注作「空谷」，所引者並為《毛詩》。此注「既引《韓詩》，自應作穹」，陳、何校及高說，是也。

〔**陸海珍藏**〕　注：北謂天下陸海之地。

【陳校】

注「北謂天下陸海之地」。「北」當作「此」。

【集說】

胡氏《考異》曰：注「北謂天下陸海之地」。陳曰：「北，當作此。」是也，各本皆譌。

梁氏《旁證》曰：陳校「北」改「此」。據《後漢書》注，是也。

高氏《義疏》曰：「此謂」，注誤作「北謂」。今依《漢書·東方朔傳》及李賢注引改。

【疏證】

奎本以下諸六臣合注本、尤本誤同。謹案：《漢書·東方朔傳》語作「此所謂」。《後漢書》本傳注、《杜篤傳》「號曰陸海」注引東方朔語並作「此」。奎本當涉上文「南」字而誤，毛本則誤從尤本等，陳校則依史書正之。

下有鄭白……溝塍刻鏤　注：《周禮》曰：十夫有溝。鄭玄曰：一遂廣深各二尺，溝倍之。

【陳校】

注「一遂廣深」。「一」字衍。

【集說】

高氏《義疏》曰：《周禮》，見《地官·遂人》。

【疏證】

奎本以下諸六臣合注本、尤本悉無「一」字。謹案：語見《周禮注疏·遂人》，正無「一」字。此毛本獨譌，陳校當從《周禮》、尤本等正之。

五穀垂穎　注：《小雅》曰：禾穗，謂之穎。

【陳校】

　　〔注〕「《小雅》曰」。「小」下脫「爾」字。

【集說】

　　高氏《義疏》曰：「《小爾雅》」，見「《廣物》」。

【疏證】

　　奎本以下諸六臣合注本、尤本悉同。謹案：「《小爾雅》」，見載《孔叢子·廣物八》。本書陸士衡《文賦》「或苕發穎豎」注引此「禾穗」云云，亦無「爾」字。凡李注「小爾雅」，並作「小雅」。已見上「度宏規而大起」條。然則，依舊例，不補亦得。高氏即不補。

陂池連乎蜀漢　注：《漢書》有蜀都漢中郡。

【陳校】

　　注「有蜀都」。「都」，舊本作「郡」。

【集說】

　　余氏《音義》曰：「蜀都漢」。何「都」，改「郡」。善注引經傳與今本異同，何評並改從今本。今以《五經》、《左氏》人所共曉，不復繁載，其餘增刪某字、某字改某，並從何舊。

　　胡氏《考異》曰：注「《漢書》有蜀都漢中郡」。袁本、茶陵本「都」作「郡」。是也。

　　梁氏《旁證》曰：六臣本、毛本「都」並作「郡」。是也。

　　高氏《義疏》曰：《漢書》，見《地理志》。此注尤本「蜀郡」誤作「蜀都」，今依張本及六臣本改。

【疏證】

　　尤本誤同。奎本以下諸六臣合注本悉作「郡」。謹案：漢中郡、蜀郡，並見《漢書·地理志上》，顏注併「屬益州」。《後漢書·郡國志·益州》亦有「漢中……蜀郡」諸郡。袁、茶本作「郡」，蓋奎本為其遠祖耳。此尤本誤改，毛本誤從之。高氏說是。梁氏所見毛本，似非汲古初刻。

其宮室也……據坤靈之正位　注：楊雄《司命箴》曰。

【陳校】

　　按：「命」，據范《書》注，當作「空」。

【集說】

　　余氏《音義》曰：「命」，何改「空」。

　　汪師韓《文選理學權輿》曰：「揚雄《司命箴》」。志祖案：「一作空」。見《注引群書目錄》

　　胡氏《考異》曰：注「楊雄《司命箴》曰」。何校「命」改「空」。陳曰云云。是也，各本皆誤。

　　梁氏《旁證》曰：何校「命」改「空」。據《後漢書》注。陳同，是也，各本皆誤。

　　高氏《義疏》曰：胡克家曰云云。步瀛案：《初學記‧職官部》引作「崔駰《司空箴》」，雖有不同，然本注「命」字，決為「空」字之誤。

【疏證】

　　奎本以下諸六臣合注本、尤本悉同。《後漢書》本傳注：「揚雄《司空箴》曰：普彼坤靈，倬天作合」。謹案：《藝文類聚》卷四十七：「漢楊雄《司空箴》曰：普彼坤靈，倬天作則。」《初學記》卷十一引同。陳、何校是。梁氏《旁證》之校，大抵因仍前胡，其有移花接木者，每見歧出本意。即如本條「據《後漢書》注」云云，明出陳校，而至《旁證》，不為何校即歸己有也。

左墄右平　注：墄者為陛級也。言階級勒墄然。

【陳校】

　　注「言階級勒墄然」。「階」，舊本作「陛」。

【集說】

　　胡氏《考異》曰：注「言階級勒墄然」。茶陵本「階」作「陛」，是也。袁本亦誤「階」。

　　高氏《義疏》曰：注「言階級勒墄然」。胡克家曰：「茶陵本階作陛，是」。

【疏證】。

　　尤本同。奎本以下諸六臣合注本作「陛」。謹案：五臣作「階」，濟注：

「堿，階級也」可證，善作「陛」，則由上句「堿者為陛級也」已明。且本句即緊承上句而來，固當以作「陛」為順。陳、前胡校當是。《後漢書》本傳章懷注作「階」。尤本或從《後漢書》注，毛本則誤從尤本耳。

昭陽特盛……隋侯明月　注：高誘曰：隋侯，漢中國姬姓諸侯也。

【陳校】

　　注「漢中國」。「中」當作「東」。

【集說】

　　胡氏《考異》曰：注「漢中國姬姓諸侯也」。陳曰云云。是也，各本皆誤。

　　梁氏《旁證》同前胡《考異》。

　　高氏《義疏》曰：《淮南子》見《覽冥訓》。「漢東之國」本注，各本誤作「漢中國」。胡克家曰：「陳曰」云云。今據改。

【疏證】

　　奎本以下諸六臣合注本、尤本誤同。謹案：高注見《淮南子·覽冥訓》，正作「東」。本書張平子《南都賦》「隋珠夜光」注亦誤。毛本當誤從尤本等，陳校當依《淮南子》正之。

於是玄墀……周阿而生　注：《韓詩》曰：曲景曰阿。

【陳校】

　　注「《韓詩》曰」。按：「詩」下當有「章句」二字。

【疏證】

　　奎本以下諸六臣合注本、尤本同。謹案：既用《韓詩》訓詁（傳注），本當有「章句」字。此陳校所據。清·范家相《三家詩拾遺·國風·考槃》：「考槃在阿，碩人之薖。」《韓詩》傳曰：「曲景曰阿自注：釋文」，亦有「傳」字。然細審善注，凡單引《韓傳》訓詁，例有二體：全稱「薛君《韓詩章句》」外，別有省稱「《韓詩》曰」一體。本書全稱與省稱兩體並存，在在可見參拙著《附錄》二，故上諸《文選》本不誤，毛本從尤本等，亦不為誤。高氏《義疏》引玄應《一切經音義》卷一曰「《韓詩》云：曲京曰阿」云云，亦逕稱「《韓詩》」而無「章句」、「傳曰」字。

後宮之號，十有四位　注：《漢書》曰：倢華視真二千石。

【陳校】

　　注「倢（成）［華］視真二千石」。「倢」，舊本作「容」。

【集說】

　　胡氏《考異》曰：注「倢華視真二千石」。袁本、茶陵本「倢」作「容」。案：此尤校改之也。

　　梁氏《旁證》曰：六臣本及《後漢書》注「倢」並作「容」。

　　高氏《義疏》曰：「容華」之「容」，尤延之校改作「倢」。梁章鉅曰云云。步瀛案：《後漢書》清官本作「倢」。與本注同。

【疏證】

　　奎本以下諸六臣合注本作「容」。尤本作「倢」。謹案：倢華，蓋漢宮中女官名。《漢書》見《外戚列傳》正作「倢」，《太平御覽》卷一百三十五引同。然《魏志·武宣卞皇后》魏因漢法引作「容」，《前漢紀·孝惠》亦同。是「容」與「倢」通。「倢」從「容」得聲，故可通用。尤本當依《漢書》，毛本蓋從尤本。陳校當謂贛本等六臣本耳。

周以鉤陳之位　注：《樂汁圖》曰。

【陳校】

　　注「《樂汁圖》」。「汁」，舊本作「叶」。

【集說】

　　顧按：「汁」，即「叶」字。

　　高氏《義疏》曰：「《樂汁圖》」。本書《石闕銘》注及《太平御覽·天部》引並同。本書《長笛賦》注引作「《樂汁圖徵》」。案：《史記》索隱、《續漢志》注、《開元占經》、《北堂書鈔》、《藝文類聚》、《初學記》、《御覽》等書引又作「《樂叶圖徵》」。「叶」、「汁」字通。《汁圖》者，蓋省稱。孫毂《古微書》卷二十曰：「樂不叶，則不可以徵，不可以徵，則不可以圖也。」雖望文生義之言，然可證其名當稱「《叶圖徵》」也。

【疏證】

　　奎本、明州本、尤本同，贛本、建本作「叶」。謹案：汁，叶之假字。《說

文・水部》段注：「汁，古經傳多假汁為叶」。本書《西京賦》：「自我高祖之始入也，五緯相汁以旅于東井」善注：「《方言》曰：汁，叶也。之十切。郭璞曰：叶，和也。」《西京賦》外，本書尚有如《魏都賦》「鉤陳岡駴」等四、五處注引，並作「汁」。毛本蓋從尤本等，陳校所謂「舊本」，似贛、建二本。參下《西京賦》「五緯相汁」條。

修除飛閣 注：如淳曰：輦道，閣道也。司馬彪《上林賦注》曰：除，樓陛也。

【陳校】

「除」，范《書》作「涂」，注云「涂，與塗古字通。」五臣本作「塗」。

【集說】

余氏《音義》曰：五臣作「塗」。《後漢》作「涂」，注曰：「亦塗字」。

姚氏《筆記》曰：何云：「除」，《[後]漢書》作「涂」，注曰：「涂，亦塗也，古字通。」

朱氏《集釋》曰：注引司馬彪曰：「除，樓陛也。」案：注先引如淳說「輦道，閣道也。」是「閣」非「館閣」，乃《廣雅・釋（室）[宮]》之「棧閣」也。本書謝靈運《從斤竹澗越嶺溪行詩》注引《通俗文》「版閣曰棧」，蓋如蜀之棧道施版為之者，故曰飛閣。然則，「除」亦非「階除」。《廣雅》又云：「除，道也。」王氏《疏證》引《九章算術・商工章》曰：「負土往來七十步，其二十步上下棚除。棚除二當平道五。劉徽注云：棚，閣也。除，邪道也。」此「除閣」義與「棚除」同，而注以為「樓陛」，似失之。陛，則不得言脩矣。觀《後漢書》於此文作「脩涂」。涂、除同韻，字形亦相近，愈可見是道非陛也。

黃氏《平點》曰：尤衺云：「脩除，五臣作脩塗。」

高氏《義疏》曰：《固傳》「除」作「涂」。五臣作「塗」。案：「涂」、「塗」同。此作「除」，誤。朱珔曰：「閣，非館閣……愈可見是道非陛也」云云。步瀛案：《上林賦》：「長途中宿」注引郭璞曰：「中途樓閣間陛道。」《史記・司馬相如傳》《集解》引郭注同，惟無「中」字。疑司馬彪注與郭同。蓋李善本此文作「涂」，與《固傳》同，故引司馬彪注以釋之。與殿陛之「除」本非一物，而轉寫誤「涂」為「除」，乃並改注中「涂」字為「除」，而刪「閣間道」三字，遂與本文不合矣。

【疏證】

尤本同。奎本作「塗」，失校語。明州本作「塗」，校云：善本作「除」。贛本、建本作「除」，校云：五臣作「塗」。五臣正德本、陳本正作「塗」。尤氏《考異》曰：「五臣作脩塗。」《玉海》卷一百五十六兩引，一作「涂」、一作「塗」；卷一百六十三引又作「塗」。謹案：「除」，本兼有「陛階」及「殿陛之道」義。《說文》、《玉篇》皆作：「除，殿階也」；《漢書·王莽傳下》：「自前殿南下椒除」顏師古注：「除，殿陛之道也」，皆其證。然朱氏先證「飛閣」，乃「如蜀棧道施版為之者」，以連類及「除」非「階除」。復引王氏《疏證》，證此「除閣是道非陛」，若以「除」字「以為樓陛」，則與上「脩」字不合。高氏《義疏》從朱說而坐實之，謂「涂、塗同。此作除誤」。二家說皆是，善本為「除」者，蓋由「涂」轉寫誤也。毛本當誤從尤本等，陳校引范《書》、五臣是。

捆建章〔而連外屬〕　注：《方言》曰：捆，同也。音、義與混同。

【陳校】

「捆建章」。「捆」，范《書》作「混」，五臣同。

【集說】

余氏《音義》曰：「捆」，善注：「與混同」。

王氏《讀書志餘》曰：五臣本「捆」作「混」。念孫案：《後漢書·班固傳》正作「混建章而外屬」也。

梁氏《旁證》曰：五臣「捆」作「混」，翰注可證。《後漢書》亦作「混」。

胡氏《箋證》曰：六臣本校云：五臣作「混」。按注則本亦作「混」。此正文作「捆」，出後人所改。《後漢書》亦作「混」。

高氏《義疏》曰：五臣「（棍）〔捆〕」作「混」。《固傳》同。案：《方言》三曰：「宋衛之閒曰絆，或曰捆。」《說文》「昆」與「捆」，並訓為「同」。朱駿聲謂「捆」即「昆」之或體，作「混」者假借字。

【疏證】

尤本同。五臣正德本、陳本作「混」，奎本、明州本同，下無校語。贛本作「捆」校云：胡本反。五臣作「混」，同。建本作「捆」校云：五臣作「混」字。據善注「音義與混同」，則善本亦作「混」，後胡說是。范《書》同善本。

范《書》文有同《文選》者，大抵同善本。擅改者蓋不知善此五字注，本就《方言》「捆」而言也。首改正文者，其贛本歟？尤本誤因之，毛本則出尤、建本等。陳校正之是也。

軼雲雨於太半　注：《王倉》曰。

【陳校】

　　注「《王倉》曰」。「王」，當作「三」。

【疏證】

　　奎本以下諸六臣合注本誤同。尤本作「三」。謹案：《楚辭補注‧遠遊》「軼迅風於清源」注引作「三蒼」。本書司馬長卿《上林賦》「凌三嵕之危」、《難蜀父老》「使疏逖不閉窅爽」、王僧達《祭顏光祿文》「文蔽班揚」注引郭璞注，並作「三倉（解詁）」。奎本當因形近而誤，尤本正之，是也。毛本當誤從建本等，陳校乃據本書內證、尤本等正之。

既懲懼於登望，又杳窱而不見陽　注：《說文》：縈紆，猶回曲也。又曰：杳，杳窱也。《廣雅》曰：窈窱，深也。窈與杳同，烏鳥切。窱，他弔切。

【陳校】

　　注「（窈）〔窈〕窱」。「窱」，當作「窱」。

【集說】

　　胡氏《考異》曰：注「窈窱，深也」。陳曰云云。是也，各本皆誤。

　　梁氏《旁證》曰：陳校「窱」改「窱」。是也，各本皆誤。

　　朱氏《集釋》曰：注既上引《說文》，下「又曰：杳，杳窱也。《廣雅》曰：『窈窱，深也。』窈，與杳同。」案：「又曰」二字，當為「《說文》曰」三字。上「杳」字為「窱」之譌。今《說文‧穴部》「窱」字云：「杳窱也。」其「杳」字則別在《木部》，云：「冥也。從日在木下。」《廣雅‧釋詁》三：「窈窱，深也」，又《釋訓》：「窱窱、窈窈，深也」，字皆作「窈窱」。此注但云「窈與杳同」，而不云「窱與窱同」，豈李氏本亦作「窱」不作「窱」歟？至二字之義，《說文》：「窈，深遠也」、「窱，深肆極也。」蓋即其「杳窱」之訓。而《魯靈光殿賦》云：「旋室㛠娟以窈窱」，《續漢書‧祭祀志》注引《封禪儀記》云：「石壁窅窱，如無到徑」，《西京賦》云「望㘦窱以徑廷」自注：《集

－24－

韻》曰：「窅同窈。」數者並字異而義同也。

許氏《筆記》曰：「窈窕」。《說文》「窈，深遠也。」从穴幼，不知何時譌作窈？今書肆所售經書，以窈作窈，以厄作戹，以夲作本，以沉作沈之類，不可悉舉。厄、夲，猶皆有其字，特誤認耳，窈、沉等成何字耶？

高氏《義疏》曰：朱珔曰云云。

【疏證】

奎本以下諸六臣合注本、尤本悉同。謹案：善注引《說文》、《廣雅》，並以釋正文「窈」字。《說文》上「杳」字當為「窈」、《廣雅》當作「窈窕」，有今本《說文》、《廣雅》為證，故諸家持此說者，皆是。善注「窈與杳同」，當乙作「杳與窈同」，蓋此四字，非《廣雅》文，亦非釋《廣雅》「窈」字，而是善釋正文「杳」音義，故下「窕，他弔切」，亦為釋正文「窕」音耳。《後漢書》引《廣雅》亦作「窈窕」字。毛本當誤從尤本等，陳校當據《說文》、《廣雅》、范《書》等正之，是也。前胡、梁氏說並是。朱說「上杳字為窈之譌」、「李氏本亦作窕不作窕」並是，然欲改「又曰」為「《說文》曰」，則非，豈未見此李善承上文「縈紆」援《說文》而來，因省作「又曰」歟？

前唐中而後太液……蓬萊起乎中央　注：《漢書》曰：太液池中有……瀛洲、臺梁，象海中仙山。

【陳校】

注「瀛洲臺梁」。「臺」當作「壺」。

【集說】

余氏《音義》：「臺」，何改「壺」。

胡氏《考異》曰：注「臺梁」。何校「臺」改「壺」，陳同。是也，各本皆譌。

梁氏《旁證》同胡氏《考異》。

高氏《義疏》曰：又「壺梁」，注誤「臺梁」。胡克家曰：「何校云云，陳同，是也。」今從之。

【疏證】

贛本獨作「壺」，其餘諸《文選》本誤同。謹案：語見《漢書·郊祀志》，正作「壺梁」，《史記·孝武本紀》同。《後漢書》本傳注云：「《前書》曰：『建

章宮其西唐中數十里。』《音義》曰：『唐，庭也。其北太液池，中有蓬萊、方丈、瀛州、壺梁，象海中神山。』」毛本誤從尤本等，陳、何校當從贛本、史書及注正之。

軼埃塌之混濁　注：王逸《楚辭注》曰：埃，塵也。許慎《淮南子注》曰：塌，埃也。塌，與壒同。於害切。

【陳校】

「軼埃塌之混濁。」「塌」，舊作「壒」。

【集說】

顧按：「壒」，是五臣本。

胡氏《考異》曰：注「塌，埃也」。案：「塌」，當作「壒」，觀下注可見。各本皆誤。

梁氏《旁證》曰：六臣本及《後漢書》「塌」並作「壒」。是也，各本皆誤。

胡氏《箋證》曰：六臣本作「壒」，校云：善作「塌」。按：依注，則善本亦作「壒」，與《後漢書》同。《丹陽志》「秣陵蔣山有不壒水」，謂無塵也。

許氏《筆記》曰：「埃塌」。依注「塌」作「壒」。《說文新附》：「壒，塵也。」

薛傳均（1788～1829）《文選古字通疏證》下省作《疏證》曰：《說文》訓「塌」為「壁間隙」，不訓為「埃」。《淮南子》注與《說文》皆為許君所作，而彼此不同者，蓋壁間之際，恒為塵埃所聚，故「塌」字亦可訓「埃」。《說文》用本義，《淮南子》注用引申義耳。《說文》無「塌」字，《新附》始有之，訓為「塵」也，乃後出之字。壒字，蓋聲；塌字，曷聲，「曷」、「蓋」古音同部，故通。

高氏《義疏》曰：「塌」作「壒」。《固傳》同。胡紹煐曰：「依注，則善本亦作壒」。許慎《淮南子》注，見《兵略篇》。胡克家曰：「塌，當作壒，各本皆誤。」步瀛案：《兵略篇》注正作「塌」，此必本文作「壒」，故云「塌，與壒同」。茶陵本校云：善本作「塌」。袁本無。又今諸本作「塌」，疑皆誤。薛傳均曰云云。

【疏證】

尤本、五臣陳本同。五臣正德本、奎本作「壒」，明州本、建本同，然有

校云：善本作「塪」。贛本作「壒」校云：「善作塪，同。」謹案：《後漢書》本傳作「壒」，章懷注同。本書《魏都賦》「越埃壒而資始」、《蜀都賦》「則埃壒曜靈」善注引並作「壒」。壒、塪雖同，然善注「塪，與壒同」，乃就《淮南子》注而言，然則，善本固作「壒」，明州本校首誤，贛本仍而加「同」字，誤中益誤，尤本亦不能辨，毛本誤從尤本耳，陳校是。五臣亦作「壒」，正德本可佐證，陳本似誤從贛本、尤本等改。前胡說最是。清・洪頤煊《讀書叢錄》卷十一「埃塪」案云：「據注，塪當作壒。《後漢書・班固傳》、《蜀都賦》、《魏都賦》李注引俱作『軼埃壒之混濁』，字尚不誤。」《續修四庫全書》本洪說亦是。

水衡虞人　注：《周禮》：水衡。鄭玄曰：川，流水也。衡，平其大小也。

【何校】

注「《周禮》：水衡」。「水」，舊本作「川」。

【集說】

余氏《音義》曰：注「水衡」。「水」，何改「川」。

胡氏《考異》曰：注「《周禮》水衡」。茶陵本「水」作「川」，是也。袁本亦誤「水」。

高氏《義疏》曰：《周禮》，見《地官》序官。尤本、袁本、張本、毛本「川」皆誤作「水」，今依茶陵本。《漢書・百官公卿表》：「水衡都尉掌上林苑，有五丞」注：「應劭曰：古山林之官曰衡，掌諸池苑，故稱水衡。」

【疏證】

尤本同。奎本以下諸六臣合注本悉作「川」。謹案：語見《周禮注疏・地官・川衡》，正作「川」字。但據注引鄭注，亦可見作「水」之誤。此尤本致誤，陳校蓋據《周禮注疏》、六臣合注本等正之。

許少施巧……脫角挫脰　注：何休《公羊傳》曰：脰，頸也。

【陳校】

注「《公羊傳》曰」，「傳」下脫「注」字。

【集說】

胡氏《考異》曰：「何休《公羊傳》曰：脰」。陳云：「傳下脫注字。」是

也，各本皆脫。

梁氏《旁證》曰：陳校「傳」下添「注」字。按：本書中似此者不一而足，校者皆以為脫字。然古人引書不甚拘，如《說文》引《易》「地可觀者，莫可觀於水」，引《虞書》「仁覆閔下」，又「怨匹曰逑」，皆係說經之語，非經正文。或李注亦用此例，則非脫文也。

高氏《義疏》曰：「《公羊傳》」，見《莊十二年》。胡克家曰「陳云：傳下脫注字」云云。梁章鉅曰「本書中似此者不一而足……或李注亦用此例」云云。

【疏證】

奎本以下諸六臣合注本、尤本悉同。謹案：何注，見《公羊傳注疏·莊公十二年》：「絕其脰」句。本書《登臨海嶠初發疆中作——》「顧望脰未悁」注引則有「注」字。《後漢書》本傳無冠書名。毛本當從尤本等，陳校當從《公羊傳注》、本書內證等補之。梁氏「古人引書不甚拘」說並非無稽，上引《韓詩》訓詁之語，省作「《韓詩》曰」，便是同例。繁、省兩稱並存之可也。

超洞壑

【陳校】

「洞」，舊本作「迥」。

【集說】

余氏《音義》曰：「洞」，《後漢》作「迥」。

梁氏《旁證》曰：《後漢書》「洞」作「迥」。

高氏《義疏》曰：《固傳》「洞」作「迥」。

【疏證】

諸《文選》本咸同。謹案：宋·謝維新《古今合璧事類備要》別集卷一引亦作「洞」，然范《書》文多從李善注《文選》，陳校或是。

於是天子〔乃登屬玉之觀〕　注：《漢書·宣紀》曰：行幸長楊宮屬玉館

【陳校】

注「行幸長楊宮」。按：「長楊」，當作「蕢楊」。

【集說】

胡氏《考異》曰：注「行幸長楊宮屬玉館」。陳云：「長，當作蕢。」案：

所校最是。「長楊」別注在下，各本皆誤。此所引文，在甘露二年。

　　梁氏《旁證》曰：林先生茂春曰：「按《宣紀》甘露二年，幸萯陽宮屬玉館。李注引萯楊作長陽，誤也。」胡公《考異》亦曰：「長陽別注在下。各本皆誤。」

　　朱氏《集釋》曰：案：此所引《漢紀》，在甘露二年。彼文本作「萯楊宮」，非「長楊」。今本李注殆涉下文「歷長楊之榭」而誤也。《方輿紀要》云：「萯楊宮，在今鄠縣西南二十三里，秦惠文王時建。萯，讀曰倍」。

　　高氏《義疏》曰：注「萯陽」，各本作「長楊」。胡氏《考異》曰「陳云：長，當作萯」云云。步瀛案：陳、胡校是。今據改。

【疏證】

　　奎本以下諸六臣合注本、尤本誤悉同。謹案：今本《漢書·宣帝紀》作「幸行萯陽宮屬玉館」，朱謂「李注殆涉下文歷長楊之榭而誤」，當是。考《成帝紀》亦有「冬，行幸長楊宮……宿萯陽宮」云云，此或亦傳寫善注誤植之由歟？毛本當誤從尤本等，陳校當從《漢書》正之。

歷長楊之榭　注：《爾雅》曰：闍，謂之臺。有木謂之榭。辭夜切。

【陳校】

　　注「闍，謂之臺」。「闍」，當作改「闉」。郭注：「積土四方」。

【集說】

　　胡氏《考異》曰：注「闍謂之臺」。何校「闍」改「闉」，陳同。是也，各本皆誤。

　　梁氏《旁證》同胡氏《考異》。

　　高氏《義疏》曰：《爾雅·釋宮》云：「闉，謂之臺。」各本注「闉」誤作「闍」。胡克家曰「何校闍改闉，陳同」云云。步瀛案：今據改。

【疏證】

　　奎本以下諸六臣合注本、尤本悉誤。謹案：本書《招魂》「層臺累榭」引王逸注則作：「有木謂之臺，無木謂之榭」，無「闉」字。《楚辭章句》、《補注》、《集注》悉脫。《尚書注疏·泰誓》「惟宮室臺榭」傳：「土高曰臺，有木曰榭。」疏引《爾雅·釋宮》云：「闉，謂之臺。有木者，謂之榭」，《毛詩注疏·出其東門》「出其闉闍」疏、《春秋左傳注疏·宣公十六年》「夏成周宣榭火」疏引

《爾雅·釋宮》並作「闍」。凡此經史，皆當陳、何校所依據。檢《爾雅·釋宮》：「闍，謂之臺。」郭注：「積土四方。」本條「郭注」六字，係陳引《爾雅·釋宮》郭璞注釋「闍」。據此，陳校「闍」下當重「闍」字。

若摛錦布繡

【陳校】

「錦」下，舊本有「與」字。

【集說】

余氏《音義》曰：「摛錦」。六臣下有「與」字。

孫氏《考異》曰：六臣本「錦」下有「與」字。

胡氏《考異》曰：「若摛錦布繡」。袁本、茶陵本「錦」下有「與」字。案：《後漢書》無，或尤依彼刪耳。

梁氏《旁證》同孫氏《考異》。

高氏《義疏》同孫氏《考異》、梁氏《旁證》。

【疏證】

尤本同。五臣正德本、陳本、奎本以下諸六臣合注本並有「與」字。謹案：《藝文類聚》卷六十一引有「與」字。《初學記》卷七「錦繡陂」注引已無「與」字。尤本無，毛本蓋從尤本。前胡謂「或尤依《後漢書》刪」，或是。觀下文作「爛爚乎其陂」，有「與」字，則與「乎」字相對為文，當以有者為穩。陳校是也。

招白鷳，下雙鵠，揄文竿，出比目　注：《西京雜記》曰：閩越王獻高帝白鷳、黑鷳各一雙。

【陳校】

「鷳」，范《書》作「閒」，注云：「招，猶舉也。弩有黃閒之名，此云白閒，蓋弓弩之屬。」

【集說】

余氏《音義》曰：「鷳」。何曰：「《後漢》作閑，注云：『招，猶舉也。弩有黃閑之名，此名白閑，蓋弓弩之屬。』」今以「揄文竿」句例之，當以《後漢》為正。《讀書記》同

孫氏《考異》曰：何云：「《後漢書》鷗作閒」云云。王應麟《困學紀聞》云：「《御覽》引《風俗通》：『白閒，古弓名。』」今本《風俗通》無此語。

張氏《膠言》曰：何氏《讀書記》云云。按：此說已見《困學紀聞》，云「《御覽》引《風俗通》言『白鷗，古弓名。』《文選》以閒為鷗。非禽名也。」竊謂：古賦行文非必如後人聲偶，以「閒」為鷗，究屬牽強。「招」之訓「舉」，別無所見。

梁氏《旁證》曰：「白閒」與「文竿」對舉，則從「閒」義長。古弓有稱「黃閒」者。《南都賦》「黃閒機張」、《射雉賦》「捧黃閒以密殼」，是也。有稱「紫閒」者，陸機《七導》「摻紫閒之神機，審必中而後射」，是也。「白閒」，亦其類耳。張氏云璈曰：「以閒為鷗，究屬牽強。招之訓舉，別無所見。」《後漢書》注又云：「白閒，本或作白鷗，謂鳥也」。

朱氏《集釋》曰：「招白鷗」。案：《後漢書》「鷗」作「閒」，注云「招，猶舉也……此言白閒蓋弓弩之屬。」何氏焯謂「以揄文竿句例之，當以《後漢書》為正。」孫氏志祖《考異》曰云云。余謂：義得兩通。而章懷注下云「本或作鷗，謂鳥也」，亦引《西京雜記》，則已不定主「弓名」之說矣。

徐氏《糾何》曰：何曰云云。案：此語王深寧已先之矣。但李既據「鷗」為注，讀《選》者固當從李，古人文法不盡排偶也。

胡紹煐曰：《後漢書》作「閒」。《旁證》曰「此『白閒』與『文竿』對舉」云云。紹煐按：以「白閒」為弓名，別無所見，從「鷗」為正。本書《雪賦》「白鷗失素」注「白鷗，鳥名也。」《西京賦》曰：「招白鷗，招，猶罥也。」《孟子·盡心下》「又從而招之」趙注：「招，罥也。」此謂罥白鷗。

許氏《筆記》曰：「鷗」，當作「閒」。《說文》「鷗，鴎也。從鳥，閒聲。」《困學紀聞》曰：「白閒，弓弩之屬。猶黃閒也。《御覽》引《風俗通》：『白閒，古弓名。』《文選》以閒為鷗。非。」案：《後漢書》作「閒」。此下云「揄文竿，正與招白閒，為對也。」《南都賦》云「黃閒機張」、《射雉賦》云「捧黃閒以密殼」徐爰注云：「黃間，弩名，一名黃肩。」是知「白閒」亦「黃閒」之例。

黃氏《平點》曰：《抄本》「鷗」旁注云：「作閒。白鷗，弩名也」。

高氏《義疏》曰：《固傳》「鷗」作「閒」。李賢曰：「招，猶舉也。弩有黃閒之名。此言白閒，蓋弩弓之屬。本或作白鷗，謂鳥也。」《困學紀聞》卷十三曰：「招白閒……白閒，古弓名。」案：見《兵部》七十八。孫志祖曰：「今

本《風俗通》無此語。何焯曰云云」。惠棟曰：「下『文竿』與『白閒』對，以為鳥者，非也。」梁章鉅曰：「白閒與文竿對舉，則從閒義長。……白閒，亦其類耳。」許巽行說同。朱珔則謂「義得兩通」。張雲璈謂「以鷳為閒，究屬牽強。」胡紹煐曰：「以白閒為弓名，別無所見，從鷳為正」云云。李詳曰云云見下文。步瀛案：以上下文義推之，終以《後漢書》為是。《雪賦》注引作「鷳」，特依《選》耳。李詳曰：「左太沖《吳都賦》云：『弋磻放，稽鵁鷛……』正擬其句，亦一證也。」

【疏證】

諸《文選》本悉同，毛本當從尤本等。李詳《選學拾瀋》曰：「《後漢書》鷳作閒，注曰云云。何氏焯謂：『以揄文竿句例之，當以《後漢書》為正。』詳謂：何說亦本《困學紀聞》。左太沖《吳都賦》云：『弋磻放，稽焦明，虞機發，留鵁鷛』，正擬其句，亦一證也。」謹案：《太平御覽》卷九百二十四引，亦「鷳」。依善注引「《西京雜記》」云云，則作「鷳」是，然鷳（鷳），從「閒」得聲，「閒」與「鷳」通，故作「閒」亦得。況范《書》章懷注，陳校引下，尚有「本或作鷳」云云乎？觀王應麟引《射雉賦》徐爰注「黃間，弩名，一名黃肩」。清·惠士奇《禮說·夏官二》：「大黃，黃肩弩也。肩，一作間。」《漢書·李廣傳》：「而廣身自以大黃射其裨將」注引服虔曰：「黃肩，弩也。」晉灼曰：「黃肩，即黃閒也。大黃，其大者也。」師古曰：「服、晉二說，是也。」竊以為：「間」、「肩」互通，蓋亦由音同。弓形似人雙肩，故「肩」當為正字，「間」則借字耳。然則，「鷳」亦「肩」之借字耳。「鷳」字，不改亦得。

商循族世之嚣　注：《淮南子》曰：古者至德之時……處士循其道。

【陳校】

「循」，舊本作「脩」。注同。

【集說】

余氏《音義》曰：「士循其」。「循」，何改「脩」。

胡氏《考異》曰：注「而處士循其道」。何校「循」改「脩」。陳同。是也，各本皆譌。案：章懷注《後漢書》所引正作「脩」。

梁氏《旁證》曰：（正文）六臣本及《後漢書》「循」作「脩」。（注）何、陳校「循」改「脩」。《後漢書》注引《淮南子》亦作「修」。朱氏珔曰云云。見下。

朱氏《集釋》曰：「循」、「修」兩字，傳寫往往混淆。如《繫辭傳》：「損，德之修也」，《釋文》：「脩，馬本作循。」《莊子‧大宗師篇》「以德為循」，《釋文》：「循，本亦作脩。」《晉語》：「矇瞍脩聲」，《王制》正義引作「循聲」。義皆可通。

胡氏《箋證》曰：注「善曰：《淮南子》曰：『古者至德之時，處士循其道。』」六臣及《後漢書》「循」，作「修」。《旁證》曰：「何、陳校」云云。

黃氏《平點》曰：何焯改「循」為「修」，《抄本》正作「修」。

高氏《義疏》曰：古鈔本、六臣本「循」作「脩」，《固傳》同。《淮南子》，見《俶真篇》。胡克家曰：「何校循改脩。陳同」云云。步瀛案：《長笛賦》注引亦作「脩」。《太平御覽‧皇王部》二引作「循」。朱珔曰云云。

【疏證】

尤本同。奎本、贛本作「修」。明州本、建本、五臣正德本、陳本作「脩」。同。謹案：循與脩、修，因形近傳寫往往混淆。修與脩為通假本習見。何所見《後漢書》本傳作「脩」，殿本、坊本作「修」，可不論。此處祇論「循」與「修」之混淆緣起及「借用」之說。凡官屬其有德行、政績可稱者稱「循行」，兩《漢書》設《循吏傳》，《晉書》仍其稱，而列《良吏傳》。宋‧趙明誠見《漢北海相景君碑陰》作「修行」，且「他漢及晉碑數有之」，而《後漢書‧百官志》注及《晉書‧職官志》則並稱「循行」，因疑碑誤「循」為「修」，蓋「字畫相類，遂致訛謬」。《金石錄》卷十四明人都穆則反之，信碑而不信書，以為《漢書》舊皆出傳錄，以「修」為「循」者，特傳錄之誤。《晉書》「蓋仍《漢書》之誤」。《金薤琳琅》卷四若論兩說長短，似以都穆說為長，此所以陳、何校當從鄉前輩作「修」矣。若就《文選》校勘而言，兩家說有兩點共識：一，二字之混，遠在漢晉。二，兩家皆主非此即彼，必有一誤。與必有一誤說不同，稍後於趙宋之洪适則謂：「脩行，恐是借用。」《隸釋》卷六「借用」說，頗堪重視。考二字字義多有相同：《淮南子‧氾論》：「大人作而弟子循」高誘注：「循，遵也。」《漢書‧循吏傳》師古曰：「循，順也。上順公法，下順人情也。」《商君書》：「遇民不修法，則問法官。」《史記‧殷本紀》：「昔高后成湯與爾之先祖俱定天下，法則可修，舍而弗勉，何以成德？」是「修」與「循」，都有「遵循」義。本條善注即取此義。又，「修」與「循」共有「善」義：《廣韻‧諄韻》：「循，善也。」賈誼《新書‧時變》：「然錢財多也，衣服循也……車馬嚴也，走犬良也。」《楚辭‧離騷》：「恐修名之不立」、「謇吾法夫前修兮」，皆其

證。故朱氏以「義皆可通」也。此所以《漢書》有「《循吏傳》」，《晉書》稱「《良吏傳》」也。「循」與「修」之混淆，始於漢、晉，兩者之所以時可「借用」，則形近之外，亦緣於其義訓多有相同耳。王氏《讀書志餘》「猶可得而脩也」條論《典引》「其書猶可得而脩也」之「脩」，當為「循」，其義為「述」，是後胡節攝之本。王氏自注二節，竊意或於今日學者不無參考價值，因不辭詞費，詳引如下：王氏《讀書志餘》曰：《典引》「其書猶可得而脩也」。呂向曰：「其書尚可得脩治也。」念孫案：「脩」，當為「循」字之誤也。自注：隸書「循」、「修」兩字，傳寫往往譌溷。《繫辭傳》：「損，德之修也。」《釋文》：「脩，馬本作循」。《莊子·大宗師篇》「以德為循」，《釋文》：「循，本亦作脩」。《晉語》：「矇瞍脩聲」，《王制》正義引作「循聲」。《史記·商君傳》「湯武不循古而王」，索隱曰「《商君書》作脩古」。《管子·九守篇》「循名而篤實」、《呂氏春秋·盡歡篇》「射而不中，反循于招，何益于中？」《韓子·五蠹篇》「聖人不期循古」、《趙策》「循禮無邪」，今本「循」字並譌作「脩」。《北海相景君碑陰》「古循行都昌台丘暹」，《金石錄》曰：案「《後漢書·百官志》注：河南尹官屬有循行一百三十八人」，而《晉書·職官志》州縣吏皆作「脩行」。他書及晉碑數有之，亦與此碑陰所書同。豈循、脩字畫相近，遂致訛謬邪？《隸續》曰：「循、脩二字，隸法祇爭一畫。書碑者好奇，所以從省借用」。循者，述也。自注：《邶風·日月》傳曰：「述，循也。」《廣雅》曰：「循，述也」。其書可得而述，非謂脩治之也。《後漢書·班固傳》亦誤作「脩」。見「猶可得而脩也」條。

東都賦

保界河山　注：《漢書》：田肯曰：秦帶河阻山。

【陳校】

　　「田肯」。舊本作「婁敬」。

【集說】

　　余氏《音義》曰：「田肯」。六臣本「婁敬」。

　　胡氏《考異》曰：注「田肯曰：秦帶河阻山。」袁本、茶陵本「田肯」作「婁敬」。二本非也，此所引《高帝紀》文，非《婁敬傳》之「秦地被山帶河」也。下注所云「婁敬，已見上文」者，謂見《西都》「奉春建策」注。二本蓋因下注致誤。何、陳校皆據之改為「婁敬」，殊失之矣。凡二本有誤，及何、陳校之非者，多不復出。附辨一二，以為舉例，餘準是求之。

張氏《膠言》曰:「婁敬」當作「田肯」。注「漢婁敬曰:秦帶河阻山。」胡中丞曰云云。

梁氏《旁證》曰:六臣本「田肯」作「婁敬」。胡公《考異》曰:「六臣本非也。此所引《高帝紀》文……何、陳皆據之改為『婁敬』,失之」。

姚氏《筆記》曰:何改「田肯」作「婁敬」。按:此本《高紀・婁敬傳》作「被山帶河」。

高氏《義疏》曰:《漢書》,見《高帝紀》。胡克家曰:「袁本、茶陵本田肯作婁敬。非也」。

【疏證】

尤本同。奎本以下諸六臣合注本並作「婁敬」。謹案:《漢書》見《高帝紀》:「秦,形勝之國也,帶河阻山,縣隔千里。」本書班孟堅《述高帝紀》「割據河山」注引亦作「田肯」。《資治通鑑・太祖高皇帝中》、《太平御覽》卷三百五十二及卷五百四十三、《冊府元龜》卷一百、《玉海》卷一百七十三引、《北堂書鈔》卷一百二十四「持戟百萬」注引《漢書》並作「田肯」。毛本當從尤本,不誤。前胡《考異》所謂「下注」,即本賦「故婁敬度勢而獻其說」,注「婁敬,已見上文」云云。「上文」,蓋指《西都賦》「奉春建策」注,而非本條注,前胡說是。奎本等六臣注本作「婁敬」,是失誤不自陳、何校始,陳、何當從六臣合注本誤改爾。陳氏「舊本」,此處蓋指六臣合注本袁本、茶陵本。

前聖靡得言焉

【陳校】

「得」下,舊本有「而」字。

【集說】

胡氏《考異》曰:「前聖靡得言焉」。袁本、茶陵本「得」下有「而」字。案:《後漢書》亦有。

梁氏《旁證》曰:六臣本及《後漢書》「得」下並有「而」字。

黃氏《平點》曰:《抄本》「得」下有「而「字。

高氏《義疏》曰:《古鈔》、六臣「得」下有「而」字。

【疏證】

　　尤本同。五臣正德本、陳本、奎本以下諸六臣合注本並有「而」字。謹案:《後漢書》本傳有「而」字。上句云:「蓋六籍所不能談」,由上下文氣言,以有「而」字為得。此尤本偶疏,毛本蓋仍尤本之脫,陳校當據《後漢書》、六臣合注本等正之。

功有橫而當天,討有逆而順民

【陳校】

　　「功」,五臣本作「攻」。「討」,范《書》作「計」,五臣同。

【集說】

　　何氏《讀書記》:「功有橫」、「計有逆」,皆言其不得已耳。《後漢書》注引「逆取順受」之義,非是。一作「攻」、「討」。葉樹藩刻《海錄軒本文選》同。下簡稱「葉刻」。

　　余氏《音義》曰:五臣作「攻」、「計」。

　　孫氏《考異》曰:「功」,五臣作「攻」、「討」,五臣作「計」。志祖案:此善與五臣兩失之也。如上句作「攻」,則下句應「討」;上句作「功」,則下句應「計」矣。何云:「功有橫、計有逆,皆言其不得已耳。《後漢書》注引『逆取順受』之語,非是。」

　　梁氏《旁證》曰:六臣本「功」作「攻」、「討」作「計」。《後漢書》亦作「計」,注云:「高祖入關,秦王子嬰降,而五星聚于東井。此功有橫而當天。逆,謂以臣伐君。高祖入關,秦國人爭獻牛酒。此為計有逆而順人。」何曰:「二語言其不得已,《[後]漢書》注非」。

　　朱氏《集釋》曰:五臣本「功」作「攻」、「討」,作「計」。案:孫氏《考異》云:「此善與五臣兩失之也。……則下句應計」云云。余謂:《後漢書》正作「功」、作「計」。以「橫」字觀之,似作「攻」為是;「計」與下複,作「討」是也。

　　高氏《義疏》曰:「功」,袁本依五臣作「攻」。茶陵本作「功」,校曰:五臣作「攻」。尤本「計」作「討」,茶陵本同,校曰:五臣作「計」。案:各本皆有誤。袁本載張銑曰「言當時攻討,雖橫逆而順天人也。」茶陵本「攻」亦誤作「功」,袁本此字不誤。知五臣作「攻」不作「功」、作「討」不作「計」。蓋五臣作「攻」、「討」,李氏作「功」、「計」,後來傳寫舛錯耳。《古鈔》本正

作「計」。《固傳》作「功」、「討」,「民」作「人」,蓋李氏本、五臣本、《後漢書》各不同也。孫志祖《李注補正》謂「如上句作攻,則下句應討;上句作功,則下句應計」,其說是矣。而謂「善與五臣兩失之」,亦未審耳。朱珔曰:「以橫字觀之,似作攻為是;計,與下複,作討是。」亦未然也。

【疏證】

　　《後漢書》本傳、尤本同。五臣正德本、奎本並銑注同。贛本、建本作「功」,校云:五臣作「攻」;「討」下校云:五臣作「計」。五臣陳本並銑注作「攻」、「討」。惟明州本並銑注作「功」、「計」。謹案:《古今事文類聚》續集卷一作「攻」、「討」。「功」,與「攻」通。李斯《嶧山刻石》:「功戰日作,流血于野。」《馬王堆漢墓帛書・經法・君正》:「以不足功,反自伐也。」《銀雀山漢墓竹簡・孫臏兵法・王兵》:「器戒備,功伐少費。」皆其證。然則「功討」與「攻討」同,不誤。作「功」、作「討」,善與五臣本無別,故奎本無校語。明州本改「討」作「計」,誤在先;贛本不究原委,以「功」歸李善、「攻」屬五臣,強分六臣,遂致諸家糾纏不清。何、孫、高諸家,則因疏略「功」與「攻」通一節,又改「討」作「計」,於義雖可通,然畢竟非善本原貌,誼不可取焉。朱氏《集釋》主為「攻」、「討」,亦非。高氏引孫氏《李注補正》,蓋孫氏《考異》之誤。

生人幾亡　注:《尚書》曰:生人保厥居。

【陳校】

　　「人」,舊本作「民」。注同。

【集說】

　　高氏《義疏》曰:《尚書》,見偽《旅獒》。「人」,作「民」。

【疏證】

　　尤本並注同。奎本、明州本作「民」,注作「人」。贛本、建本並注作「民」。五臣正德本陳本作「民」。謹案:《後漢書》本傳、《古今合璧事類備要》別集卷一引作「民」。注語見《尚書注疏・旅獒》,正作「民」。善作「民」,注同。注作「人」者,是後人回改未盡耳。五臣當諱作「人」,二五臣本作「民」者,是後人回改。尤本是。毛本蓋以五臣亂善,非,陳校當從尤本等正之。梁氏《旁證》嘗於本篇「不階尺土一人之柄」論本書唐諱字云:「凡本書中如世作

代、民作人、治作理，皆避唐諱改。亦有諱改未盡，致與他書參差。無關考據者不悉具。」其說的是校《選》不二法門。

霆擊昆陽

【陳校】

「擊」。范《書》作「發」。

【集說】

梁氏《旁證》曰：《後漢書》「擊」作「發」。

高氏《義疏》曰：《固傳》「擊」作「發」。

【疏證】

諸《文選》本咸同。謹案：《後漢書》本傳作「發」。今觀其上文云「赫然發憤，應若興雲」，此作「發」，則與上重複，似以作「擊」為長。陳校蓋從范《書》，可備異聞。

注：《東觀漢記》曰：上入昆陽，城中兵下昆陽穀少。

【陳校】

注「城中兵下昆陽」。「兵下」二字，疑。

【集說】

高氏《義疏》曰：注引《東觀漢記》，與今本不同……知今本有所改易也。惟本注各本「城中兵」下誤衍「下昆陽」三字。……今校改（作「兵穀少」）。其他各書所引，亦有不同，姑從略焉。

【疏證】

奎本以下諸六臣合注本、尤本悉同。謹案：今本《東觀漢記》云：「帝馳入昆陽，諸將惶恐，各欲散歸。帝與諸將議，城中兵穀少」云云，並無「城中兵下」四字。高氏校去「下昆陽」，即出此。是也。按：此或涉注下「昆陽城中兵亦出」而衍。

正雅樂

【陳校】

「雅」，范《書》作「予」。

【集說】

何氏《讀書記》曰：五臣本作「雅」，非是，當以王厚齋說改正。

葉刻：何校：「《後漢書》本作『予』。五臣本作『雅』，非。今依厚齋王氏說改正。』

余氏《音義》曰：何曰：「《後漢》作予。」

孫氏《考異》曰：「正予樂」。《困學紀聞》云：「《東都賦》『正予樂。』《文選》善注亦引大予。五臣乃解為正樂。今本作『雅樂』，誤。」志祖案：《後漢書‧固傳》作「予」，然《章帝紀》亦有「作登歌，正雅樂」之語，則五臣未為失也。

顧廣圻評校孫氏《文選考異》曰：《困學紀聞》云云。志祖案云云。今案：《困學紀聞》最為確論。孫氏之說，考諸《章帝紀》首，永平十八年十二月癸巳，有司奏言：「孝明皇帝作登歌，正予樂。」章懷不注「正予樂」，因已詳見上《明帝紀》永平三年，故不須復見也。今各本皆是「予」，無作「雅」者。不知孫氏何所據而以為五臣有本也。見《蛾術軒篋存善本書錄‧甲辰稿》卷四。

胡氏《考異》曰：「雅」，當作「予」。《後漢書》作「予」，章懷注：「正予樂，謂依讖文改太樂為太予樂也。」《困學紀聞》曰：「《文選》李善注亦引『太予』。五臣乃解為『正樂』。今本作『雅樂』，誤。蓋五臣本改為雅。」王伯厚此說最是。善既引「太予」，則作「予」自甚明。袁本、茶陵本所載五臣銑注云：「雅樂，正樂也。」其作「雅」亦甚明。各本所見正文，皆以五臣亂善，而失著校語耳。

張氏《膠言》曰：「正雅樂」。按《困學紀聞》謂當作「予樂」，今李注亦引作「大予」。《困學紀聞》云：「蓋五臣本改為雅樂耳。《[後]漢書‧明帝紀》注引《漢官儀》云：『大予樂令一人，秩六百石。』顏延之《曲水詩序》『大予協樂』注引《東觀漢記》孝明詔曰：『正大樂官曰大予樂官。』」

梁氏《旁證》曰：《後漢書》「雅」，作「予」。注：「正予樂，謂依讖文改大樂為大予樂也。」《困學紀聞》十三云：「李注亦引『大予』，五臣本乃改為『雅樂』耳。」孫氏志祖曰：「《後漢書‧章帝紀》有『作登歌，正雅樂』之語，此五臣所本。」顧氏千里曰：「《困學紀聞》論最確」云云。下「孫氏之說」云云，全同上《蛾術軒篋存善本書錄》顧評校孫氏語。

朱氏《集釋》曰：案：《困學紀聞》云：「雅樂當作予樂，蓋五臣本改為雅

樂耳。《漢書·明帝紀》注引《漢官儀》曰：『大予樂令一人，秩六百石。』顏延之《曲水詩序》『大予協樂』注亦引《東觀漢記》語。」余謂：漢樂既本名「雅會」，明帝乃改之，則正者，言改而正之也，似作「雅樂」，文氣自順。然《後漢書》作「正予樂」，注云：「依讖文改大樂為大予樂」，亦無「雅會」之名。《文選》與范《書》，本間有異同也。

　　徐氏《規李》：案：「雅」，皆宜作「予」自注：此條詳見王深寧《困學紀聞》。餘為前人已言，確不可易者，概從其略，恐蹈仍襲之愆也。

　　胡氏《箋證》曰：按：《後漢書》作「正予樂」，章懷注：「正予樂，謂依讖文改大樂為大予樂也。」《困學紀聞》十三云：「善注亦引大予樂，五臣本乃改為雅耳」。

　　許氏《筆記》曰：何云：「雅，厚齋王氏本作予。」案：注本作「予」，後人妄改為「雅」耳。《曲水詩序》云：「大予協樂」，見《宋書·樂志》。

　　李氏《說義》曰：案：「雅」，當從《固傳》作「予」。注謂「依讖文，改大樂為大予樂」。《後漢書·明帝紀》：「永平三年八月，改太樂為太予樂」注：「《尚書·璇璣鈐》：『有帝漢出德洽，作樂名予』，故據《璇璣鈐》改之。」此賦善注引「《璇璣鈐》作樂名雅」，係涉正文而誤。《困學紀聞》云：「五臣本改作雅」，則善注本宜作「予」，明矣。

　　高氏《義疏》曰：《固傳》「雅」作「予」。《困學紀聞》卷十三曰：「《東都賦》正予樂李善注亦引大予，五臣乃解為正樂。今本雅樂，亦誤。」自注曰：「五臣本改為雅。」案：何焯據此改「予」。胡克家曰：「王伯厚此說最是」云云。張雲璈亦謂：「雅樂，按《困學紀聞》當作予樂。」孫志祖曰：「《章帝紀》亦有『作登歌，正雅樂』之語，則五臣未為失也。」梁章鉅曰：「考諸《章帝紀》首永平十八年十二月癸巳，……不知孫氏何所據而以為五臣有本也？」朱珔曰：「漢樂既本名雅會」云云。胡紹煐亦依《困學紀聞》為說。許巽行謂：「注本作予，後人妄改為雅。」以上諸說，除孫氏、朱氏外，皆以作「予」為是。案：王厚齋但引注作「大予」，推知五臣本改為「雅」，而未明言李氏本作「予」。是王氏所見本正文作「雅」，其云《東都賦》「正予樂」，祇據《後漢書》言，以此條在考史中，不在評文中也。故本文仍從諸本作「雅樂」，而備著諸家之說以備考。

【疏證】

　　諸《文選》本悉同，《後漢書》本傳則作「予」。又《後漢書·章帝紀》宋

本作「予」見四庫《後漢書·卷三章帝紀考證》「正雅樂」。是《文選》自作「雅」、《後漢書》自作「予」。《文選》與范《書》，誠如朱云「本間有異同也」，但當各依其本，兩存其說可也。高氏謂王厚齋云「《東都賦》正予樂，祇據《後漢書》言」，非所見《文選》本正文作「予」，亦是此意。謹案：宋翔鳳則以「雅」、「予」字通，益證兩存說之可行。其《過庭錄》曰：注引「太予」，又引「太子」，並當作「大予」。《後漢·明帝紀》：永平十三年，改「大樂」為「大予樂」，注引《漢官儀》云：「大予樂令一人，秩六百石。」又《班固傳》載《東都賦》：「正雅樂」，「雅」字作「予」。注云：「正予樂，謂依讖文改大樂為大予樂也。」案：此可正《選》注之誤。其賦中「正雅樂」，「雅」字不必改。古音雅與予、疋同在《魚類》，則字可通用。《說文》：「疋，古文以為《詩·大疋》字，或曰胥字。」《續漢書·百官志》注引盧植《禮記》注：「大予自注：本作太子，今校改。令如古大胥。大樂丞如古小胥」。據此。知緯文「大予」，即《禮記》「大胥」。古音「雅」讀如「胥」。大胥、小胥猶大雅、小雅。相如《上林賦》：「撟群雅」，張揖曰：「《詩》：『小雅之材七十四人，大雅之材三十一人，故云群雅。』」案：此云「小雅之才」云云者，當指人材能任大胥、小胥者也。緯書皆隸書，以「疋」是古文，故以音同，借為「疋」以通俗。其實則與「疋」、「雅」為一字也。見卷十五謹又案：毛本當從尤本等，未必誤，陳校蓋從范《書》，亦不必改也。梁氏《旁證》引顧千里駁孫氏說，是梁氏亦見過孫氏《文選考異》顧批本者。

扇巍巍，顯翼翼

【陳校】

「扇」，范《書》作「翩翩」、「顯」作「顯顯」。

【集說】

余氏《音義》曰：何曰：《後漢》作「翩翩巍巍，顯顯翼翼。」

梁氏《旁證》同余氏《音義》。

胡氏《箋證》曰：《後漢書》作「翩翩巍巍，顯顯翼翼」。按：此因「扇」誤作「翩」，後人遂重「扇」字、「顯」字，為「翩翩巍巍，顯顯翼翼」。恐非。

高氏《義疏》曰：《固傳》「扇」作「翩翩」，「顯」作「顯顯」。

【疏證】

諸《文選》本同。謹案:《古今事文類聚》續集卷一、《玉海》卷一百五十六亦作「扇巍巍,顯翼翼」。范《書》恐非,蓋並無佐證,揣測之詞,恐不可從。後胡說是。毛本當從尤本等。陳、何氏備異聞而已。

覽《駟鐵》　　注:《毛詩序》曰:《駟鐵》,美襄公也。

【陳校】

「覽《駟鐵》」。舊本作「驖」,注同。

【集說】

余氏《音義》曰:何曰:「《後漢》作驖,《經典釋文》亦作驖」。

胡氏《考異》曰:袁本「駟鐵」作「四鐵」,茶陵本作「駟驖」。謹案:袁、茶陵二本所載五臣銑注作「四驖」,其善注中作「駟鐵」,必善「駟鐵」、五臣「四驖」。失著校語也。茶陵及此「駟」字未相亂。何云:「《後漢書》作驖。」今考此與彼仍不必全同,范《書》「駟驖」與善「駟鐵」、五臣「四驖」互異,但當各依其本。

梁氏《旁證》曰:五臣「駟鐵」作「四驖」,銑注可證。《後漢書》亦作「驖」。

胡氏《箋證》曰:五臣作「驖」,《後漢書》同。此傳寫誤。注引《詩序》「駟鐵」,今《詩》作「驖」可證。

許氏《筆記》曰:何云:「《後漢書》、《經典釋文》並作驖。」案:《說文》云:「驖,馬赤黑色。」《詩》曰:「四驖孔阜」,疏云:「言其黑色如鐵。」校者遂改為「鐵」。嘉德案:茶、袁本並作「駟驖」不誤,而胡云「善注作鐵,不必同《漢》」,不知「鐵」乃誤字。

黃氏《平點》曰:「覽駟鐵」句,《抄本》「鐵」作「驖」。

高氏《義疏》曰:《古鈔》「駟鐵」作「四鐵」。胡克家曰云云。又曰:《秦風·駟驖》毛《傳》曰:「驖,驪也。」孔疏曰:「驖者,言其色黑如鐵高氏原作「驖」,蓋已從阮改正。故為(驖)〔驪〕也。」阮元曰:「《唐石經》初刻作鐵,後改為驖。《釋文》曰:『驖,驪馬也。』《說文》曰:『驖,馬赤黑色。《詩》曰:四驖孔阜。』是《毛詩》作驖,《釋文》本與許合也。《正義》本當是鐵字,鐵為驖之借。石經初刻依之。」步瀛案:阮說是也。李氏所據本,蓋與孔同。

【疏證】

尤本同。奎本以下諸六臣合注本作「驖」。五臣正德本作「騀」，銑注同。五臣陳本則文及銑注並同尤本作「鐵」。謹案：五臣作「騀」，銑注可證。《說文》作「驖」，《藝文類聚》卷六十一、《後漢書》並同。五臣當從范《書》等。注引「《詩序》」，見《毛詩注疏·秦風·駟驖》正作「駟驖」。《唐石經》初刻作「鐵」，後改為「驖」。《初學記》卷二十九（曹）魏·賈岱宗《大狗賦》：「絕四鐵之猲獢，云何盧令之足書」，仍作「鐵」。《駟驖序》阮元校勘記云：「《正義》本當是鐵字，……而《石經》初刻依之。上譜《正義》及《騶虞》、《車攻》、《吉日》等《正義》，多引作鐵。是其證。」此高氏所以從阮說，言「李氏所據本，蓋與孔同」，與前胡「但當各依其本」說，同為圓通穩妥。尤本作「鐵」，毛本當從之，不得言其譌。陳、何則從《後漢》、《經典釋文》、六臣合注本等。兩存之可也。

雨師汎灑

【陳校】

「汎」當作「汛」。

【集說】

胡氏《考異》曰：袁本、茶陵本「汎」作「泛」。案：《後漢書》作「汎」，或尤依彼改爾。

許氏《筆記》曰：「汎灑」。《說文》：「泛，浮也。从水、乏」；「汎，浮皃。从水、凡」；「氾，濫也。从水、巳」。並孚梵切。又：「汛，灑也。从水、卂。息晉切」；「灑，汛也。从水、麗。山豉切」；又：「洒，滌也。从水、西。古文以為灑埽字，先禮切。」詳審諸文，此處合作「汛」。嘉德案：茶陵、袁本作「泛」亦誤。

李氏《說義》曰：《固傳》同。《考異》、袁本、茶陵本，「汎」作「泛」。案：「汎」，當作「汛」。《說文》：「汛，灑也。」各本作「汎」，故誤作「泛」。

黃氏《平點》曰：「汎」，當作「汛」。汛，灑也。

高氏《義疏》曰：六臣本「汛」作「泛」，非。諸本作「汎」，亦誤。《說文》曰：「汛，灑也。从水、卂聲。」大徐音「息晉切」。與「汎」異。

【疏證】

贛本、尤本同。五臣正德本、陳本、奎本、明州本、建本作「泛」。謹案：

《後漢書》本傳作「汎」。《古今事文類聚》續集卷一、《記纂淵海》卷七十七作「汛」。字與「灑」連文，自當作「汛」。《說文・水部》：「汛，灑也。从水、卂。息晉切」段注：「汛，疾飛也。水之散如飛。此以形聲包會意也。」本書楊子雲《劇秦美新》「況盡汛掃前聖數千載功業」注：「《毛詩》曰：『洒掃庭內。』毛萇曰：『洒，灑也。』洒與汛同。」諸《文選》本及《後漢書》皆誤。毛本當誤從尤本等，陳校蓋據《說文》、本書內證等正之。許氏、高氏二家校，並是。又，《說文・水部》：「泛，浮也」段注：「《邶風》曰：『汎彼柏舟，亦汎其流。』上汎謂汎汎，浮皃也。下汎當作泛，浮也。汎、泛古同音而字有區別。」徐灝箋：「此亦強為分別。《廣韻》汎、泛同。」「汎」與「泛」同，段說泥，徐箋是也。

欼野歊山

【陳校】

「欼」，范《書》作「吹」、「歊」作「燎」。

【集說】

葉刻：何校：「欼野歊山。」《［後］漢書》作「吹野燎山。」

余氏《音義》曰：《後漢》作「吹」、「燎」。

孫氏《考異》同葉刻。

梁氏《旁證》曰：《後漢書》「欼」作「吹」、「歊」作「燎」。

高氏《義疏》曰：《固傳》「欼」作「吹」，「歊」作「燎」。

【疏證】

《古今事文類聚》續集卷一、諸《文選》本悉同。謹案：《說文繫傳》「歊」引亦作「欼野歊山」。五臣亦作「欼」、「歊」，濟注可證。《通志》本傳同范《書》。陳、何校亦備異聞而已。葉刻所謂「《漢書》」，係「《後漢書》」之省稱。《旁證》校語，不從前胡《考異》，則便就陳校或孫氏《考異》等移花接木，大抵如此。

申令三驅

【陳校】

「申令」。范《書》作「（命以）［以命］」。

【集說】

余氏《音義》曰：「申令」，《後漢》作「以命」。

梁氏《旁證》同余氏《音義》。

高氏《義疏》曰：《固傳》「申」作「以」。

【疏證】

諸《文選》本咸同。謹案：《藝文類聚》卷六十一、《通志》本傳引並作「申令」。五臣亦作「申令」，向注可證。宋·徐天麟《東漢會要》卷七則同范《書》。陳校亦備異聞而已。高氏《義疏》脫校「令」字。

弦不睼禽，轡不詭遇　注：《說文》曰：睼，視也。

【陳校】

「睼」，范《書》作「失」、「轡」作「彎」。

【集說】

余氏《音義》曰：「睼」、「轡」，《後漢》作「失」、「彎」。

孫氏《補正》曰：注「《說文》睼，視也」。案：「睼」，不當作「視」解。睼與題通。郭璞注《爾雅·釋言》云：「題，額也。」《廣雅·釋天》云：「不題禽，不垝垝與詭同遇」，蓋即《穀梁》「面傷不獻之意」。

梁氏《旁證》同余氏《音義》。又曰：《說苑·修文篇》：「不抵禽，不詭遇。」《廣雅·釋天》：「不題禽，不垝遇。」義並同。《毛詩·車攻》傳：「面傷不獻，翦毛不獻。」正義：「面傷，謂當面逆射之，翦毛，謂在旁而逆射之。不獻者嫌誅降。」即「不睼禽，不垝遇」之謂也。

朱氏《集釋》曰：孫氏《補正》云：「睼，不當作視解。睼與題通。《爾雅》郭注：『題，額也。』」此說是。《廣雅·釋天》言《肆兵》云：「不題禽，不垝遇。」王氏《疏證》云：「睼禽，謂迎禽而射之。垝遇，謂旁射也。垝，或作詭。《孟子》趙注：『橫而射之曰詭遇。』毛《傳》：『面傷不獻，翦毛不獻。』正義云：『面傷，謂當面逆射之，翦毛，謂在旁而逆射之。不獻者嫌誅降。即不睼禽，不垝遇之謂也。』《說苑·修文篇》：『不抵禽，不詭遇。抵與睼，皆與題通。』」余謂：「睼」字，《後漢書》作「失」。蓋本《易·比卦》「王用三驅失前禽。」《左氏·桓四年傳》正義引鄭注云：「失前禽者，謂禽在前來者，不逆而射之，旁去又不射，唯背走者，順而射之」，是其義，亦與此同也。

胡氏《箋證》曰:《廣雅》:「不睼禽,不垝遇。」王氏《疏證》云:「睼禽……謂旁射也……《詩傳》云:『面傷不獻,……即不睼禽,不垝遇之謂也。』《說苑・修文篇》:『不抵禽,不詭遇。抵與題通。』」紹煐按:今《說文》:「睼,迎視也。」是「睼禽」為迎視而射之。以非正禮,故云「不睼禽」。《後漢書》作「不失禽」。

高氏《義疏》曰:《固傳》「睼」作「失」、「彎」作「彎」。又,《說文》,見《目部》,作「睼,迎視也。」本注似脫「迎」字。胡紹煐曰:「睼禽,為迎視而射之。以非正禮,故云不睼禽。」孫志祖《文選李注補正》曰:「睼與題通」云云。梁章鉅曰:「《說苑・修文篇》:『不抵禽,不詭遇。』《廣雅・釋天》:『不題禽,不垝遇。』義並同。」步瀛案:《孟子・滕文公》下趙注曰:「橫而射之曰詭遇」,與劉熙注同。《說苑》作「抵禽」,《廣雅》作「題禽」,此作「睼禽」。王念孫曰:「抵、睼並與題同。」李賢曰「弦不失禽,謂由基也,彎不垝遇,謂范氏也。」其說甚是,而「失」字、「彎」字,疑轉寫之誤。朱珔引鄭注《周易》「失前禽」之義說之,雖非無據,但與「不」字相戾,固無容為之詞也。

【疏證】

諸《文選》本咸同,《古今合璧事類備要》別集卷一、《玉海》卷一百四十五引亦作「睼」、「彎」。謹案:高說引王念孫謂《後漢書》本傳「失」字、「彎」字,疑轉寫之誤,最是。陳校亦備異聞耳。高論朱珔曲說之非,亦中肯綮。

爾乃食舉雍徹,太師奏樂　注:蔡邕《禮樂志》:漢樂有四品:一,天子樂。

【陳校】

注「天子樂」。據范《書》注,當作「大予」。

【集說】

余氏《音義》曰:「天子」,何改「太予」,[云]:「《後漢》注引蔡邕《禮樂志》作太予樂。」

胡氏《考異》曰:注「一天子樂」。何校「天子」改「太予」,云:「《後漢》注引作太予」。陳同。是也,各本皆譌。

梁氏《旁證》同胡氏《考異》。

高氏《義疏》曰：蔡邕《禮樂志》曰：「大予樂，郊祀陵廟殿中諸食舉樂也。」本注引「大予」誤作「天子」。胡克家曰：「何校『天子』改『太予』，陳同。是也」。步瀛案：《續漢書・禮儀志》中劉昭《補注》引字句小異，而亦作「大予」。今據改。

【疏證】

奎本以下諸六臣合注本、尤本悉同。謹案：《玉海》卷一百四引亦同。本書顏延年《三月三日曲水詩序》「大予協樂」注引《東觀漢記》：「孝明詔曰：正大樂官曰大予樂官」，亦作「大予」。此形近而譌。毛本當從尤本等，陳、何校是。參上「正雅樂」條。

抗五聲　注：《左氏傳》曰子曰：五聲六律。

【陳校】

注「子曰」。當作「晏子」。亦見范《書》注。

【集說】

胡氏《考異》曰：注「《左氏傳》曰子曰」。何校「子」上添「晏」字，陳同。案：上「曰」字當作「晏」，各本皆誤。

梁氏《旁證》同前胡案。

高氏《義疏》曰：(注)《左傳》，見「昭二十年」。本注各本「晏」，作「曰」。胡克家曰云云。步瀛案：胡氏說是。「曰」，蓋「晏」之壞字。今據改。

【疏證】

奎本、明州本、建本、尤本同，獨贛本「子」上並無「曰」字。謹案：語見《春秋左傳注疏・昭二十年》，正作「晏子」。本書馬季長《長笛賦》「心樂五聲之和」注亦作「《左氏傳》曰：五聲六律」，亦有脫誤。前胡校是。《後漢書》本傳章懷注正作「《左傳》：晏子曰」。贛本亦可佐證「晏子」上不當有「曰」字。高氏乃從前胡。陳、何校尚失之眉睫。

子徒習秦……而不知王者之無外也　注：《公羊傳》曰：天王出居於鄭，王者無外也其言出何？

【陳校】

注「王者無外也」。「外」，舊本作「此」。

【疏證】

　　奎本、明州本、尤本、建本作「王者無外，此其言出何？」贛本「王者無外」下，無「也」字。尤本蓋從明州本。謹案：《春秋公羊傳注疏・僖二十四年》「內諱奔謂之孫」疏：「天王出居於鄭。言出者，彼《傳》云：王者無外，此其言出何？不能於母也。」然則，毛本「此」誤「也」，陳校從《公羊傳疏》、尤本等，當云：「也，舊本作此」。傳寫誤耳。本書曹子建《七啟》「威靈震乎無外」注引「《公羊傳》曰：王者無外也」，同。彼引《公羊傳》，不涉及下文「其言出何」，故無須「此」字。

主人之辭未終……慄然意下　　注：《周書》曰：臨攝以威面氣慄。慄，猶恐懼也。

【陳校】

　　注「面慄威」。「面」，當作「而」，見范《書》注。

【集說】

　　余氏《音義》曰：「面氣」，何曰：「《後漢書》注引《周書》，面作而」。
　　顧按：注「面慄威」。有誤。
　　胡氏《考異》曰：注「面氣慄」。何校「面」改「而」，陳同。是也，各本皆譌。
　　梁氏《旁證》曰：何校「面」改「而」。《後漢書》注引無「氣」字。
　　高氏《義疏》曰：《周書》見《官人篇》。本注各本「而」誤「面」。胡克家曰：「何校面改而」云云。

【疏證】

　　奎本以下諸六臣合注本、尤本悉同。謹案：語見晉・孔晁注《逸周書・官人解》，作「臨攝以威而慄」，《後漢書》本傳章懷注引同，並作「而」。上《文選》諸本形近而譌，毛本當誤從尤本等。陳、何校當從《後漢書》注等正之。「慄」，蓋「慄」之諱代字。比勘迻錄者之誤，不徒一「面」字耳。

明堂詩：上帝宴饗　　注：《河圖》曰：白帝神名白招拒，黑帝神名汁光紀。

【陳校】

　　注「白招拒」、「汁光紀」。「拒」，范《書》注作「矩」、「汁」作「叶」。

【集說】

余氏《音義》曰：「汁光」。何曰：「《後漢》注引《（何）[河] 圖》，汁，作叶」。

高氏《義疏》曰：《廣雅·釋天》五帝之名並與《河圖》同，惟「汁」或作「叶」，字通。《後漢書·明帝紀》注引「汁」作「叶」。字通。

【疏證】

奎本以下諸六臣合注本、尤本兩處悉同。謹案：矩與拒通。《禮記注疏·月令》：「天子乃以元日祈穀於上帝」孔疏：「春秋緯文。……大微為天庭，中有五帝座，是即靈威仰、赤熛怒、白招拒、汁光紀、含樞紐。」《晉書·天文志上》：「西方白帝，白招矩之神也。」是其證。汁、叶字通，見上《西都賦》「周以鉤陳之位」條。又，本書《東京賦》「尊赤氏之朱光」薛注引《河圖》白帝神作「白招拒」，黑帝神作「協光紀」。《太平御覽》卷八百八十一引作「叶」。協，與「叶（汁）」亦通。《御覽》蓋從《後漢書》注。陳、何引史備異聞而已。

寶鼎詩：登祖廟兮享聖神 注：《東觀漢記》：明帝曰：太常其以初祭之日。

【陳校】

按：注「初祭之日」。「初」，當作「礿」，見范《書》注。

【集說】

余氏《音義》曰：「初祭」。何曰：「《後漢》注作礿祭」。

胡氏《考異》曰：注「太常其以初祭之日。」何校「初」改「礿」，陳同。是也，各本皆譌。

梁氏《旁證》曰：何、陳校「初」改「礿」。是也。各本皆誤。《後漢書》注可證。

高氏《義疏》曰：「初」乃「礿」字之誤。今本《東觀漢記》、范書《明紀》皆可證。

【疏證】

奎本以下諸六臣合注本、尤本悉同。謹案：語見《東觀漢記·顯宗孝明皇帝紀》，正作「礿祭」，《太平御覽》卷七百五十六引同。「初」乃形近而誤。

毛本當誤從尤本等，陳、何校當從《東觀漢記》、《後漢書》本傳注及《明帝紀》等正之。

白雉詩：嘉祥阜兮集皇都

【陳校】

「嘉祥阜兮集皇都」。范《書》無此句。

【集說】

余氏《音義》曰：「嘉祥阜兮集皇都。」何曰：「《後漢》無此句。」

孫氏《考異》曰：《後漢》無此句。案：此與《寶鼎》詩，章句相同，不應多一句。當以《後漢書》為正。

胡氏《考異》曰：何云：「《後漢書》無此句。」陳同。案：各本皆有。袁、茶陵不著校語，今無可考也。凡疑而未能明者，俱載之以俟再詳，此其例也。

王氏《讀書志餘》曰：「嘉祥」句蓋後人所加。此句詞義膚淺，不類孟堅手筆，且《寶鼎》詩亦可通用，其可疑一也；下文「發皓羽兮奮翹英」，正承「白雉素鳥」言之，若加入此句，則上下文意隔斷，其可疑二也；《明堂》、《辟雍》、《靈臺》三章，章十二句，《寶鼎》、《白雉》二章，章六句，若加入此句，則與《寶鼎詩》不協，其可疑三也；李善及五臣本，此句皆無注，其可疑四也；《後漢書·班固傳》無此句，其可疑五也。

梁氏《旁證》曰：《後漢書》無此句。

朱氏《集釋》曰：案：《後漢書》無此句。孫氏《考異》謂：「此與《寶鼎》詩章句相同，不應多此一句。」然二首上下換韻，本非一例。古詩章句何必多寡齊一？或是蔚宗所刪。論其文氣還以有者為長。

胡氏《箋證》曰：王氏《讀書志餘》立「五疑」，以明班本無此一句，其有者為後人所加。詳本書。

黃氏《平點》曰：「嘉祥」句亦當有，《後漢書》無，《抄本》亦無。

高氏《義疏》曰：《古鈔》無此句，《固傳》同。王念孫謂「此句後人所加」。

【疏證】

諸《文選》本悉有，《藝文類聚》卷六十一、《古今事文類聚》續集卷一，

《玉海》卷一百九十九、《古今合璧事類備要》別集卷一引，咸有此句。謹案：善注引《東觀漢記》：「章帝詔曰：乃者白鳥神雀，屢臻降自京師也」，足見《文選》固有此句。朱氏《集釋》此條，見其謹慎。

文選卷二

西京賦一首　　張平子　　薛綜注

是以多識前代之載　善曰：《小雅》曰。

【陳校】

　　注「小雅曰」。「小」下當有「爾」字，宋本《漢書‧藝文志》有「《小雅》一篇」，當亦脫一字也。

【集說】

　　顧按：今所見宋本《漢書》正同，據此，為《小雅》審矣。

　　高氏《義疏》曰：《小雅》，見《廣詁》。

【疏證】

　　奎本以下諸六臣合注本、尤本悉同。謹案：「小雅」係「《小爾雅》」之省。凡李注「《小爾雅》」，並作「小雅」。見上《西都賦》「度宏規而大起」條。《廣詁》篇，見《孔叢子》卷上。毛本當從尤本等，陳校、顧按、高說皆是，然不改亦得。

秦據雍而強……恒由此作　善曰：《周禮》曰：夫筋之所由憺，恒由此作。

【陳校】

　　注「《周禮》曰：夫筋之所由憺」。「憺」，當作「瞻」。

【集說】

胡氏《考異》曰：注「夫筋之所由憺，恒由此作」。袁本、茶陵本無「之所由憺」四字。案：此尤校添也。

高氏《義疏》曰：胡克家曰：「袁本、茶陵本無『之所由憺』四字」云云。

【疏證】

尤本同。贛本作「幨」。奎本、明州本、建本無此四字。謹案：《周禮注疏·弓人》正作「幨」。注引鄭司農云：「當為筋幨。讀為車幨之幨」。尤本蓋從贛本而誤作「憺」，毛本則仍尤本，陳校當據《周禮》等正之。

其遠則九嵕甘泉

【陳校】

「則」下，舊本有「有」字。

【集說】

余氏《音義》曰：「其遠則」。何曰：「宋本（則下）有『有』字」。

胡氏《考異》曰：袁本、茶陵本「則」下有「有」字。案：此無以考也。

梁氏《旁證》曰：六臣本「則」下有「有」字。

高氏《義疏》同梁氏《旁證》。

【疏證】

尤本並同。五臣正德本、陳本、奎本以下諸六臣合注本咸有「有」字。謹案：《藝文類聚》卷六十一引無，《古今事文類聚》續集卷一引有「有」字。依上文「於前則終南太一」、「於後則高陵平原」例推，當依無「有」字為得。本書潘安仁《西征賦》「開襟乎清暑之館」注引亦無「有」字。毛本蓋從尤本。陳、何校蓋備異聞。此處陳所謂「舊本」，當是六臣合注本。

寔惟地之奧區神皋

【陳校】

「惟」，舊本作「為」。

【集說】

胡氏《考異》曰：袁本、茶陵本「惟」，作「為」。案：案：此無以考也。

梁氏《旁證》曰：六臣本「惟」，作「為」。

高氏《義疏》同梁氏《旁證》。

【疏證】

尤本同。五臣正德本及陳本、奎本以下諸六臣合注本並作「為」,《藝文類聚》卷六十一、《古今事文類聚》續集卷一並同。謹案:本書潘安仁《西征賦》「張敘神皋隩區」注、王元長《三月三日曲水詩序》「福地奧區之湊」注、沈休文《齊故安陸昭王碑文》「禹穴神皋」注、任彥昇《南徐州南蘭陵郡縣都鄉中都里蕭公年三十五行狀》「神皋載穆穀」注引並作「惟」。毛本蓋從尤本,不誤。此處「惟」、「為」義同。陳校亦備異聞而已。

五緯相汁,以旅于東井　善曰:《方言》曰:汁,叶也。郭璞曰:叶,和也。

【陳校】

「五緯相汁」。「汁」,五臣本作「叶」。

【集說】

余氏《音義》同陳校。

梁氏《旁證》曰:六臣本「汁」作「叶」。按《爾雅》、《淮南子》「歲在未」皆作「協洽」,《史記・天官書》作「叶洽」,《漢隸字源・樊敏碑》作「汁洽」,《周禮》注:「卿士汁日」,《禮大傳》疏:「黑帝汁光紀。」皆「汁」與「叶」、「協」相通之證。

薛氏《疏證》曰:左太沖《吳都賦》(「皆與謠俗汁協」)注,善曰:「汁,猶愜也。」愜,即和諧之意。《秋官・鄉士》「汁日(刑殺)」注:「汁,合也,和也。」釋文:「汁,音協。本亦作協。」《大行人》「協辭命」注:「故(《書》協辭命)作叶詞命」。鄭司農云:「叶,當為汁」。《說文》:「協,眾之同和也」、「叶,或從口」。是「叶」即「協」之或體,故皆訓「和」也。至於「汁」字,《說文》訓「液」。段氏注云:「汁液必出〔於〕和協,故其音義通也。」其說最確。

高氏《義疏》曰:五臣「汁」作「叶」。梁氏《旁證》曰「《爾雅》、《淮南子》歲在未」云云。薛傳均曰云云。

【疏證】

尤本同。奎本、明州本作「叶」,明州本有校云:善本「叶」作「汁」。贛

本、建本作「汁」，校云：五臣作「叶」。五臣正德本、陳本並向注作「叶」。謹案：《玉海》卷一百九十五作「汁」。《古今事文類聚》續集卷一作「汁」，注云：「一作叶」。五臣作「叶」，向注可證。奎本脫校語。梁氏謂「汁，與叶、協相通」，是也。《淮南子・天文》：「太陰在未歲，名曰協洽。」《爾雅》，見《釋天・歲陽》云：「敦牂在未曰協洽」。「叶」與「汁」通，已見上《西都賦》「周以鉤陳之位」等條。然善與五臣既有別，毛本從尤本作「汁」是，陳校蓋備異聞耳。

結棼橑以相接 善曰：棼橑，已見《西京賦》。

【陳校】

注「《西京賦》」。「京」，當作「都」。

【集說】

胡氏《考異》曰：注「棼橑，已見《西京賦》。」何校「京」改「都」，陳同。是也，袁本亦誤，茶陵本複出前注，更非。凡茶陵例改已見為複出，故其首題「增補」二字，以後悉放此。

梁氏《旁證》曰：何、陳校「京」改「都」。是也。

高氏《義疏》曰：「都」，原誤作「京」。胡克家曰云云。

【疏證】

奎本、明州本、尤本誤同。贛本、建本皆複出前注，此是茶陵本之所出。謹案：「棼橑」，見《西都賦》「列棼橑以布翼」注，陳、何當據本書內證改正。

青瑣丹墀 善曰：《漢官典職》曰：丹漆地，故稱丹墀。

【陳校】

注「丹漆地」。「丹」上當有「以」字，見《魏都賦》注。

【集說】

朱氏《集釋》曰：余謂：《漢書・梅福傳》「涉赤墀之塗」應劭注云：「以丹淹泥塗殿上也。」與此注正合。

高氏《義疏》曰：《御覽・居處部》引《漢（書）〔官〕典職》曰：「以丹漆地，故稱丹墀」。據彼，則此注「丹」上當增「以」字。

【疏證】

　　奎本以下諸六臣合注本、尤本悉脫。謹案：《太平御覽》卷一百八十五引《漢官典職》、卷二百二十一引《漢官》、《初學記》卷十二注引並有「以」字。陳云「《魏都賦》注」，見「丹墀臨焱」下注引《漢典職儀》、今又檢本書劉孝標《廣絕交論》「趨走丹墀者疊跡」注引《漢典職儀》並有「以」字。又，但觀上「青瑣」注引「《（漢書）音義》曰：以青畫戶邊鏤中」云云，亦可見當有耳。毛本當誤從尤本等，陳校據本書內證等正之，是也。

坻崿鱗眴　善曰：《廣雅》曰：山坻除也。

【陳校】

　　注「山坻除也。」舊本無「山」字。

【集說】

　　余氏《音義》曰：何刪「山」字。

　　胡氏《考異》曰：注「山坻除也」。袁本、茶陵本無「山」字。案：此初亦無，後脩添之而誤耳。

　　梁氏《旁證》曰：六臣本無「山」字，是也。

　　朱氏《集釋》曰：「山」字誤衍。……「坻」，當為「墀」之借。「坻除」，亦雙聲字也。

　　高氏《義疏》曰：尤本「坻」上有「山」字。《廣雅·釋（宮）[室]》無之。蓋誤衍。胡克家曰云云，今據胡氏校刪。

【疏證】

　　尤本衍同。奎本以下諸六臣合注本悉無「山」字。謹案：語見《廣雅·釋室》篇，正無「山」字。毛本當誤從尤本，陳、何校當據六臣合注本、《廣雅》等正之。

高門有閌，列坐金狄　善曰：《史記》曰：始皇收天下兵，銷以為金人十二，谷重千勛。

【陳校】

　　注「谷重千勛」。「谷」，舊本作「各」。

【疏證】

奎本以下諸六臣合注本、尤本悉作「各」。謹案：事見《史記・秦始皇本紀》，正作「各」字，本書《西都賦》「金人於端闈」注、賈誼《過秦論》注引《史記》並同。此毛本刻工獨因吳語「谷」、「各」音同而誤，陳校當據尤本等正之。

奉命當御　善曰：蔡邕《獨斷》曰：御，進也。凡進皆曰御也。

【陳校】

注「凡進皆曰御也」。「御」，舊本作「御」。

【疏證】

奎本以下諸六臣合注本、尤本悉作「御」。謹案：奎本以下諸六臣合注本、尤本悉作「御」，毛本獨作「御」。謹案：語見《獨斷》卷上，正作「御」字。「御」，音牛倨切，「御」之俗字耳，見《龍龕手鑑・彳部》。《三國志平話》云：「帝接文狀，於御案上展開看之。」並其證。毛本用俗，非譌。陳校當從《獨斷》、尤本等，然祗可備異文，不必改毛焉。本條可見毛氏刻《選》，好用俗字。善注似脫「御，與御同」字。

臺蘭金馬

【陳校】

「臺蘭」兩字當乙。又，上當有「外有」二字。

【集說】

胡氏《考異》曰：袁本、茶陵本「蘭」上有「外有」二字。案：此無以考也。疑善、五臣之異。二本失著校語，尤所見獨未誤耳。

梁氏《旁證》曰：六臣本句首有「外有」二字。

高氏《義疏》曰：六臣本「蘭臺」上有「外有」二字。

【疏證】

尤本作「蘭臺」，上無「外有」二字。五臣正德本及陳本、奎本以下諸六臣合注本並作「外有蘭臺」，諸六臣合注本並無校語。謹案：《古今事文類聚》續集卷一引有「外有」二字。今觀上文「內有常侍謁者」，下文「次有天祿石渠」云云，則自當有，且若無「外有」，則下文「次有」語無着落矣。毛本當

從尤本，又誤倒作「臺蘭」。陳校是，前胡說非。

屬長樂與明光 薛注：長樂、桂宮皆宮名，明光，殿名也。《漢書武帝故事》：上起明光宮、桂宮。

【陳校】

注「《漢書武帝故事》」。「書」字衍。

【集說】

胡氏《考異》曰：何校去「書」字，陳同。各本皆衍。

梁氏《旁證》曰：何、陳校去「書」字。是也。

許氏《筆記》曰：何校削「書」字，是也。何曰云云。

高氏《義疏》曰：尤本「《漢書武帝故事》」，「漢」下誤衍「書」字。胡克家曰：「何校去書字，陳同」云云，今從之。

【疏證】

奎本以下諸六臣合注本、尤本悉有「書」字。謹案：《隋書‧經籍》二：有「《漢武帝故事》二卷」。贛本《西征賦》「徘徊桂宮」注複出，仍誤作「《漢書武帝故事》：上起明光宮桂宮」云云。又，宋‧宋敏求《長安志》卷四「輦道相屬」注引「《漢書》曰：武帝故事：上起明光宮桂宮」云云，又多一「曰」字，誤益甚。毛本當誤從尤本等，陳、何校當據《隋書》正之。

通天訬以竦峙 薛注：《漢書舊儀》云。

【陳校】

注「《漢書舊儀》」。「書」字衍。見《漢書‧武紀》注。

【集說】

胡氏《考異》曰：注「《漢書舊儀》云」。案：陳云「書字衍。」是也，各本皆衍。

梁氏《旁證》曰：陳校去「書」字，是也。

許氏《筆記》曰：何削「書」字，是也。此校書者不知《武帝故事》、「《漢舊儀》」為二書之名，故皆妄改為「《漢書》」也。

高氏《義疏》曰：「《漢舊儀》」，各本作「《漢書舊儀》。」胡克家曰：「陳云：書字衍。是也。」步瀛案：今據刪「書」字。

【疏證】

　　諸《文選》本悉衍。謹案：《隋書‧經籍志二》載：「《漢舊儀》四卷。衛敬仲撰」，未見「《漢書舊儀》」。今檢《漢書‧揚雄傳》「鳴洪鍾，建五旗」注：「宋祁曰：注文《漢書舊儀》，當刪書字。」陳云《漢舊儀》「見《漢書‧武紀》注」，蓋指《武紀》「立后土祠于汾陰脽上」注。《漢書》注引該書達二十餘處。毛本當誤從尤本等，陳、何校當據《漢書》注正之。

伏櫺檻而頫聽　善曰：頫，古字。

【陳校】

　　注「頫古字」。「古」下，疑當有「俯」字。

【集說】

　　胡氏《考異》曰：陳云：「古下，疑當有俯字。」是也，各本皆脫。

　　梁氏《旁證》曰：六臣本「頫」作「俯」。陳曰：「注中古下，當有俯字。」是也，各本皆脫。然「俯」乃俗字，「府」亦俗音。《說文‧頁部》曰：「頫，低頭也。从頁逃省。」俛，頫或从「人免」。段注曰：「《匡謬正俗》引張揖《古今字詁》云：『頫，今之俯俛也。』蓋俛字本从免，俯，則由音誤而製，用府為聲之俗而謬者，故許書不錄。俛，舊音無辨切。頫，《玉篇》音無卷切。正是一字一音。而孫強輩增『《說文》音俯』四字，不知許正讀如免耳。大徐云『方矩切』者，俗音也。」

　　高氏《義疏》曰：李注「頫」下各本無「俯」字。胡克家曰云云。步瀛案：本書《上林賦》注引《聲類》曰：「頫，古文俯字。」陳氏所校是也。今增。

【疏證】

　　奎本以下諸六臣合注本、尤本悉脫。謹案：《漢書‧司馬相如傳》「頫杳眇而無見」顏注：「頫，古俯字也。」又《貨殖傳》「頫有拾，卬有取」顏注同。皆可證「古下，當有俯字」、「頫」、「俯」為古今字。毛本當誤從尤本等，陳校當從《漢書》顏注正之。

鳳騫翥於甍標　薛注：謂作鐵鳳皇……以函屋上，當棟中央。

【陳校】

　　注「以函屋上。」「函」，舊本作「乩」。

【集說】

胡氏《考異》曰：注「以函屋上」。袁本、茶陵本「函」，作「函」。是也。

梁氏《旁證》曰：六臣本「函」作「函」。是也。

高氏《義疏》曰：注「以函屋上。」尤本誤作「函」。胡克家、梁章鉅校均以作「函」為是。今依六臣本。蓋「函」之俗體，與「函」字形相近而誤。

【疏證】

尤本誤同。奎本以下諸六臣合注本皆作「函」。謹案：函，插之古字。《漢書·司馬相如傳》「赤瑕駁犖，雜函其閒。」顏注：「郭璞曰：言雜厠崖石中。」尤本獨因形近而誤，毛本誤從尤本，陳校當從贛本等六臣合注本正之。

狀亭亭以苕苕

【陳校】

五臣本作「迢迢」。

【集說】

余氏《音義》曰：五臣作「迢迢」。案：字書無「苕」字，即「（苕）［岧］」字之誤。

孫氏《考異》曰：「苕苕」，五臣作「迢迢」。何校改「岧岧」。

朱氏《集釋》曰：「苕苕」字，尤本如是作，毛本同。或疑「苕」為「岧」之誤，本有作「岧岧」者。然《說文》無「苕」字，《廣韻》、《集韻》有之，而《今韻》本亦未收。六臣本作「迢迢」。《說文》「迢」字在《新附》中。蓋「苕」本借字，後人作「岧」，猶「嵐」之為「嵐」也。本書謝靈運《述祖德》詩：「苕苕歷千載」，亦作「苕」。但此言其高，彼言其遠。凡物之高者，仰望即遠，義得通。然則，此處作「苕苕」，恐未必誤也。

高氏《義疏》曰：六臣本「迢」作「苕」。五臣作「迢」。朱珔曰：「《說文》無苕字，而迢字在《新附》中。……義得通」云。

【疏證】

《藝文類聚》卷六十一、尤本同。贛本、建本作「岧岧」，校云：五臣作「迢迢」。奎本、明州本作「迢迢」，校云：善作「岧岧」。謹案：北宋國子監本（李善注本）作「岧」。五臣正德本、陳本正作「迢迢」。是善作「岧」、五

臣作「迢」。《海錄碎事》卷四下、《古今事文類聚》續集卷一、《玉海》卷一百五十六作「岧岧」。本書左太沖《魏都賦》「亭亭峻跱」注引作「苕苕」，劉孝標《辯命論》「亭亭高竦」注引則作「岧岧」。準朱說，似不煩改，然既善與五臣有別，則改「岧岧」是。毛本當從尤本等，不誤，陳校蓋備異文耳。

累層構而遂躋　薛注：躋，升也。子奚切。北辰，北極也。善曰：《山海經》曰：層，重也。

【陳校】

　　注「《山海經》曰。」「經」下，脫「注」字。

【集說】

　　胡氏《考異》曰：注「《山海經》曰」。陳曰云云。是也，各本皆脫。

　　梁氏《旁證》曰：陳校「經」下添「注」字。是也。

　　高氏《義疏》曰：《唐寫》本薛注，但有「躋升北辰極也」六字，無李注。「《山海經》」，見《海外西經》。胡克家曰：陳曰云云。是也。案：今據補。

【疏證】

　　奎本以下諸六臣合注本、尤本脫同。謹案：語見《山海經‧海外西經》，正是注文。本篇「刊層平堂」注、本書潘安仁《為賈謐作贈陸機》「必重其層」注，皆有「注」字。毛本誤從尤本等，陳校當無須披《山海經》，但據文體，信手可加，況有本書內證者乎。

途閣雲蔓

【陳校】

　　「途」，五臣本作「連」。

【集說】

　　孫氏《考異》曰：「途」，五臣本作「連」。顏師古《匡謬正俗》引此賦亦作「連閣雲蔓」。

　　梁氏《旁證》曰：五臣「途」作「連」，銑注可證。《匡謬正俗》引同。

　　胡氏《箋證》曰：五臣「途」作「連」。《旁證》云：「《匡謬正俗》引亦作連。」紹煐按：作「連」是也。「連閣」與上「長廊廣廡」、下「重閨幽闥」一例，作「途」，與「閣」義不相屬。

　　黃氏《平點》曰：據《匡謬正俗》引及別本「途」改「連」。尤袤云：「途閣，五臣作連閣。」

　　高氏《義疏》曰：六臣本校曰：「連，善本作途。」案：尤本作「途」，毛本同。然《唐寫》善注本亦作「連」，則作「途」者，乃轉寫之誤耳。今校改。孫志祖曰：「顏師古《匡謬正俗》云云。」胡紹煐曰：「作連是也。……作途，與閣義不相屬」。

【疏證】

　　尤本同。五臣正德本、陳本作「連」。奎本以下諸六臣合注本並作「連」，校云：善本作「途」。《敦煌·法藏本》P.2528「途」改「連」。謹案：《古今事文類聚》續集卷一、《玉海》卷一百五十六亦作「連」。五臣作「連」，銑注可證。陳說不誤，然善本固亦作「連」。作「途」者轉寫而譌，毛本當誤從尤本，陳校、孫氏、後胡、高氏等說皆是。

若夫翁伯濁質……連騎相過　善曰：《漢書·食貨志》曰：濁氏以胃脯而連騎……晉灼曰：胃脯，今大官以十（日）〔月〕作沸湯，燖羊胃，以末椒姜坋之訖，暴使燥者也。

【陳校】

　　注「以末椒姜坋之訖」。「訖」，舊本作「乾」。

【集說】

　　高氏《義疏》曰：今《漢書》注「以末椒姜坋之」下，敚「訖」字。

【疏證】

　　《敦煌·法藏本》P.2528、奎本、明州本、尤本、建本同。贛本獨作「乾」。謹案：今本《漢書·食貨志》晉灼注，無「訖」字，《白孔六帖》卷八十三「濁氏以胃脯而連騎」條注、《冊府元龜卷八百十二》注引並脫，而《史記·貨殖列傳》索隱引晉灼注作「訖」字。「訖」，與「乾」，皆有盡義，用於此處皆可。陳校可備異聞。

所好生毛羽，所惡成瘡痏　善曰：《蒼頡》曰：痏，毆傷也。

【陳校】

　　注「《蒼頡》曰」。「頡」下當有「篇」字。

【集說】

余氏《音義》曰：「頡」下，何增「篇」字。後引書闕「篇」字、「傳」字、「注」字，並可意求，不繁載。

胡氏《考異》曰：注「《蒼頡》曰」。何校「頡」下添「篇」字，陳同。是也，各本皆脫。

梁氏《旁證》曰：何、陳校「頡」下添「篇」字。按本書注所引各書或闕「篇」字、「傳」字、「注」字、「序」字，多類此。

高氏《義疏》曰：各本「倉頡」下無「篇」字。胡克家曰：「何校『頡』下添『篇』字。陳同。是也，」今從之。

【疏證】

《敦煌・法藏本》P.2528、奎本以下諸六臣合注本、尤本脫。謹案：考《漢書・藝文志》云：「漢興，閭里書師合《蒼頡》、《爰歷》、《博學》三篇。斷六十字，以為一章，凡五十五章，並為《蒼頡篇》。」師古曰：「並，合也。總合以為《蒼頡篇》也。」又，《說文解字序》「秦始皇帝初兼天下，丞相李斯乃奏……罷其不與秦文合者，斯作《倉頡篇》」云云。本書《吳都賦》「所以挂扢而為創痏瘡」注、嵇叔夜《幽憤詩》「怛若創痏」注引並有「篇」字。毛本當誤從尤本等，陳、何當從本書內證、《漢書》等補。參下陸佐公《石闕銘》「幕南罷鄣」條。

郊甸之內　薛注：五十里為之郊。

【陳校】

注「五十里為之郊。」「之」，舊本作「近」。

【集說】

胡氏《考異》曰：注「五十里為之郊。」袁本、茶陵本「之」作「近」。是也。

梁氏《旁證》曰：六臣本「之」作「近」。是也。

高氏《義疏》曰：薛注「之郊」，《唐寫》及六臣本作「近郊」。案：「近郊」，是也。……《地官・師》注引杜子春曰：「五十里為近郊，百里為遠郊。」

【疏證】

尤本同。《敦煌・法藏本》P.2528、奎本以下諸六臣合注本並作「近」。謹

案：語見《周禮注疏・地官・司徒下》，正作「近」。《爾雅注疏・釋地・五方》引「《周禮》杜子春注」同。「之」為「近」字之壞，尤所見當壞字本。毛本誤從尤本，陳校當據六臣合注本、《周禮注疏》、《爾雅》等正之。

封畿千里　善曰：《毛詩》曰：封畿千里。

【陳校】

　　注「封畿千里」。「封」作「邦」。

【集說】

　　梁氏《旁證》曰：《公羊・桓九年傳》疏引作「封圻」。按：改「邦」為「封」，此當是漢人避諱，而後人因之。

　　許氏《筆記》曰：「封畿」注《毛詩》曰：封畿千里。」古字「邦」、「封」同。《尚書・康誥序》云「以殷餘民邦康叔」、《論語》「在邦域之中」，釋文：「邦，本或作封。」嘉德案：今《詩》作「邦畿千里」。注引「邦」作「封」，是李見《毛詩》作「封」，不與今本同也。

　　高氏《義疏》曰：《唐寫》無「《毛詩》曰」以下十一字。梁章鉅曰：「按：改邦為封，此當是漢人避諱，而後人因之。」許巽行曰：「古字邦、封同。……《釋文》云：邦，本或作封。」許嘉德曰云云。

【疏證】

　　奎本以下諸六臣合注本、尤本悉同。《敦煌・法藏本》P.2528注無此七字。謹案：語見《毛詩注疏・商頌・玄鳥》，字正作「邦」。前人避漢諱「邦」作「封」，此乃陳據《詩經》回改之耳。嘉德云「李見《毛詩》作封。」是，《孟子注疏・萬章》正義亦云「天子封畿千里」，然嘉德惟不知因避諱作「封」焉。

繚垣綿聯，四百餘里。植物斯生，動物斯止。　薛注：繚垣，猶繞了也。綿聯，猶連蔓也。善曰：今並以亙為垣。《西都賦》曰：繚以周牆。《三輔故事》曰：……連綿四百餘里也。植物，草木。動物，禽獸。善曰：《周禮》曰：動物宜毛物，宜皂物也。

【陳校】

　　注「善曰：今並以亙為垣。」按：據李注語，則正文及薛注中「垣」字皆當作「亙」。《方言》曰：「亙，竟也。」薛氏以「了」釋「亙」，正與《方言》

同義。又「植物」之釋，亦本薛注，當移次「善曰」之上。

【集說】

孫氏《考異》曰：「繚垣綿聯，四百餘里」。楊慎《丹鉛錄》云：「此句本不必注。薛綜注：『繚垣，猶繞了也。』李善又改垣為亘，益不通矣。班固《西都賦》：『繚以周牆』，即此句也。唐人崔塗《繡嶺宮詩》：『苑路暗迷香輦地，繚垣秋斷草煙深。』王和甫《冬日詩》：『繚垣烏鵲近人飛。』其用字固不以薛注為然也。」志祖案：薛綜本作「繚亘」，故以「繞了」解之。李善本自作「垣」，故云「今並以亘為垣」。且引《西都賦》句為證。非李善改「垣」為「亘」也。升庵誤。

胡氏《考異》曰：「繚垣綿聯」。陳云：「善曰：今並以亘為垣。案：據此，則正文及薛注中垣，皆當作亘。」案：所說是也。善但出「垣」字於注，其正文必同薛作「亘」。至五臣銑注直云「垣牆」，是其本乃作「垣」，各本所見非。又注「植物，草木。動物，禽獸。」袁本、茶陵本此八字，在上文薛注之下。案：依尤本，當以正文「植物斯生」二句別為節，而係以此注及下「善曰」云云也。

張氏《膠言》曰：按此條注中有兩「善曰」，前釋「繚垣」二句，後釋「植物」二句。何校塗其前以屬薛注。然「繞了」、「連蔓」云云，薛已釋其義，不應重複，蓋本屬兩條，每條列薛注而以「善曰」別之，刻本誤通為一耳。胡中丞云「當以正文『植物斯生』二句別為節，而係以注『植物草木』八字及下『善曰』云云」，是。

梁氏《旁證》曰：注「今並以亘為垣」。陳云「據此注，則正文及薛注中垣皆當作亘。」孫氏志祖曰：「薛本作繚亘，故以繞了解之。李本自作垣，故云：『今並以亘為垣』，且引《西都賦》『繚以周牆』為證。楊慎《丹鉛錄》譏李善以垣為亘，殊誤」。

許氏《筆記》曰：「繚垣」。薛注本作「繚亘」。故善曰「今並以亘為垣」。嘉德案：陳云：「善曰：今並以亘為垣，則正文及薛注皆當作亘。」案：薛注「垣」作「亘」，是也。至正文善既申其說，仍為「垣」字。

高氏《義疏》曰：各本「亘」作「垣」，注同。今依《古鈔》及《唐寫》改。胡克家曰：「陳云：善曰：今並以亘為垣……至五臣銑注直云垣牆，是其本乃作垣。」孫志祖曰：「薛本作繚亘，故以繞了解之。……楊慎《丹鉛錄》譏李善以垣為亘，殊誤。」步瀛案：《唐寫》李注作「亘，當為垣」，下引《西

都賦》以證其說，則未改正文可知。孫謂「李本自作垣」、胡紹煐謂「善所據作垣」、許嘉德謂「正文善既中其說，仍為垣字」，恐皆非是。當依陳景雲、胡克家說為定。又，此二句（「植物」二句）各本合上（「繚垣」二句）為一節，注亦相連。故有兩「善曰」字。何焯刪前「善曰」，非也。胡克家、張雲璈皆謂「二句當自為節。」與《唐寫》合。

【疏證】

尤本同。「繚垣」八字與「植物」八字，在李善本為二節設注，《敦煌·法藏本》P.2528、監本可證。皆是先薛綜注後善注。合併六臣本者合兩節十六字為一科段，故改為「止」字下施注，乃分別合兩節薛注居前（按善注體例，例不冠主名）並兩節善注居後（例冠一「善曰」以為界限）。故今見奎本以下諸六臣合注本咸將薛注「植物」以下八字移置前「善曰」上（即胡所謂「上文薛注之下」），刪後「善曰」。如此處理，條理分明，無亂上述善舊注體例。袁本、茶陵本遠祖奎本，不誤。陳云「植物之釋，亦本薛注，當移次『善曰』之上。」正是。胡氏《考異》說則從陳校耳。從六臣合注本中剝離善注者，疏於善注此例，忘移注「植物草木」八字於「蔓也」之下，遂誤薛注為善注矣。至於陳據李注證正文及薛注中「垣」字皆當作「亘」，胡氏《考異》言之甚審，不煩佐證矣。《敦煌·法藏本》P.2528 作「亘，當為垣」，亦誤。高氏節孫志祖說，全自《旁證》，前人不以為譏。

其中則有黿鼉巨鱉　善曰：郭璞《山海經》曰：鼉似蜥蜴。

【陳校】

注「郭璞《山海經》曰」。「經」下脫「注」字。

【集說】

胡氏《考異》曰：注「郭璞《山海經》曰」。何校「經」下添「注」字。陳同。是也，各本皆脫。

高氏《義疏》曰：郭璞《山海經注》，見《中山經》。各本《山海經》下脫「注」字。胡克家曰：「何校經下添注字。陳同。是也。」步瀛案：《唐寫》有，今據增。

【疏證】

諸《文選》本引善注悉脫。《敦煌·法藏本》P.2528 獨有。謹案：「似蜥

蜴」語，見《山海經‧中山經》「其中多鼉」注。此古人援證多見經、傳不分之失。毛本當誤從尤本等，陳、何據《山海經》注補正是也。

前後無有垠鍔　善曰：《淮南子》曰：出於無垠鍔之門。許慎曰：垠鍔，端涯也。

【陳校】

「前後無有垠鍔」。「鍔」，當作「崿」。《文字集略》曰：「崿，崖也」，正與許注同。

【集說】

梁氏《旁證》曰：今《淮南子‧原道訓》作「出於無垠之門」，而《俶真訓》有「形埒垠堮」語。許注當繫彼處。「堮」，與「鍔」通。《漢書‧揚雄傳》作「鄂」，《後漢書‧張衡傳》作「咢」，並同。以「鍔」為「堮」，猶《荀子‧成相》之以「銀」為「垠」也。

朱氏《集釋》曰：《一切經音義》八引《說文》曰：「圻，地圻咢也。圻，即垠。」自注：今《說文》「垠」字云：「地垠也」，脫「咢」字。《七命》注引同。而「咢」則增「土」旁作「堮」。「咢」亦或作「鄂」。《甘泉賦》注：「鄂，垠鄂也」，《長笛賦》引《字林》同。此處又借「鋒鍔」之「鍔」為之。自注：《說文‧刀部》作「劅」，而《金部》無「鍔」字。但注既引《淮南》「垠鄂」字，則許注「鍔」字殆「鄂」之誤，亦當云：「鍔與鄂通」。

高氏《義疏》曰：梁章鉅曰「今《淮南子‧原道訓》作：出於無垠之門」云云。步瀛案：毛本正文與注皆作「鍔」。本書《七命》注引許注又作「堮」。字雖不同，而《淮南‧原道篇》許注本自當有「鄂」字。梁氏以《俶真篇》當之，非也。朱珔曰：「《一切經音義》八引《說文》曰：圻，地圻咢也」云云。陶方琦《淮南許注異同詁》曰：「高注：『無垠，無形狀也。』《御覽》五十五引高誘注曰：『無垠鄂，無形之皃也。』今高本作『無垠』，亦係譌敚。鍔，即《說文》之劅字。然應作鄂。李善引《淮南》正文作鄂，而引注作鍔，確為誤字。」薛傳均曰：「司馬彪《莊子》注云：『鍔，劍棱也。』引伸之，凡物之有崖岸棱角者，皆謂之鍔。鍔為正字，堮、鄂皆假借字。」步瀛案：《莊子‧說劍篇》釋文：司馬云：「鍔，劍刃也。一云：劍棱也。」然《說文》無「鍔」字，正字當為「劅」。《淮南》注自當作「劅」。陶說是。

【疏證】

《敦煌·法藏本》P.2528 同,然注引《淮南子》並許注作「鄂」。贛本、尤本引《淮南子》作「鄂」。薛注、許注《淮南子》作「鍔」。五臣正德本、陳本正文並銑注作「鍔」。江文通《雜體詩》「嵒崿轉奇秀」注:「《文字集略》曰:『崿,崖也。』」薛氏《疏證》亦有案云:「崿,或作鄂。《詩·常棣》:『鄂不韡韡』,箋云:『承華者曰鄂。』《說文》引《詩》作『蕚不韡韡。』是也。《揚雄傳》注:『鄂,垠也。』《說文》:『垠,岸也。』與崖、崿義相近,且皆咢聲,故通」。又案:「《說文》『華,榮也。』崋山在弘農華陰。今經典皆叚華為崋山字。此《詩》之假蕚為崿,亦其例耳。」謹案:依薛二處說,是本條所涉諸以「咢」為偏旁、從「咢」得聲之字,多見得通用,祇在具體語境中有正借之變,故「鍔」與「崿」、「鄂」亦得通用,並無例外,至多以何者為正字而已。惟本條已證五臣作「鍔」、善作「崿」(或「鄂」)固有不同,則「鍔」字決非正字,必當改矣。

柞木剿棘 善曰:賈逵《國語》曰:槎,邪斫也。

【陳校】

注「賈逵《國語》曰」。「語」下脫「注」字。

【集說】

胡氏《考異》曰:注「賈逵《國語》曰」。何校「語」下添「注」字。陳同。是也,各本皆脫。

梁氏《旁證》曰:何校「語」下添「注」字。是也,各本皆脫。

高氏《義疏》曰:各本《國語》下無「注」字。胡克家曰:「何校語下添注字。陳同。是也,」步瀛案:《唐寫》有,今據增。

【疏證】

諸《文選》本、監本引善注悉脫。《敦煌·法藏本》P.2528 有。謹案:今本《國語·魯語》上:「且夫山不槎櫱」韋注:「槎,斫也。」本書潘安仁《射雉賦》「奮勁骹以角槎,徐爰注同韋注。由今本《國語》,可推「語」下脫「注」字。今考《說文·木部》:「槎,衺斫也。從木,差聲。《春秋傳》曰:『山不槎』,則韋、徐兩家注皆脫「衺(邪)」字也。毛本當誤從尤本等,陳、何校當據《國語》補注之。

結罝百里，远杜蹊塞　善曰：《小雅》曰：杜，塞也。

【陳校】

　　注「《小雅》曰」。「小」下脫「爾」字。

【集說】

　　高氏《義疏》曰：「《小雅》」，見《廣詁》。

【疏證】

　　奎本以下諸六臣合注本、尤本、《敦煌·法藏本》P.2528 悉同。謹案：凡李注「小爾雅」，並作「小雅」。已見上《西都賦》「度宏規而大起」諸條。陳校是，然不改亦得。

建元弋，樹招搖

【陳校】

　　「弋」，當作「戈」。

【集說】

　　何氏《讀書記》曰：杜牧詩：「已建元戈收相土，應回翠帽過離宮。」疑即用此，今刻「玄弋」者，恐非。《史記·天官書》：「杓端有兩星：一內為矛，招搖，一外為盾，天鋒。」晉灼曰：「外，遠北斗也，一名玄戈。」葉刻同

　　余氏《音義》曰：何曰「杜牧詩」云云。又，何曰：「《史記·天官書》：杓端有四星：一內為矛，招搖；一外為盾，天鋒。晉灼曰：『外，遠北斗也，一名玄戈。』」

　　孫氏《考異》曰：何校「弋」改「戈」，云「杜牧詩」云云。又《李注補正》曰：「建玄戈」。誤刻「弋」。

　　張氏《膠言》曰：何氏校本云云。按《後漢書·馬融·廣成賦》云：「棲招搖與元弋，注枉矢于天狼」，注：「招搖、玄弋、天狼並星名。蓋當時本作弋也。」

　　梁氏《旁證》曰：何曰「《史記·天官書》：杓端有兩星」云云。此言「玄弋」，疑誤。「杜牧詩」云云，似即用此。姜氏皋曰：「《後漢書》馬融《廣成頌》：『棲招搖與玄弋，住枉矢于天狼。』章懷注：『招搖、玄弋、天狼並星名。』是古本作弋，或牧之誤用也。」

朱氏《集釋》曰：「弋」，當作「戈」。《史記・天官書》：「北斗杓端有兩星。一內為矛招搖。一外為盾天鋒」集解：「孟康曰：近北斗者招搖，一為天矛。《星經》云：『元戈一星，在招搖北，一曰天戈。』是玄戈即天鋒也。」與薛語互異。宜從《史記》為正。

胡氏《箋證》曰：何氏焯曰云云。紹煐按：何校是也。周處《風土記》曰「教學講武，戒遠慮戒。首玄戈，奮長雄」，注：「玄戈，北斗杓招搖之內，北斗之外獨星也。」《御覽》列之《戟部》，其為「玄戈」無疑。《春秋元命苞》曰「帝嚳戴干，蓋像招搖」，宋均曰：「干、楯也。招搖為天戈，戈楯相副」。是宋均注亦以星名為「玄戈」。作「弋」，則與「楯」不類，且非兵器。又《春秋合誠圖》「軒轅主雷雨之神，旁有一星玄戈，名曰貴人」，皆可為作「玄戈」之確證。牧之當日所用應不誤。《後漢書》馬融《廣成頌》「棲招搖與玄弋」，亦作「弋」，誤與此同。

許氏《筆記》曰：「弋」，何校改「戈」。見《天官書》。嘉德案：《玉海》作「玄弋」亦譌。

黃氏《平點》曰：何焯改「弋」為「戈」。今見日本《抄本》竟與之同。

高氏《義疏》曰：「戈」，各本作「弋」，今依《唐寫》。何焯曰「《史記・天官書》」云云，又曰「杜牧《洛陽詩》」云云。姚鼐曰：「玄弋，又見馬融《廣成頌》。似非誤。」姜皋曰云云，與姚說同。朱珔曰：「弋，當作戈……宜從《史記》為正。」胡紹煐曰云云。步瀛案：朱氏、胡氏說皆是。《御覽・兵部》八十三《戟類》下引《風土記》，鮑刻本正文亦誤作「玄戈」。幸注不誤，可校改。《元命苞》見《皇王部》五引，《合誠圖》見《天部》五引。

【疏證】

諸《文選》本悉同。《敦煌・法藏本》P.2528薛注作「弋」，正文「戈」。（饒宗熙說「後改戈」）監本亦作「戈」。謹案：不管是改者漏改薛注，還是注與正文原本歧異，都令人懷疑：弋、戈二字，唐人書寫多混淆，「弋」似為「戈」之俗寫，故後人引多歧出：宋人《古今事文類聚》續集卷一引作「弋」、《玉海》卷四、卷七十九、卷八十三數引並作「弋」。清人《子史精華・儀禮部》：「長庚飛翳」注：「棲招搖于玄弋」，《四庫全書考證》卷六十七云：「刊本弋譌戈，據《馬融傳》改。」仍以《後漢書》馬融《廣成頌》正刊本也。「代」，俗寫多見作「伐」，亦一佐證。

屬車之簉　善曰：《古今注》曰：豹尾車，同制也。所以象君豹變。言尾者，謹也。

【陳校】

注「同制也」。「同」，舊本作「周」。

【集說】

胡氏《考異》曰：注「同制也」。何校「同」改「周」。陳同。是也，各本皆譌。

梁氏《旁證》曰：何、陳校「同」改「周」。各本皆誤。

朱氏《集釋》曰：善注引《古今注》曰：「豹尾車，周制也。所以象君豹變。言尾者，謙也。自注：「今《選》注有誤字。」

高氏《義疏》曰：《唐寫》李注無引《古今注》之文。各本「周制」誤「同制」。胡克家曰：「何校同改周。陳同。是也。」今從之。

【疏證】

奎本以下諸六臣合注本、尤本同。《敦煌·法藏本》P.2528無此注。謹案：《太平御覽》卷六百八十、《廣韻·效韻》「豹」下引、宋·蔡卞《毛詩名物解》卷十引崔豹《古今注》並作「周」，今本崔豹《古今注》卷上同。奎本、尤本等當形近而譌，毛本當誤從尤本等，已刻《廣要》而不能正矣。陳、何當據今本《古今注》等正之。

於是蚩尤秉鉞　善曰：《山海經》曰：蚩尤作兵戈黃帝。

【陳校】

注「蚩尤作兵戈黃帝」。「戈」，當作「伐」。

【集說】

余氏《音義》曰：「戈」，何改「伐」。

【疏證】

《敦煌·法藏本》P.2528、奎本、尤本作「伐」。明州本、贛本、建本作「戈」。謹案：事見《山海經·大荒北經》，正作「伐」，《太平御覽》卷七十九引、《後漢書》本傳章懷注引同。「戈」，「伐」之壞字。明州本首誤，後《甘泉賦》「蚩尤之倫」注，明州本又省作「蚩尤，已見《西京賦》」，再失糾正機會，贛本皆不能察，先後誤仍之。陳、何校當據《山海經》、尤本等正之。

奮鬣被般 善曰：毛萇曰鬣般，虎皮也。《上林賦》曰：被斑文。般與斑，古字通。

【陳校】

注「毛萇曰：鬣般虎皮也」。按：「毛萇曰」三字，似當作「《毛詩》曰；有虔秉鉞」。「鬣」下，尚有脫文。杜預《左傳注》：鬣，鬛也。

【集說】

胡氏《考異》曰：注「毛萇曰鬣」。案：「萇」，當作「長」。各本皆譌。以四字為一句也。附：翁批：「毛萇曰鬣」。「萇」，當作「長」。四字句。

梁氏《旁證》曰：「萇」，當作「長」。各本皆誤。

高氏《義疏》曰：「長毛」。各本誤「毛萇」。胡克家曰：「萇，當作長。」步瀛案：《唐寫》作「長毛」，今據改。

【疏證】

奎本以下諸六臣合注本、尤本同。《敦煌・法藏本》P.2528 作「長毛」。謹案：高氏據《唐寫》（即《敦煌・法藏本》P.2528）改「長毛」，最是。奎本等蓋涉下「逢旃」注而誤。毛本當誤從尤本等。前胡校尚未得間。陳校引《毛詩》，見《商頌・長發》六章「武王載旆，有虔秉鉞」，然亦非的。翁批，實出前胡《考異》。

光炎燭天庭

【陳校】

「炎」，五臣本作「焰」。

【集說】

梁氏《旁證》曰：六臣本「炎」作「焰」。

黃氏《平點》曰：尤袤云：「光炎，五臣作光焰。」

高氏《義疏》曰：五臣「炎」作「焰」。字通。

【疏證】

《敦煌・法藏本》P.2528、尤本同。五臣正德本、陳本作「焰」，奎本、明州本同，校云：善本作「炎」。贛本、建本作「炎」，校云：五臣作「焰」。謹案：《古今事文類聚》續集卷一引亦作「炎」。「焰」、「炎」雖通，然善與五臣有別，毛本當從尤本，不誤；陳校不當以五臣亂善。

百禽悷遽　薛注：悷，猶怖也。善曰：《羽獵賦》曰：虎豹之陵遽。

【陳校】

注「虎豹之陵遽」。「陵」，舊本作「悷」。

【集說】

高氏《義疏》曰：本書《羽獵賦》作「凌遽」。此注「陵」字當作「凌」。《楊雄傳》顏注曰：「凌遽，戰栗也」。

【疏證】

《敦煌‧法藏本》P.2528、奎本以下諸六臣合注本、尤本同。謹案：凌、悷、陵，皆從「夌」得聲，《洪武正韻》：「夌，越也。通作凌、陵。」《漢書‧揚雄傳上》：「虎豹之凌遽」顏注：「凌，戰栗也；遽，惶也。」《類篇‧心》：「悷，怖也。」《康熙字典》引「《集韻》：悷，驚也。張衡《（東）[西]京賦》百禽悷遽」。《玉篇‧阜部》：「陵，慄也」。《說苑‧善說》：「登高臨危，而目不眴，而足不陵者，此工匠之勇悍也」。是「凌」、「悷」、「陵」音、義並同，故字皆可通。然本書除《羽獵賦》「虎豹之凌遽」作「凌」外，複有顏延之《應詔觀北湖田收》：「疲弱謝凌遽」注引「《西京賦》曰：百禽凌遽」，亦證善注「陵」當為「凌」之證，高說是也。五臣正德本、奎本諸六臣本「悷」下並有音「陵」，乃五臣音注。此當是善自作「陵」之緣由。高氏引《漢書‧揚雄傳》顏注「凌」下衍一「遽」字，蓋涉顏注下文而誤也。

若夫游鷩高翬　薛注：《詩》云：有集唯鷩。翬翬，飛也。

【陳校】

注「翬翬」。衍一「翬」字。

【集說】

胡氏《考異》曰：注「翬翬，飛也。」茶陵本不重「翬」字。袁本與此同。案：似重者是。

梁氏《旁證》曰：按《爾雅》：「伊洛而南，素質，五采皆備成章曰翬。」郭注：「翬，亦雉屬。」而此與下「龜兔聯猭」為偶句，故薛注以「飛」釋之。

高氏《義疏》曰：薛注，各本複「翬」字。依《唐寫》削一。

【疏證】

奎本、明州本、尤本亦衍一「翬」字。《敦煌‧法藏本》P.2528、贛本不

誤。謹案：本書《西征賦》「奮翼而高揮」注引本篇正祇一「翬」字。《方言》卷十二：「翬，飛也。」《爾雅·釋鳥》：「鷹隼醜，其飛也翬」郭注：「鼓翅翬翬然，疾」。薛注可宗。倘以「飛」釋疊詞，則「飛」下當有「貌」、「然」之類字，而非「也」字，故陳、梁以衍一「翬」字，為是。此處陳校、梁氏轉勝前胡。王欣夫《蛾術軒篋存善本書錄·癸卯稿》卷四引陳倬《文選筆記》云：「《西征賦》注引薛注作：翬，飛也。《陽給事誄》注引薛注作：翬，猶飛也。皆不重翬字。」陳倬說與陳景雲、梁說合。

乃有迅羽輕足，尋景追括　薛注：括，箭括之御弦者。

【陳校】

注「箭括之御弦者」。「御」，當作「銜」。

【集說】

胡氏《考異》曰：注「箭括之御弦者。」陳云：「御，當作銜。」案：「之」字不當有，各本皆誤。

高氏《義疏》曰：胡克家曰云云。步瀛案：《唐寫》作「括，箭之又御弦者」，亦有誤字。

【疏證】

奎本以下諸六臣合注本、尤本同。《敦煌·法藏本》P.2528 惟「之」下有「又」字，餘同。謹案：「銜」有二讀；戶監切，同「銜」，口含物也。音牛倨切，則為「御」之俗字。見《龍龕手鑒》。今觀上下文義，字當作「銜」，本書《蜀都賦》「候雁銜蘆」劉逵注：「雁候時南北，故曰候雁。銜蘆以禦矰繳，令不得截其翼也。」足可佐證。諸《文選》本作「御」者，音、義並異，誤也。毛本蓋誤從尤本等，陳校當從本書內證正之。前胡迻錄陳校作「銜」，與周鈔作「銜」，一字異體，音、義並同，不誤。

青骹摯於韝下，韓盧噬於緤末　薛注：青骹，鷹青脛者善曰。韓盧犬謂黑色毛也。……不遠而獲。<u>善曰</u>：《說文》曰：骹，脛也。《戰國策》：淳于髠曰：韓國盧者，天下之駿狗也。

【陳校】

注「膺青脛者」。校舊本下脫「《說文》曰：骹，脛也」六字。「韓盧犬」下脫「見上文」三字。下「善曰」以下二十五字，當削。

【集說】

胡氏《考異》曰：注「鷹青脛者善曰」。袁本無「曰」字，茶陵本與此同。案：袁本最是。「善」字屬上讀，以五字為一句。下文注「象鼻赤者怒」句例正同。自此下，盡「不遠而獲」，皆薛注也。尤、茶陵甚誤。又曰：注「《戰國策》」下至「天下之駿狗也」，案：依善例，當作「已見上文」，此十七字不當有，各本皆誤。此類不盡出。

梁氏《旁證》曰：注「鷹青脛者善曰」。六臣本無「曰」字。是也。此節注有兩「善曰」，此「善」字應屬上讀。自此下至「不遠而獲」，皆薛注也。

許氏《筆記》曰：「青骹」。注「鷹青脛者善」，妄人意謂「善」是李氏之名，遂於「善」下加「曰」字。嘉德案：袁刻宋本本無「曰」字，是也。各本皆誤。

高氏《義疏》曰：注（鷹青脛者善曰），尤本「善」下有「曰」字。胡克家曰：「袁本無，茶陵本與此同。案：袁本最是。善字屬上讀，以五字為一句。……尤、茶陵甚誤。」許巽行曰：「注，鷹青脛者善，妄人意謂善是李氏之名，遂於善下加曰字。」步瀛案：《唐寫》「善」作「蓋」。又，胡克家曰：「注《戰國策》下至天下之駿狗也。案：依善例」云云。步瀛案：《唐寫》「國」祚「子」，「駿狗」作「壯犬」。

【疏證】

奎本、明州本、尤本同毛本。建本惟下「善曰」，誤「又曰」，餘亦同毛本。《敦煌‧法藏本》P.2528「善曰」作「蓋」。下「善曰」下，無《說文》曰」三字。贛本作：「鷹青脛者善曰」下有《說文》曰：骹脛也。韓盧，見（王）〔上〕文謂黑色毛也。」下「摰，擊也」，同毛本。謹案：贛本上「善曰」，亦衍「曰」字。毛本當誤從尤本等，陳校失在未刪「膺青脛者善曰」之「曰」字。「《說文》曰骹脛也」六字正在陳刪「二十五字」中，亦不當言「舊本脫」。前胡云注「《戰國策》」下至「天下之駿狗也。」案：「依善例，當作已見上文」云云，是也。前胡說最是。前胡蓋從袁本。謹又案：以後凡陳校有涉複出之文者，今者例於其文字作斠證外，不再盡出「當作已見上文」云云。

赴洞穴……獵昆駼 薛注：昆駼，如馬，跂蹄，善登高。

【陳校】

注「跂蹄，善登高」。「跂」，舊本作「跋」。

【集說】

顧按：《爾雅・釋畜》作「枝蹄」。「枝」，「跂」字一耳。

朱氏《集釋》曰：案：注「跂」字，當為「枝」。《爾雅・釋畜》：「昆駼，枝蹄趼，善陞甗。」……釋文引舍人云：「趼，平也，……枝蹄者，枝足也。」

高氏《義疏》曰：朱珔曰：「薛注跂字，當為枝」云云。

【疏證】

奎本以下諸六臣合注本、尤本悉同。《敦煌・法藏本》P.2528 作「枝」，《太平御覽》卷八百九十三引《爾雅》「騉駼」注亦作「枝」。謹案：「跂」與「枝」通。《集韻・支韻》「跂。《說文》：『足多指也。』或作枝。」陳校所謂「舊本」，未知何本，然作「跂」，必「跂」之形近而誤。

割鮮野饗，犒勤賞功 善曰：杜預《左氏傳》曰。犒，勞也。

【陳校】

注「《左氏傳》曰」。「傳」下，舊本有「注」字。

【集說】

胡氏《考異》曰：「杜預《左氏傳》」，何校「傳」下添「注」字。是也。各本皆脫。

高氏《義疏》曰：杜注，見《僖三十二年》。各本脫「注」字，依《唐寫》增。

【疏證】

奎本、明州本、建本、尤本同。贛本獨有「注」字。《敦煌・法藏本》P.2528 亦有「注」字。謹案：杜預注，見《左傳・僖三十二年》。本書張景陽《七命（大夫曰若乃）》「論最犒勤」注引亦有「注」字。古人援經、傳，多見不分或省略。陳校補之，亦是。

磻不特絓 善曰：《說文》曰：磻，似石著繳也。

【陳校】

注「磻，似石著繳也」。「似」，舊本作「以」。

【集說】

余氏《音義》曰：「似」，何改「以」。

胡氏《考異》曰：注「似石著繳也」。何校「似」改「以」。陳同。是也，各本皆誤。

梁氏《旁證》曰：注「磻，以石著繳也」。今《說文》曰：「磻，以石箸隹繳也」。

高氏《義疏》曰：《說文·石部》「著」下有「隹」字，宜增。各本「以」誤「似」。《唐寫》不誤，今據改。《唐寫》無「著」字，亦非。

【疏證】

奎本、明州本、建本、尤本同，贛本獨作「以」。《敦煌·法藏本》P.2528作「以石繳也」。謹案：今本《說文·石部》：「磻，以石箸隹繳也」，亦作「以」，《後漢書·馬融傳》「贈磻飛流」章懷注引《說文》同。當陳、何校所依。惟贛本作「以」，可證陳此所謂「舊本」，當係六臣合注本中贛本系統，非六家本系統。而贛本系統中，茶陵本多從建本，與《考異》所云「各本（包括袁本、茶陵本）皆誤」合，故進而可推，徑是贛本爾。

摛潀澖　薛注：摛，搜，謂二周索也。

【陳校】

注謂「謂二周索也」。「二」，舊本作「一一」。

【集說】

余氏《音義》曰：「二（搜）［周］索」，六臣本作「一一」。

【疏證】

奎本以下諸六臣合注本、尤本悉作「一一」。《敦煌·法藏本》P.2528作「一二」謹案：陳校是。《敦煌》本作「一二」，「二」字，似是重文符號經後人轉寫之誤。

大駕幸乎平樂　薛注：李尤《樂觀賦》曰：設平樂之顯觀。

【陳校】

注「李尤《樂觀賦》」。「樂」上，舊本有「平」字。

【集說】

胡氏《考異》曰：注「李尤《樂觀賦》曰」。案：「樂」上當有「平」字，各本皆（衍）［脫］。陳云：「別本有。」今未見。

梁氏《旁證》曰：注「樂」上當有「平」字，各本皆脫。

高氏《義疏》曰：李注各本「《平樂觀賦》」脫「平」字。胡克家曰云云。步瀛案：《藝文類聚・居處部》引「李尤《平樂觀賦》」，則「平」字當有。

【疏證】

奎本以下諸六臣合注本、尤本悉脫。《敦煌・法藏本》P.2528 無引此。謹案：《藝文類聚》卷六十三引「後漢李尤《平樂觀賦》曰：乃設平樂之顯」，《太平御覽》卷一百八十八引李賦亦作「李尤《平樂觀賦》」。《玉海》卷一百六十九「楊賜，光和元年，引入金商門，問祥異」，王注引「李尤《平樂觀賦》」云云，亦有「平」字。本書何平叔《景福殿賦》「歷列辟而論功」注引李賦「樂」上有「平」字。毛本誤從尤本等，陳校是也。「舊本」外，陳或有從本書、內證類書等補之。

華嶽峩峩……朱實離離　薛注：朱，赤也。

【陳校】

注「朱，赤也」。舊本「也」，作「色」。

【疏證】

奎本、明州本、尤本同。贛本、建本作「色」。《敦煌・法藏本》P.2528 無此三字。謹案：本書宋玉《招魂》「美人既醉朱顏　些」王逸注「朱，赤也。」《楚辭・九章・遠逝》「歷祝融於朱冥」王逸注作「朱，赤色也。」末字作「也」、「色」義並同。毛本當從尤本等，陳不改亦得。

巨獸百尋，是為曼延　薛注：作大獸長八十丈，所謂蛇龍蔓延也。善曰：《漢書》曰：武帝作漫衍之戲。

【陳校】

注「曼延」。獸名，即《子虛賦》之「蟃蜒」，但偏傍從省耳。《漢書》作「漫衍」，字雖異，而音、義則一。

【集說】

余氏《音義》曰：《漢書》注，即《子虛賦》「蟃蜒」。

梁氏《旁證》曰：六臣本「曼」作「蔓」。按：「曼延」即「曼衍」，作「蔓」無據。

薛氏《疏證》曰：蓋「蝮」字與「漫」字，俱從「曼」字得聲，「蜓」字從「延」字得聲，與「衍」字聲近，故均可通。班叔皮《北征賦》「遵長城之之漫漫」注「《楚辭》曰：路曼曼其修遠。漫與曼古字通。」司馬長卿《長門賦》「夜曼曼其若歲兮」注「曼曼，長也。一作漫漫。」尤「曼」、「漫」通用之證。見薛書卷二「《子虛賦》蝮蜓」條。

高氏《義疏》曰：梁章鉅曰：「曼延」即「曼衍」。

【疏證】

尤本正文「曼延」、薛注「蔓延」、善引《漢書》作「漫衍」。奎本以下諸六臣合注本正文並薛注作「蔓延」、善注作「漫衍」。五臣正德本、陳本作「蔓延」，銑注同。《敦煌‧法藏本》P.2528悉同尤本。謹案：五臣作「蔓延」，銑注可證。善則不定。蔓延，連綿詞，形有偏旁之異同，音、義則同，故可通。「延」與「衍」聲近亦通，薛氏《疏證》說是。《呂氏春秋‧重言》「乃令賓者延之而上。」高誘注：「延，引也」，《後漢書‧安帝紀》：「博衍幽隱」章懷注：「衍，猶引也」；又，《毛詩注疏‧唐風‧椒聊》「蕃衍盈升」，《一切經音義》卷十九引作「延」。《管子‧白心》「無遷無衍」俞樾平議：「衍」，當讀為「延」，皆是其證。毛本悉同尤本，陳校亦是。

百馬同轡　橦末之伎　薛注：於橦子作其形狀。

【陳校】

注「於橦子作其形狀」。「子」，舊本作「末」。

【集說】

高氏《義疏》曰：注「橦上」，各本誤作「橦子」。依《唐寫》改。

【疏證】

奎本、明州本、尤本、建本同。贛本獨作「橦末」，《敦煌‧法藏本》P.2528薛注無此七字。謹案：五臣向注云：「於橦上作百馬以一轡馳騁，其伎態不可窮盡。」此或高氏作「上」所據，然準之正文，還當以贛本作「末」為是。毛本當誤從尤本等，陳校是。本條，善注誤置於上二句「百馬同轡，騁足並馳」下，周鈔因之，正文故作「百馬同轡」。今正之。此為五臣與李善設注科段不

同而致。尤本、毛本並誤繫，是清人單善注本自六臣合注本剝離說之有力佐證。

帳懷萃　薛注：悵然思念，所當復至也。

【陳校】

　　注「所當復至也」。「所」，舊本作「明」。

【疏證】

　　《敦煌·法藏本》P.2528、奎本、尤本同。明州本、贛本、建本作「明」。謹案：作「所」無不通，不改為宜。此陳所云「舊本」，蓋指六臣合注本爾。

然後歷本諱清從「心」，逕改。下同。掖庭　薛注：掖庭今宮，主後宮。

【陳校】

　　注「掖庭今宮」。按：「今宮」當作「令宦」。

【集說】

　　胡氏《考異》曰：注「掖庭，今官」。陳云：「今，當作令。」是也，各本皆譌。

　　梁氏《旁證》曰：陳校「今」改「令」，是也。各本皆誤。

　　高氏《義疏》曰：薛注「令」，各本誤作「今」。胡克家曰：「陳云：『今，當作令。』是也。」步瀛案：《唐寫》正作「令」。今從之。

【疏證】

　　奎本以下諸六臣合注本、尤本作「今官」。《敦煌·法藏本》P.2528作「令官」。謹案：毛本「今」字當誤從尤本等，「宮」字獨誤，陳校改作「宦」，與諸《文選》本異，前胡不從，故不錄。今考「令宦」亦通。《後漢書·百官志》三云：「掖庭令。一人。六百石。本注曰：『宦者。掌後宮貴人采女事。』」可見此官由宦者為之，陳氏因有此稱。

眒藐流眄　薛注：眒，眉睫之間。

【陳校】

　　按：《詩》「猗嗟名兮」，毛《傳》曰：「目上為名」。觀「眒」字薛注，則名、眒二字，古蓋通用。

【集說】

余氏《音義》曰：「睰藐」。五臣作「昭邈」。

梁氏《旁證》曰：《丹鉛總錄》云：「《詩》：猗嗟名兮。《玉篇》引名作覭。眉目之間也。字從冥、見。言美人眉目流昞，使人冥迷也。睰、覭同」。

朱氏《集釋》曰：案：《說文》無「睰」字。惟《廣雅·釋言》：「睰，睛讀也。」《廣韻》引「《字林》：睰睛，不悅目貌。」義似不合。《詩·齊風》「猗嗟名兮」，毛《傳》本《爾雅·釋言》：「目上為名」郭注：「眉眼之間。」是「睰」，古袛作「名」矣。《玉篇》引《詩》又作「顆」，云：「顆，眉目間也。本亦作名。」郝氏則謂：「《檀弓》云：『子夏喪其子而喪其明。』《冀州從事郭君碑》：『卜商號咷喪子失明。』是名與明通。《詩》本借明為名，故下句『美目清兮』，傳云：『目下為清。』以清、明對文，為《爾雅》補義。」說當是也。

胡氏《箋證》曰：按：「睰藐」猶「緜藐」。本書《上林賦》：「微睇緜藐」，「緜藐」承「微睇」言之，是「緜藐」為微視貌。《說文》：「緜瞞，微也。」《廣雅》：「藐，小也。」睰、藐一聲之轉，「藐」與「眇」音義亦通。《後漢書·馮衍傳》注「眇，微也。」故藐謂之小，亦謂之好。猶眇謂之微，亦謂之好。《大雅·嵩高》傳：「藐藐，美也。」《楚辭·湘夫人》：「目眇眇兮愁余」王注：「眇眇，好貌也。」睰、藐雙聲，二字義同。

高氏《義疏》曰：梁章鉅曰云云。步瀛案：「睰藐」猶「緜藐」。《上林賦》：「微睇緜藐」郭璞曰：「緜藐，遠視貌。」王念孫曰：「緜藐，好視貌也。《方言》曰：『南楚江淮之間，䁳瞳子謂之䁔。』郭璞曰：『言緜藐也。』《楚辭·招魂》曰：『遺視䁔些。』䁔與緜同義。《楚辭·九歌》：『目眇眇兮愁予』王注曰：『眇眇，好貌。』眇與藐同義，合言之則曰䁔藐。《方言》注作緜邈，《西京賦》『睰藐流昞』，並字異而義同。」胡紹煐曰：「《上林賦》『緜藐』承『微睇』言之……睰、藐雙聲，二字義同。」

【疏證】

尤本並薛注同毛本。五臣正德本、陳本作「昭邈」，銑注同。奎本作「昭邈」，校云：善本作「睰藐」。銑注作「昭邈」。明州本作「睰藐」校云：善本作「昭藐」。贛本作「昭藐」，校云：五臣本作「昭邈」。建本作「睰藐」校云：五臣作「昭邈」。明州本、贛州本、建本三本銑注並作「睰邈」。《敦煌·

法藏本》P.2528 作「昭」。謹案：以眣、昭字推勘明州本以下諸六臣合注本文、校及銑注之間，多見淆亂抵牾，如贛本校云：「五臣本作昭」，而其銑注明明作「眣」。然即便如此，梳理諸本資料，善與五臣文，仍可確定：五臣作「昭」，有銑注可證，五臣二本、奎本並銑注可為佐證。善作「眣」，亦可斷定，蓋諸六臣合注本於善引薛注，並無異議。贛本文作「昭」，乃「眣」傳寫之譌，蓋贛本「昭」下有音注「亡並」，正是「眣」音。《廣韻》：「眣，亡井切」，是明證也。「昭」與「眣」形近（「召」上「刀」字刻本俗寫近「夕」），且《玉篇》：「眣，眣目弄人也。」是其義「弄人」亦與下文「流眄」相順，故有此譌耳。後胡以「眣、覣雙聲，二字義同」，其說可從。毛本從尤本不誤，陳校亦是。

展季桑門　善曰：《國語》曰：臧文仲聞柳下惠之賢。韋昭曰：柳下，展禽之邑。李，字也。

【陳校】

注「李，字也」。「李」，「季」誤。

【集說】

高氏《義疏》曰：《國語》，見《魯語上》。各本「柳下季」作「惠」，《唐寫》與《魯語》合，今從之。又《齊孝公伐魯章》韋注曰：「展禽，魯大夫，展無駭之後，柳下惠也。」。

【疏證】

《敦煌·法藏本》P.2528、奎本以下諸六臣合注本、尤本悉作「季」。謹案：事見《國語·魯語上》。《國語·海鳥章》：「文仲聞柳下季之言」韋注作：「柳下，展禽之邑。季，字也」，《文章正宗·展禽論祀爰居》注引同。《齊孝公來伐章》（臧文仲）「問於展禽」韋注作：「魯大夫展無駭之後柳下惠也。字季禽。」高氏引脫末「字季禽」三字。檢《經典釋文·莊子音義下》「孔子與柳下季為友」釋文：「柳下惠，姓展，名獲。字季禽，一云：字子禽。居柳下而施德惠。一云惠，諡也。一云：柳下，邑名。」是展獲有季禽、子禽二字、復有諡號柳下惠。然則，毛本「季」，作「李」者，傳寫譌耳。陳校當據正文及贛、尤二本等正之。

傳聞於未聞之者　善曰：《孔叢子》：子高謂魏王曰：君聞之於耳邪？聞之於傳邪？者，之與切。

【陳校】

「傳聞於未聞之者」。「者」，五臣本作「ㄩ」。

【集說】

梁氏《旁證》曰：六臣本「者」作「ㄩ」。

胡氏《箋證》曰：五臣「者」作「ㄩ」。按：「者」與下「睹」、「五」、「土」、「苦」，古音同在《魚部》，「ㄩ」則《侯部》之字，當從善本。

許氏《筆記》曰：注「者，之與切。」此是古音，非關協韻。《說文》：「者，別事詞也。从白、𣥐聲。𣥐，古文旅字。」孫恬不審「者」字從「旅」得音，而讀為「之也」切。白，亦自字也。今者字皆從日。經典相承已久不可改矣。

高氏《義疏》曰：姚鼐《古文辭類纂·辭賦類》載此賦，「未聞」作「末聞」。步瀛案：「未聞」，猶言「未之前聞」，則下文「者」字指事言；若從姚氏為「末」字，「末聞」，猶言末學，則下文當作「之ㄩ」指人言。五臣「者」作「ㄩ」。胡紹煐曰：「按：者與下睹」云云。步瀛案：《侯部》、《魚部》本可通轉。

【疏證】

《敦煌·法藏本》P.2528、尤本作「者」。五臣正德本、陳本作「ㄩ」，奎本、明州本同，校云：善本作「者」。贛本作「者」，校云：五臣作「ㄩ」。謹案：《古今事文類聚》續集卷一，作「ㄩ」。蓋誤從五臣。作「者」是。顧炎武《唐韻正·三十三哿》「者」字注作「ㄩ」，下接云：「《文選》李善本作者，音之與切」，固不廢善注。由「之與切」音注，可知與「諸」通。古者、諸通用。眾也。《詛楚文》：「衛者侯之兵加臨於我」《鹽鐵論·散不足》：「者生無易由言，不顧其患，患至而後默，晚矣。」王利器注：「者、諸古通用」。張雲璈曰：「李注：『者，之與切』，蓋與下睹、五、土、苦等為韻……」雲璈按：「（者）古音無不作渚。李氏時，尚存古音也。」謹又案：渚與諸通。《說文·水部》：「渚，水在常山中丘逢山，東入湡。从水者聲。」桂馥《義證》：「《地理志·常山郡》：中丘逢山長谷，諸水所出。諸，即渚」。毛本不誤，陳校備異聞可，欲改毛本，則是以五臣亂善也。嘉德以今本《說文》「之也」切，係孫恬誤讀「者」古音𣥐（旅）所致，與諸家「與諸、渚通」說，殊途同歸。同時揭明了

五臣所以誤作「口」之真正原因，在籴字漫漶不清，姑以口（方圍）代之。許說可破高氏引姚氏《類纂》，以正文「末」「未」之歧，釋五臣「者」作「口」說之妄。

此何與於殷人屢遷　善曰：《廣雅》曰：與，如也。言欲遷都洛陽，何如殷之屢遷乎？言似之也。

【陳校】

「此何與於殷人屢遷」。「與」，五臣本作「異」。

【集說】

梁氏《旁證》曰：六臣本「與」作「異」。

黃氏《平點》曰：抄本「與」作「異」。

高氏《義疏》曰：五臣「與」作「異」。《廣雅》，見《釋言》。《唐寫》無「《廣雅》」以下二十三字。

【疏證】

《敦煌・法藏本》P.2528、尤本同。五臣正德本、陳本作「異」。奎本、明州本作「異」，校云：善本作「與」。贛本、建本作「與」，校云：五臣作「異」。謹案：《古今事文類聚》續集卷一引亦作「與」。五臣銑曰：「此謂東都也。言不歸西京，何如殷人數遷乎？言似之也。」是五臣「何異」即「何如」，與善注引《廣雅》同義。然善注作「與」，引《廣雅》可證，與五臣不同，故陳校祇可備異聞耳。毛本當從尤本等。

前八而後五　善曰：《尚書》曰：自契至成湯八遷

【陳校】

注「《尚書》曰」，當作「《史記》曰」。

【集說】

胡氏《考異》曰：注「《尚書》曰：自契至成湯」。案：「書」下當有「序」字。

梁氏《旁證》曰：注「《尚書》」下，當添「序」字。

朱氏《集釋》曰：案：此所引《尚書》，亦《書・序》之文，當作「《尚書序》曰：自契至成湯八遷」。

高氏《義疏》曰：此注頗錯亂。各本「《尚書》」下，無「序」字。胡克家曰「當有。」是也。今據補。

【疏證】

《敦煌·法藏本》P.2528、奎本以下諸六臣合注本、尤本悉脫。謹案：「自契至于成湯八遷」語見《尚書注疏·胤征序》，上諸《文選》本皆脫。毛本當誤從尤本等，陳校亦誤。當依前胡諸家補正。

盤庚作誥　善曰：盤庚遷于殷。殷人弗適有居。

【陳校】

注「盤庚」上，脫「《尚書》曰」三字。

【集說】

胡氏《考異》曰：注「盤庚遷于殷」，陳云：「盤上脫『《尚書》曰』三字。」是也，各本皆脫。

梁氏《旁證》曰：陳曰：「盤上脫『《尚書》曰』三字。」按：所校非也。此李注述《書》意耳。若以為引《書》詞，則不應云「殷人弗適有居」也。

高氏《義疏》曰：各本「盤庚遷于殷」上無「《尚書》曰」三字，下衍「殷」字。胡克家曰：「陳云：『盤上脫《尚書》曰三字。』是也。」《唐寫》本有此三字。今據增。下「殷」字據《尚書》刪。而「人」當作「民」，「弗」當作「不」。

【疏證】

奎本以下諸六臣合注本、尤本悉同。《敦煌·法藏本》P.2528 有此三字。謹案：「盤庚遷于殷」語見《尚書注疏·盤庚上》，此句與上孔傳，非出同篇，善注固當冠以書名。前胡校是。高氏校可釋梁氏之疑。本書《東都賦》「遷都改邑」注引，「盤」上有「《尚書》曰」三字（當然彼在注首，或另當別論）。本條亦見《敦煌》本之可寶。

文選卷三

東京賦一首　　張平子　　薛綜注

貴耳而賤目者也　　薛注：貴耳，謂東京。

【陳校】

注「貴耳，謂東京」。按：「貴耳」下，脫「謂西京賤目」五字。

【集說】

胡氏《考異》曰：注「貴耳謂東京」。陳云：「耳下，脫『謂西京賤目』五字。」是也，各本皆脫。

梁氏《旁證》曰：陳校「耳」下添「謂西京賤目」五字。各本皆脫。

高氏《義疏》曰：薛注「貴耳」下，脫「謂西京賤目」五字，今依陳校增。

【疏證】

奎本以下諸六臣合注本、尤本脫同。謹案：毛本當誤從尤本等，據注下文「先生笑公子以西京為貴，以東為賤也」云云，陳校是也。

作洛之制，我則未暇　　薛注：作洛，謂造洛邑也。……謂天下新造草創，不暇改作如制禮也。

【陳校】

注「如制禮也」。「制禮」二字，當乙。

【集說】

胡氏《考異》曰：注「如制禮也」。袁本、茶陵本「制禮」作「禮制」，是也。

梁氏《旁證》曰：六臣本「制禮」作「禮制」，是也。

高氏《義疏》曰：尤本薛注「禮制」誤倒作「制禮」。梁章鉅曰：「六臣本『制禮』作『禮制』」云云。今從之。

【疏證】

奎本、尤本同。明州本、贛本、建本不倒。謹案：毛本當誤從尤本等，陳校當從贛、建二本等正之。

損之又損之

【陳校】

舊本無下「之」字。

【集說】

余氏《音義》曰：「又損之」。何曰：「宋本無『之』字」。

孫氏《考異》曰：「損之又損之」。何校作「損之又損」，云：「宋本無『之』字」。

胡氏《考異》曰：袁本、茶陵本無下「之」字。案：無者是也。此初亦無，與二本同，修改誤添之。

梁氏《旁證》曰：六臣本無第二「之」字。

高氏《義疏》曰：尤本「又損」下有「之」字。今依六臣本、毛本刪。孫志祖曰云云，胡克家曰云云。

【疏證】

尤本同。五臣正德本及陳本、奎本以下諸六臣合注本並無下「之」字。謹案：《古今事文類聚》續集卷一、《玉海》卷一百五十五引並無下「之」字，無者是。善注引《老子》有「之」字，此或修改者所依。陳校所謂「舊本」，此蓋指六臣合注本。

且高既受命建家　善曰：《毛詩》曰：文王受命作周也。

【陳校】

注「《毛詩》曰」，「詩」下脫「序」字。

【集說】

　　胡氏《考異》曰：注「善曰《毛詩》曰」。陳云：「《詩》下脫『序』字。」
是也，各本皆脫。

　　梁氏《旁證》同胡氏《考異》。

　　高氏《義疏》曰：注「《毛詩》曰」。胡克家曰：陳曰云云。

【疏證】

　　奎本以下諸六臣合注本、尤本脫同。謹案：《毛詩》，見《大雅·文王》
序。本書左太沖《魏都賦》「肇受命而光宅」注、曹子建《責躬詩》「受命于
天」注引，並有「序」字。毛本誤從尤本等，陳校當據《毛詩》、本書內證等
補之。

銘勳彝器　　薛注：勒銘於宗廟之器于鍾鼎。

【陳校】

　　注「于鍾鼎」。「于」字衍。

【集說】

　　胡氏《考異》曰：注「勒銘於宗廟之器于鍾鼎」。茶陵本無「于」字，袁
本有。何校去，陳同。

　　梁氏《旁證》曰：六臣本無「于」字，是也。

　　高氏《義疏》曰：尤本薛注「鍾鼎」上有「于」字。梁章鉅曰云云。今從
之。

【疏證】

　　尤本同。奎本以下諸六臣合注本引薛注「鍾鼎」上悉無「于」字。謹案：
「于」字或後人旁注在上「於」字下，誤入正文者。毛本當誤從尤本，陳、何
當據六臣合注本刪，是。

苟民志之不諒，何云巖險與襟帶　　薛注：何用周固反易守乎？

【陳校】

　　注「何用周固反易守乎」。「反」字誤。

【集說】

　　胡氏《考異》曰：注「何用周固反易守乎」。案：「反」，當作「及」。各本

皆誤。

梁氏《旁證》曰：胡公《考異》曰：「反，當作及」。

高氏《義疏》曰：薛注「及易守」，各本「及」誤「反」。今依胡克家校改。

【疏證】

奎本以下諸六臣合注本、尤本悉同。謹案：此因「及」、「反」二字形近而誤。毛本當誤從尤本等，陳校乃據上下文義正之。

漢初弗之宅，故宗緒中圮 注：痞曰緒，統也。

【陳校】

注「痞曰」，當作「圮音痞」、「曰」字衍。此二字，或作「綜曰」、「善曰」，皆誤。

【集說】

余氏《音義》：「痞」，何改「善」。

許氏《筆記》曰：何云：「痞字疑誤。」案：六臣本作「綜曰」，此本從六臣本中分出，誤留此二字耳。或是「音痞」二字，「音」譌為「曰」，遂移「痞」下也。自注：「圮」、「痞」二字並符鄙切。

高氏《義疏》曰：「圮」，《之部》。舊注「音痞」，「痞」亦《之部》，通轉為韻。

【疏證】

尤本「圮」下作：「痞□空脫一字緒，統也」。「痞」，是善音。五臣正德本、陳本「圮」下作：「平彼」。奎本、明州本、贛本、建本同，亦音注。謹案：五臣音「平彼」、善音「痞」其讀實同。六臣合注本於下句「重矣」下作：「綜曰：緒，統也。」是綜注，然不必有「綜曰」字；何作「善曰」，非。余氏錄何校作「改」、許錄作「疑」，當以余錄為真。又：尤本最是。「痞」下空一格，是以此界限音與薛注也。正尤本處理舊注之通例程式。如下文：「雲罕九斿，闟戟轇膠輵」葛□空脫一字雲罕，旌旂之別名也。毛本出隸屬尤本系統之張伯顏本。張氏卻不明此式，遂從六臣本欲補入「綜曰」，但因其行款一如尤本除每卷首頁因題署略有變化外，尤本此處惟有一字之空格，祗能舍「綜」取「曰」。毛本行款雖不同尤、張，但不明就里，祗能因襲，此便是毛本「痞曰」之來歷。何校非也。陳言「或作綜曰、善曰，皆誤」是，然作「音痞」二字，則有瑕疵。許氏

以此條作為毛本「從六臣本中分出」之證據，理由尚不充分，倘作為探究尤本系統從尤至張、至毛的遞出關係，應是頗有說服力的佐證。高氏似從許巽行說。

登岱勒封，與黃比崇 薛注：《史記》曰：崇，高也。

【陳校】

　　注「《史記》曰：崇，高也」。「《史記》」，舊本作「《爾雅》」。

【集說】

　　高氏《義疏》曰：薛注「崇，高也」上，各本衍「《史記》曰」三字。今削。

【疏證】

　　奎本以下諸六臣合注本、尤本悉同。謹案：毛本當誤從尤本等，然未明陳校所謂舊本為何本。本書陸士衡《贈馮文熊遷斥丘令》「矯志崇邈」注、陸士衡《猛虎行》「崇雲臨岸駁」注並引「《爾雅》曰：崇，高也。」然則，陳校亦或據本書內證耳。諸本作「《史記》」者，蓋涉下善注引「《史記》」字而誤也。高氏削去書名亦得，蓋本書善注（包括舊注）亦有此例，如張平子《思玄賦》「二女感於崇嶽兮」舊注即是其證。

鶗鴂秋棲，鶻鵃春鳴 薛注：《爾雅》曰：鷽斯，鶗鴂。郭璞曰：鶗鴂，匹鳥，腹下白也。

【陳校】

　　注「《爾雅》曰」。舊刻上有「善曰」字。下「雎鳩麗黃」注同。

【集說】

　　余氏《音義》曰：何校「《爾雅》曰鷽斯」，上增「善曰」二字。下注「《爾雅》曰雎鳩」同。

　　胡氏《考異》曰：注「《爾雅》曰鷽斯」。何校「爾」上添「善曰」二字。陳同。下節首「《爾雅》曰雎鳩」上亦然。今案：所校是也。袁本、茶陵本此二節亦作薛注，皆誤。凡賦多誤善注作薛，其引書為薛注所不及見，如此《爾雅》郭璞注之類，較然易辨。又有疑無以明者，難於輒定，當俟再詳。

　　張氏《膠言》曰：「鶗鴂秋棲，鶻鵃春鳴」下注「《爾雅》曰」云云、「雎

鳹麗黃，關關嚶嚶」下「注《爾雅》曰」云云。胡中丞校本云「兩節注《爾雅》上，皆當有『善曰』二字，此何校最是。袁、茶本皆誤以為薛注。善引書有薛所不及見，如《爾雅》郭注之類，較然易辨。」按：「聘丘園之耿絜，旅束帛之戔戔」注引《周易》「賁於丘園，束帛戔戔。」王肅云「失位無應，隱處丘園」云云。綜以赤烏六年卒，安得見王肅《易注》而引用之？亦脫去「善曰」二字，誤以為薛注。與此同耳。下「蒸蒸之心」注引《廣雅》亦然。

梁氏《旁證》曰：何校「爾」上添「善曰」二字。陳同。下節注「《爾雅》曰」上亦然。為所引《爾雅》郭注，實薛綜所不及見也。

姚氏《筆記》曰：「鶡鴉」、「雎鳩」兩注，「《爾雅》曰」上，皆當增「善曰」二字。

高氏《義疏》曰：各本此注及下「雎鳩」注「《爾雅》」上皆脫「善曰」二字。今據諸家校增。胡克家曰：「何校爾上添『善曰』二字，陳同……較然易辨」。

【疏證】

奎本以下諸六臣合注本、尤本悉同。此二句，本惟善注，無薛注，疑監本已脫「善曰」二字，奎本遂首妄加「綜曰」，諸六臣本襲譌踵誤而不察。尤本循舊注例去之，致李冠薛戴。下文「雎鳩麗黃，關關嚶嚶」注「爾雅曰」云云，誤同。幸《爾雅》郭注，非薛能及見，後人能察覺而正之爾。毛本當誤從尤本等，陳校是。同宗前胡，張與梁氏不同，張善學前胡，能旁推，梁衹因仍耳。

雎鳩麗黃〔善曰〕：……關關嚶嚶，謂音聲和也。

【陳校】

（和也）下舊本有「鴛、麗古字通」五字。

【集說】

胡氏《考異》曰：注「謂音聲和也」。袁本「也」下有「鴛麗古字通。音離」七字。茶陵本有「鴛麗古字通」五字。案：袁是也。「鴛」下仍當有「與」字，蓋脫。

【疏證】

尤本同。奎本、明州本、建本並有「鴛麗古字通。音離」七字，惟贛本止「鴛麗古字通」五字。謹案：毛本蓋從尤本脫，陳校所謂「舊本」，此處可推

當為贛本，蓋陳校本不涉「音離」字。前胡謂「鴛」下脱「與」字，亦是，善注例如此。

於南則前殿靈臺　薛注：靈臺，臺名也。

【陳校】

「於南則前殿靈臺」。「靈」，五臣本作「雲」。

【集說】

余氏《音義》同。

孫氏《考異》同陳校。

胡氏《考異》曰：「於南則前殿靈臺」。茶陵本「靈」下校語云：五臣「雲」。袁本作「雲」。案：此南宮雲臺也。德陽殿西有靈臺，別在下文。「靈」但傳寫誤耳。薛注「靈」亦「雲」字誤。下文「靈臺」，薛亦別有注，可見此薛與善並非「靈」字。

姚氏《筆記》曰：「靈臺」，何改「雲臺」。

胡氏《箋證》曰：五臣「靈」作「雲」。《考異》曰：「此南宮雲臺也。靈，蓋傳寫誤。德陽殿（東）[西]有靈臺，別在下文。薛注可證。」紹煐按：薛下注云「司歷紀候節氣[者]，曰靈臺」，此注只云「雲臺，臺名也」，則作「雲臺」為是。

許氏《筆記》曰：下文「左制辟雍，右立靈臺」，在德陽殿，東西相對。此路寢之臺，與龢驩、安福俱在德陽殿之南，即「圖畫二十八將於南宮雲臺」者也。注中「露寢」、「靈臺」，何改「路寢」、「雲臺」。

高氏《義疏》曰：五臣「靈」作「雲」。何焯校改「靈」為「雲」。胡克家曰：「袁本作雲」云云。胡紹煐、許巽行皆以作「雲臺」為是。然此「雲臺」，當為殿名。張銑注曰：「雲臺、和歡、安福三者，皆殿名」，是也。《後漢書·宦者傳》：「張讓鑄四鐘，懸於玉堂及雲臺殿前」，可證。然「雲臺殿」疑當作「靈臺殿」。姚鼐曰：「雲臺固在南宮，然恐即是前殿，南宮又自有靈臺殿。《續漢志》：『中平二年，南宮火災，火燒靈臺殿、樂成殿。』此與三雍之靈臺，自異地。彼三雍皆在城外。」步瀛案：姚說是也。其引《續漢志》，據《靈帝紀》注引。今《續五行志》二曰：「中平二年二月己酉，南宮雲臺災，庚戌，樂成門災」，亦作「雲臺」，然惠棟《補注》曰：「《御覽》八百三十三卷正作『靈臺』，與《靈紀》注引合。疑靈字是。」故本賦及注不從何氏、胡氏等校

改，更俟諟正焉。

【疏證】

尤本同。奎本正文並薛注作「雲」。明州本作「雲」，薛注作「靈」。贛本、建本並薛注作「靈」，校云：五臣作「雲」。五臣正德本、陳本作「雲」。《藝文類聚》卷六十一、《玉海》卷一百五十六、卷一百五十九引並作「雲臺」。謹案：本條名有「靈」、「雲」之異：「雲臺」之實，又有臺名、殿名之歧：薛注以為臺名，五臣銑注則以為殿名矣，故自來糾纏不清。何氏、二胡、許氏，皆主名「雲臺」，實從五臣，陳校亦然；姚氏、惠氏，則主「靈臺」。作「靈」者。薛注，無妨視同善注，故善注既與五臣有別，還得從善作「靈」為妥。高氏不改尤、毛，其慎重可從焉。

奇樹珍果。鈎盾所職 　薛注：鈎盾，今官。

【陳校】

注「鈎盾，今官」。「今」，當作「令」。

【集說】

胡氏《考異》曰：注「鈎盾今官」。陳云：「今，當作令。」是也，各本皆誤。

梁氏《旁證》曰：陳校「今，改令。」是也，各本皆誤。

高氏《義疏》曰：各本「令」誤「今」。胡克家曰：「陳云：今，當作令」云云。今從之。

【疏證】

奎本以下諸六臣合注本、尤本同。謹案：鈎盾，漢少府屬官有鈎盾令。《漢書·百官公卿表上》：「又中書謁者、黃門、鈎盾、尚方、御府、永巷、內者、宦者〔八〕官令丞。」顏注：「鈎盾主近苑囿」。《後漢書·桓典傳》「三遷羽林中郎將」章懷注引華嶠《書》及劉攽注並有「鈎盾令」云云。此「令」、「今」二字，形近而誤，毛本當誤從尤本等，陳校當從《漢書》等正之。

於是觀禮，禮舉儀具 　薛注：言觀王之光明，禮儀皆備具也。

【陳校】

注「禮儀皆備具」。舊本作「禮義」。

【集說】

胡氏《考異》曰：「禮舉儀具」。袁本、茶陵本「儀」作「義」，注同。案：此無以考也。

高氏《義疏》曰：薛注「禮儀」，六臣本作「禮義」。

【疏證】

奎本、尤本文、注並同。明州本、贛本、建本文注並作「義」。五臣正德本、陳本作「義」。謹案：《古今事文類聚》續集卷一引作「儀」。儀，從義得聲，故「儀」與「義」互通。《說文通訓定聲·我部》：「義，經傳多以儀為之。」又《隨部》：「儀，叚借為義。《毛詩注疏·曹風·鳲鳩》：淑人君子，其儀一兮，箋云：儀，義也。善人君子，其執義當如一也。」《管子·弟子職》：「相切相磋，各長其儀。」郭沫若等集校：「儀，當為義。各長其義者，謂個發揮其義理也。」《尚書大傳》：「尚考太室之義，唐為虞賓」鄭玄曰：「義，當為儀。儀，禮也。謂祭太室禮，堯為舜賓之也。」《春秋左傳注疏·莊公二十三年》：「朝以正班爵之義，帥長幼之序。」王引之《述聞》：「義，讀為儀。……《周官·司士》云：『朝儀之位，貴賤之等。』是也。舊本《北堂書鈔·禮儀部二》引此正作儀。」皆其證。濟曰：「觀其禮具見其義」，則五臣作「義」，可知。五臣多見求異李善，故可逆推，善注（薛注同）為「儀」。此一推測正符合朱氏《定聲》「經傳多以儀為義」之說。此蓋六臣合注本偶脫校語，而致迷惑也。毛本從尤本不誤，陳校祇可備異聞，不可擅改焉。

複廟重屋，八達九房　善曰：《大戴禮》曰：明堂九室而有八牖。

【陳校】

注「八牖」。「牖」，「牗」誤。

【疏證】

奎本同。明州本、贛本、尤本、建本作「牗」。謹案：語見《大戴禮·明堂者古有之也》：「凡九室。一室而有四戶、八牗。」正作「牗」字。《後漢書·光武帝紀》「是歲，初起明堂靈臺辟雍」章懷注引《大戴禮》，亦作「牗」。「牖」，乃「牗」之俗字。《干祿字書·上聲》：「牖、牗：上俗下正。」然毛本用俗字，並不誤，且所用大抵有所自，奎本可為證。陳校當從《大戴禮》、尤本等，然亦不必改焉。

左制辟雍　薛注：大合樂射鄉者曰辟雍。

【陳校】

　　注「射鄉者曰辟雍」。「鄉」，當作「饗」。

【集說】

　　胡氏《考異》曰：注「大合樂射鄉者，曰辟雍」。陳云：「鄉，當作饗。」是也，各本皆譌。

　　梁氏《旁證》曰：《續漢書・禮儀志》注引薛注，「鄉」作「饗」。

　　高氏《義疏》曰：注「射饗」，各本誤作「射鄉」。今依陳氏、胡氏、梁氏校改。

【疏證】

　　奎本以下諸六臣合注本、尤本悉同。謹案：《後漢書・祭祀志》「靈臺未用事」劉昭注引作「射饗」。羅振玉《增訂殷虛書契考釋・饗》：「象饗食時，賓主相饗嚮之狀。古公卿之卿、鄉黨之鄉、饗食之饗，皆為一字，後世析而為三。饗入《食部》，而初形初誼，不可見也。」羅說是，《玉海》卷一百五十六引作「射鄉」，可為佐證。毛本當從尤本等，陳校不必改也。前胡、梁、高說，皆非也。

馮相觀祲，祈禬禳災　善曰：鄭玄《周禮》曰：卻變異曰禳。

【陳校】

　　注「鄭玄《周禮》」。「禮」下，當有「注」字。

【集說】

　　胡氏《考異》曰：注「鄭玄《周禮》曰」。何校「禮」下添「注」字。陳同。是也，各本皆脫。

　　梁氏《旁證》曰：何校「禮」下添「注」字，陳同。各本皆脫。

　　高氏《義疏》曰：注「鄭玄《周禮》」下，各本脫「注」字。今依何氏、陳氏校增。案：見《春官・女祝》。

【疏證】

　　奎本以下諸六臣合注本、尤本悉脫「注」字。謹案：語見《周禮注疏・女祝》「以除疾殃」注；「……玄謂：卻變異曰禳。」「禮」下，正當有「注」字。

毛本當誤從尤本等，陳校當從上下文、《周禮注疏》等正之。

具惟帝臣　善曰：萬邦黎獻，具惟帝臣。

【陳校】

　　注「善曰」下，脫「《尚書》曰」三字。

【集說】

　　胡氏《考異》曰：注「善曰：萬邦黎獻。」何校「曰」下添「《尚書》曰」三字。陳同。是也，各本皆脫。

　　梁氏《旁證》曰：何、陳校「萬」上添「《尚書》曰」三字。各本皆脫。

　　高氏《義疏》曰：「善曰」下，各本脫「《尚書》曰」三字，今依何氏、陳氏諸家校增。案：此本《皋陶謨》文，偽《古文》分入《益稷》。

【疏證】

　　奎本以下諸六臣合注本、尤本悉脫。謹案：語見《尚書注疏·益稷》篇。本書陸士衡《贈馮文熊遷斥丘令》「奄有黎獻」注引有「《尚書》曰」三字。毛本當誤從尤本等，陳校當從《尚書》、本書內證等補入。

爾乃九賓重臚人列　善曰：《漢書》曰：大行人設九賓。韋昭曰：九賓，則《周禮》曰九儀。

【陳校】

　　注「九賓則《周禮》」。「則」，當作「即」。

【集說】

　　余氏《音義》曰：「則《周禮》」，「則」，何改「即」。

　　梁氏《旁證》曰：「則《周禮》曰」，「則」當作「即」。

【疏證】

　　奎本以下諸六臣合注本、尤本悉同。謹案：《冊府元龜》卷六百五十七（「藺相如者」條）「設九賓於廷」注：「九賓即周禮九儀」作「即」。然《史記·廉頗藺相如列傳》「設九賓於廷」《集解》引「韋昭曰：九賓，則《周禮》九儀。」殿本《漢書·叔孫通》「大行設九賓，臚句傳」注引韋昭注亦作「則《周禮》」。蓋「則」本有「即」意。《易·繫辭下》：「寒往則暑來，暑往則寒來，寒暑相推而歲成。」《漢書·項羽傳》：「於是至則圍王離，與秦軍遇。」皆其證。然

則，陳校不改亦得。

撞洪鍾，伐靈鼓　善曰：《周禮》曰：靈鼓露鼗。

【陳校】

　　注「露鼗」。「露」，當作「靈」。

【集說】

　　高氏《義疏》曰：六臣本「靈」作「露」，毛本亦作「露」，非。

【疏證】

　　奎本以下諸六臣合注本作「露」。尤本作「靈」。謹案：語見《周禮注疏·大司樂》，正作「靈」。本書吳季重《答東阿王書》「靈鼓動於座右」注引《周禮》作「靈」。毛本當誤從六臣合注本，陳校當從《周禮》、本書正文、內證等正之。

左右玉几而南面以聽矣

【陳校】

　　「而」上，舊本有「穆穆」二字。

【集說】

　　余氏《音義》曰：「玉几」。何曰：「宋本有穆穆二字」。

　　孫氏《考異》曰：宋本及六臣本此句下並有「穆穆」二字。案：下文「穆穆焉，皇皇焉」，又「穆穆之禮殫」注，兩引《禮記》「天子穆穆」，此處無注，疑善本無。

　　胡氏《考異》曰：袁本、茶陵本「几」下有「穆穆」二字。此初同二本有，修改無。案：不當有也，蓋尤校改正之。

　　梁氏《旁證》曰：六臣本「几」下有「穆穆」二字。孫氏志祖曰：「下文『穆穆焉，皇皇焉』……疑善本無『穆穆』二字。」

　　高氏《義疏》曰：六臣本「而」字上有「穆穆」二字，非。

【疏證】

　　尤本同，其餘諸《文選》本「几」下悉有「穆穆」二字。《古今事文類聚》續集卷一、《玉海》卷七十一、顧炎武《唐韻正·四十三等》引並有「穆穆」字。謹案：孫氏、前胡諸家說是。此或涉下文「穆穆焉」注引「《禮記》曰天

子穆穆」而衍。毛本當從尤本，不誤。

然後百辟乃入，司儀辨等 善曰：百辟其刑之

【陳校】

　　注「善曰」下，舊本有「《毛詩》曰」三字。

【集說】

　　胡氏《考異》曰：注「善曰：百辟其刑之」。何校「曰」下添「《毛詩》曰」三字。陳同。是也，各本皆脫。

　　梁氏《旁證》曰：何校「百」上添「《毛詩》曰」。陳同。各本皆脫。

　　高氏《義疏》曰：「善曰」，各本下脫「《毛詩》曰」三字。今依何氏、陳氏、胡氏、梁氏諸家校增。案：見《周頌·烈文篇》。

【疏證】

　　奎本、明州本、建本、尤本悉脫「《毛詩》曰」。贛本獨有此三字。謹案：語見《毛詩注疏·周頌·烈文》。本書任彥昇《宣德皇后令》「率茲百辟人致其誠」注、劉越石《勸進表》「百辟輔其治」注、王仲寶《褚淵碑文》「而任隆於百辟」注引並有「《毛詩》曰」三字。毛本當誤從尤本等，陳校當從「舊本」、本書內證等補之。陳校所謂「舊本」似指贛本。

又善曰：《左傳》：臧僖伯曰：明貴賤，辨等差。

【陳校】

　　注「辨等差」。「等差」，舊本作「等列」。

【集說】

　　高氏《義疏》曰：《左傳》見《隱五年》。案：「列」，各本誤「差」，依吳（汝綸）先生校改。

【疏證】

　　奎本以下諸六臣合注本、尤本同。謹案：語見《春秋左傳注疏·隱公五年》正作「等列」。杜注：「等列，行伍。」又，本篇下文「尊卑以班」，善注引《國語》曰「班爵貴賤以列之」語，亦可旁證當作「列」。《北堂書鈔》卷一百十四引《左傳》作「列」。誤「差」者，蓋亦涉此句薛注「謂尊卑有等差也」而來。

勤恤民隱　薛注：今憂恤之也。

【陳校】

注「今憂恤之也」。「今」，當作「令」。

【集說】

胡氏《考異》曰：注「今憂恤之也」。陳云：「今，當作令。」是也，各本皆譌。

梁氏《旁證》同胡氏《考異》。

高氏《義疏》曰：薛注「令憂恤之也。」各本「令」作「今」，依陳氏校改。

【疏證】

奎本、明州本、贛本、尤本同。建本獨作「令」。謹案：按注上下文義，字當作「令」。毛本誤從尤本等，陳校或亦據上下文義正之。

荷天下之重任，匪怠皇以寧靜　善曰：《毛詩》曰：不敢迨遑。

【陳校】

注「不敢迨遑」。「迨」，舊本作「怠」。

【集說】

胡氏《考異》曰：注「不敢迨遑」。案：「迨」，當作「怠」。各本皆譌。陳云：「別本作怠。」今未見。但陳所云「別本」，似即茶陵耳。其不合者恐有誤。亦不具論。

梁氏《旁證》曰：「迨」，當作「怠」。各本皆誤。

高氏《義疏》曰：《毛詩》，見《殷武》。案：「怠」作「迨」，今依陳氏校改。

【疏證】

明州本、贛本、尤本、建本注同。奎本作「怠」。謹案：語見《毛詩注疏·商頌·殷武》，字正作「怠」。本書張平子《思玄賦》「敢怠遑而舍勤」注引作「怠」。毛本當誤從尤本等，陳校當從《毛詩》、本書內證、正文並薛注等正之。前胡謂「陳所云別本，似即茶陵耳」。謹又案：陳之「舊本」多見是贛本；其言「別本，當是茶陵本」，則茶陵本必作「怠」，然一，由贛本、建本六臣本系統本可推，非是。二，前胡常用袁、茶二本，既云「作怠，今未見」，是茶陵本必不作「怠」。此條不合茶陵本，故前胡言「恐有誤」矣。周鈔《舉正》

「舊本」，前胡例稱「別本」。

饗饌浹乎家陪　薛注：家陪，謂公卿大夫之家。善曰：《毛詩》曰：牲牢饗饌。《論語》曰：陪臣執國命。

【陳校】

　　注「家陪」，「陪」字疑衍，又「《毛詩》」二字亦誤。

【集說】

　　胡氏《考異》曰：注「《毛詩》曰：牲牢饗饌」。案：「詩」下當有「序」字，各本皆脫。

　　梁氏《旁證》同胡氏《考異》。

　　徐氏《規李》曰：案：《詩·小雅》小序云：「上棄禮而不行，雖有牲牢饗饌，不肯用也。」「《毛詩》」，宜改《詩序》。

　　高氏《義疏》曰：《毛詩》，見《瓠葉》序。胡克家曰云云，梁章鉅說同。《論語》，見《季氏篇》。案：此大夫家臣，故對諸侯為陪臣。此賦注似當引《曲禮》下曰：「諸侯之大夫入天子之國。自稱曰陪臣某」鄭注曰：「陪，重也」。

【疏證】

　　奎本以下諸六臣合注本、尤本悉作「家陪」、悉脫「序」字。謹案：家陪，即謂卿大夫之家臣。《魏書·太祖紀》：「周姬之末，下凌上替，以號自定，以位制祿，卿世其官，大夫遂事，陽德不暢，議發家陪，故釁由此起，兵由此作」。注引《論語》見《季氏》篇：孔子曰：「天下無道，則禮樂征伐自諸侯出。……陪臣執國命，三世希不失矣。」注：「馬曰：陪，重也。謂家臣。陽虎為季氏家臣」是為明證。然則，薛注不是衍「陪」字，而是「之家」下脫「臣」字耳。毛本當從尤本等脫，陳校亦非。《毛詩》，見《小雅·瓠葉》序。毛本脫「序」，當誤從尤本等，陳校亦未為得。

招有道於側陋　薛注：招，明也。有道，言使郡國於側陋之中，舉有道之士而用之也。

【陳校】

　　注「招，明也。有道」。「有道」上，似脫「明」字。

【集說】

胡氏《考異》曰：注「招明也有道」。案：此有誤也。陳云：「有上似脫明」，但「招」本不訓「明」，詳下注蓋訓為「舉」，陳所說未是，今無以訂之。

梁氏《旁證》曰：注「招明也有道」。「明也」二字，似衍。

黃氏《平點》曰：依注義，「昭」改「招」。

胡氏《箋證》曰：注薛綜曰：「招，明也。」案：古多以「招」為「昭」。《漢書・元帝紀》「招顯側幽」作「招」。《漢校官碑》「宗懿招德」，即「昭德也」。《左傳》「楚康王昭」，《史記・楚世家》作「招」。薛恐人誤讀為「招至」之「招」，故注云「明」也。《旁證》謂此二字似衍，蓋疑與下句「有道，言使郡國於側陋之中」云云，語意不屬耳。竊謂注「招明也」下脫一「招」字。當為「招明也，招有道」云云，則文順矣。

高氏《義疏》曰：梁章鉅曰云云。胡紹煐曰：「案：古多以招為昭」云云。步瀛案：《周語》下韋注曰：「招，舉也」下云：「舉有道之士」，「舉」字即釋「招」字，似不當釋為「明」。「招」、「昭」雖可通用，然此注似梁氏說近之。

【疏證】

諸《文選》本咸同。謹案：陳校似是，前胡說恐非。「招」既有「舉」義：《漢書・陳勝項籍列傳贊》：「致萬乘之權，招八州而朝同列」。蘇林曰：「招，舉也。」亦有「明」訓：《莊子・徐無鬼》：「招世之士興朝」，于新吾新證：「招，應讀作昭。昭世之士興朝，謂昭明於世之士足以興朝也」。觀下文，光「有道」二字，不足以囊括「言使郡國於側陋之中，舉有道之士而用之也」云云之意。作「明有道」，始能有「使」以下云云之用，故梁說亦可備一說。

火龍黼黻 善曰：《左氏傳》曰：火龍黼黻，昭其文也。杜預曰：白與黑謂之黼。黻，兩已相戾也。

【陳校】

注「黼，兩已相戾」。按：「黼」當作「黻」。

【集說】

高氏《義疏》曰：《左傳》，見《桓二年》。又《選》注各本無「形若斧，黑與青，謂之（黻）」八字。今據杜注補。

【疏證】

奎本以下諸六臣合注本、尤本悉作「黻」。謹案：杜注見《春秋左傳注疏·桓公二年》，正作：「白與黑謂之黼，形若斧；黑與青，謂之黻，兩已相戾」，《冊府元龜》卷七百四十「火龍黼黻」條注同。陳校改「黻」，尚未稱穩，當從高校。毛本蓋承正文傳寫誤，陳校當從贛、尤二本，蓋未及《左傳》耳。

金錽鏤錫　善曰：蔡邕曰：鏤，雕飾也。當顱刻金為之。

【陳校】

注「當顱刻金為之」。按：「當」上疑脫「錫」字。

【集說】

胡氏《考異》曰：注「當顱，刻金為之」。陳云「『當』上疑脫『錫』字。」是也，各本皆脫。

梁氏《旁證》曰：陳曰云云。是也，各本皆脫。按《周禮·巾車》注：「錫，馬面當顱，刻金為之，所謂鏤錫也。」是「當」字上並應有「鄭玄曰：『錫馬面』」六字。《續漢書·輿服志》注亦引鄭說可證。

高氏《義疏》曰：注「當顱」上，各本脫「錫」字，依陳氏、胡氏校增。梁章鉅曰：「按《周禮·巾車》注」云云。步瀛案：《詩·韓奕》曰：「鉤膺鏤錫」毛《傳》曰：「鏤錫，有金鏤其錫也。」鄭箋曰：「眉上曰錫。刻金飾之。今當盧也。」《釋文》曰：「鏤，音漏。錫，音羊。」《周禮·天官·巾車》鄭注曰：「錫，馬面當顱，刻金為之，所謂鏤錫也。」《說文》曰：「鍚，馬頭飾也。」引《詩》作「鍚」。「錫」，蓋「鍚」之省。

【疏證】

奎本以下諸六臣合注本、尤本悉同。謹案：當從梁說，「當」字上並應有「鄭玄曰錫馬面」六字。毛本當誤從尤本等，陳校補一字，尚未穩。高言「錫蓋鍚之省」，是。

方釳左纛　薛注：方釳，謂轅旁以五寸鐵鏤錫，中央低，兩頭高。

【陳校】

注「轅旁以五寸鐵鏤錫，中央［低，兩頭］高」。按：「錫」字，疑衍。

【集說】

胡氏《考異》曰：注「鏤錫中央低」。陳曰云云。是也，各本皆衍。

梁氏《旁證》曰：注「以五寸鐵鏤錫」。陳曰云云。按：「鏤」字亦疑衍。此當因《輿服志》「象鑣鏤錫，金鍐方釳」之文而誤也。

高氏《義疏》曰：注「錫鏤」二字，陳景雲謂云云。梁章鉅謂「鏤字亦疑衍」。吳先生依陳說刪「錫」字。

【疏證】

奎本以下諸六臣合注本、尤本悉同。謹案：《後漢書‧輿服志》：「方釳插翟尾」注云：「《獨斷》曰：『方釳，鐵也。廣數寸，在馬鍐後。後有三孔，插翟尾其中。』薛綜曰：『釳，中央兩頭高如山形而貫中，翟尾結著之。』」亦不及「錫」字。毛本當誤從尤本，陳校是。周鈔傳寫陳校，「中央」下脫「低兩頭」三字，據尤本等補。

重輪貳轄，疏轂飛軨 （注）：蔡邕《獨斷》曰：乘輿重轂外復有一轂，副轄其外，乃復設轄。然重輪即重轂也。飛軨，以繒（紬）〔油〕廣八（尺）〔寸〕，長（拄）〔注〕地。畫左青龍，右白虎，繫軸頭，取兩邊飾。蔡邕《月令章句》曰：疏，鏤也。

【陳校】

此注及下注，凡三引蔡邕說，其上疑並脫「善曰」二字，以「然重輪即重轂」語觀之，自是李氏文體，與薛注不類。

【集說】

胡氏《考異》曰：注「蔡邕《獨斷》曰」。陳曰云云。今案：所說是也。當以正文「重輪貳轄」別為節，而注「善曰」至「即重轂也」於下。

梁氏《旁證》曰：陳曰云云。胡公《考異》曰：「當以正文」云云。

高氏《義疏》曰：尤本合下句為一節，無「善曰」二字，並合下節注為一節。胡克家曰：陳曰云云。步瀛案：陳氏、胡氏說是，今從之。又曰：今《獨斷》「重轂」下有「者轂」二字，當據增。

【疏證】

尤本同。奎本正文脫「輪」字，注上「蔡邕」上有「薛綜曰」三字、「即重」下脫「轂」字，「鏤」上脫「疏」字。餘同毛本。明州本、贛本、建本注

上「蔡邕」上有「薛綜曰」三字，餘同毛本。謹案：檢《西、東二京賦》，注引蔡邕《獨斷》凡六處，本條二引外，別四處分別為：一，《西京賦》「奉命當御」注，二，本賦上文「冠通天」注；三，下文「羽蓋威蕤，葩瑤曲莖」注；四，「戴金鉦而建黃鉞」注。其中一、四兩處明冠「善曰」；二、三兩處雖不見冠「善曰」，然審上文文義亦為善引蔡注，故可佐證陳校「其上疑並脫『善曰』二字」屬實，奎本作「薛綜」非也。前胡云：「當以正文『重輪貳轄』別為節，而注『善曰』至『即重轂也』於下」，亦是。謹又案：「飛軨」以下注，當繫於「疏轂飛軨」句下，蓋此乃薛注。若如尤本、毛本，不別為一節，則當加「（薛）綜曰」字，以界限善注。奎本注首「薛綜曰」，當誤由此處移去者也。善注體例，固以舊注居己注前，若尤本二句不分節，善注反在薛注前，此亦是單善注本乃從六臣合注本析出之證也。本條係陳據善注「文體」校正脫文成功之例。毛本當誤從尤本。前胡、梁、高皆從陳校，是。高云：「今本《獨斷》『重轂』下，有『者轂』二字，當據增。」亦是。

立戈迤戛　薛注：戈，謂木勾矛戟也。

【陳校】

注「謂木勾矛戟」。按：「木」字衍。「矛戟」當作「子戟」，見《後漢・輿服志》。

【集說】

胡氏《考異》曰：注「謂木勾矛戟也」。陳云：「木字衍，矛，當作子。」是也，各本皆誤。案：《續漢書・輿服志》注引薛注無「木」字。

梁氏《旁證》曰：《續漢書・輿服志》注引無「木」字，「矛戟」作「子戟」。

姚氏《筆記》曰：按劉昭《注續漢志》引敬文注作「戈句子戟」。

朱氏《集釋》曰：注中「矛」字與「子」，形似而誤。胡氏《考異》據《續漢書・輿服志》注引無「木」字、「矛」作「子」。是也。

胡氏《箋證》曰：薛以「戛」為矛，蓋謂戈既為「句戟」，不應復以戛為「戟」。此不明於戈戟之制者也。戈為勾子戟，鄭注《考工》、劉作《釋名》並同。勾子戟者，戈為勾兵。勾者，援也。右無刃故謂之「子」，字亦作「釪」。

高氏《義疏》曰：此注各本皆誤。「謂」下衍「木」字。今依《輿服志》上劉注引改。又曰：胡紹煐曰「戈為勾子戟」云云。

【疏證】

明州本、贛本、尤本、建本衍、誤並同。奎本衍「木」、作「子」謹案：《周禮注疏・司戈》：「徒四人」注：「戈，今時句子戟。」亦無「木」字、作「子」。毛本誤從尤本等，陳校蓋從《後漢書》正之。

駙承華之蒲梢　善曰：後宮蒲梢汗血之馬。

【陳校】

注「後宮蒲梢汗血之馬」。按：「後宮」上，脫「《漢書》曰」三字，又《漢書》本文「後宮」二字，自屬上讀，李氏誤斷其句。

【集說】

胡氏《考異》曰：注「善曰後宮」。陳云：「『後』上脫『《漢書》曰』三字。」是也，各本皆脫。

梁氏《旁證》曰：注「後宮蒲梢」。陳校「後」上添「《漢書》曰」三字。各本皆脫。

高氏《義疏》曰：李注「後宮」上脫「《漢書》曰」三字，今依陳氏、胡氏、梁氏校增。案：見《西域傳贊》。各本「（梢）［蒲］」上有「後宮」二字，乃誤連上句引之。今依吳先生校刪去。「梢」下增「龍、文、魚、目」四字，顏注引孟康曰「四駿馬名也」。

【疏證】

奎本以下諸六臣合注本、尤本悉脫。謹案：毛本當誤從尤本等，陳校據《漢書》正之，是也。高氏所謂「上句」，謂《西域傳贊》上文云：「自是之後，明珠文甲，通犀翠羽之珍，盈於後宮」云。高補「龍、文、魚、目」四字亦得，本書顏延年《三月三日曲水詩序》「龍文飾轡」注引班《贊》亦有此四字。

斾已反乎郊甸　薛注：言從之多，後猶未出城闕，前已迴於郊界也。

【陳校】

「斾已反乎郊甸」。「反」，舊本作「迴」。

【集說】

胡氏《考異》曰：茶陵本「反」作「迴」，云：五臣「反」。袁本「反」，無校語。案：此蓋以五臣亂善。

梁氏《旁證》曰：五臣「反」作「迴」。濟注可證。

姚氏《筆記》曰：何云：「反，五臣作迴。」

高氏《義疏》曰：胡克家曰云云。

【疏證】

尤本作「迴」（胡刻本誤「反」）。五臣正德本、陳本正作「反」。《北堂書鈔》卷一百三十作「反」。奎本、明州本作「反」，無校語。贛本、建本作「迴」，校云：五臣作「已反」。謹案：五臣作「反」，濟注可證。奎本諸六臣合注本、尤本引薛注，悉作「迴」。是李善作「迴」。《古今事文類聚》續集卷一作「迴」。毛本當誤從五臣本，陳校當從贛本、尤本等正之。奎本首失校語，是明州本、袁本所從。此條見胡氏《考異》亦有抹殺陳《舉正》者，茶陵本出建本，建本則從贛本耳。高氏《義疏》引前胡說將「五臣反」之「反」，誤作「及」。

感物曾思

【陳校】

「曾」，舊本作「增」。

【集說】

余氏《音義》曰：「曾」，六臣作「增」。

孫氏《考異》曰：「曾」，疑當作「增」。

梁氏《旁證》曰：朱氏珔曰：「曾，與增通。《孟子》：『曾益其所不能。』《荀子》注，曾作增。又《孟子音義》引丁音云：『依注，曾讀作增。』依字訓義亦通也，故《離騷》：『曾歔欷余鬱邑兮』，注：『曾，累也。』《廣雅・釋詁》亦曰：『增，累也。』此曾思蓋謂增思。注闕讀。」

黃氏《平點》曰：「曾」，讀為「增」。《離騷》注「曾累」。

高氏《義疏》曰：孫志祖曰云云。朱珔曰云云。

【疏證】

尤本同。五臣正德本、陳本、奎本以下諸六臣合注本作「增」。謹案：《古今事文類聚》續集卷一引作「增」。《說文・會部》：「曾，益也。」段注：「《土部》曰：增，益也。是則曾者，增之假借字」。梁引朱說甚詳。諸本無校語，亦非善與五臣之異，並存可也。陳校蓋備異聞耳。本條未見朱氏《集釋》，蓋朱氏當初批註於《旁證》上者也。高氏《義疏》所錄，與彼一字不異。當轉自

《旁證》耳。

於是皇輿夙駕　善曰：《毛詩》曰：皇輿夙駕

【陳校】

　　注「皇輿」。當作「星言」。

【集說】

　　胡氏《考異》曰：注「皇輿夙駕」。何校「皇輿」改「星言」。陳同。是也，各本皆誤。

　　梁氏《旁證》：何、陳校「皇輿」改「星言」。各本皆誤。

　　高氏《義疏》曰：李注引《詩》，見《定之方中》。「星言」，各本誤作「皇輿」，依何氏、陳氏校改。

【疏證】

　　奎本、明州本、尤本、建本悉誤。贛本注獨作「星言」。謹案：《毛詩》，見《鄘風·定之方中》，正作「星言」，《藝文類聚》卷八十八、《太平御覽》卷九百五十五引；本書潘安仁《寡婦賦》「龍輴儼其星駕兮」注、曹子建《應詔詩》「星陳夙駕」注、潘正叔《贈陸機出為吳王郎中令》「星陳夙駕」注、陸士衡《吳王郎中時從梁陳作》「夙駕尋清軌」注及《挽歌詩·卜擇》「夙駕警徒御」注、任彥昇《齊竟陵文宣王行狀》「公星言奔波」注引《毛詩》並同。奎本涉正文而誤，明州本、尤本等先後因仍，毛本當誤從尤本等，陳校當從贛本、《毛詩注疏》、本書內證等正之。陳此處所謂「舊本」，當為贛本。

天子乃撫玉輅　薛注：東都賓曰：登玉輅，乘時龍。

【陳校】

　　注「東都賓」。「賓」當作「賦」。

【疏證】

　　奎本諸六臣合注本、尤本悉同。謹案：「登玉輅」二句，見《東都賦》。《西都賦》有「有西都賓問於東都主人」云云，故善注多見有作「西都賓曰」云云者。《東都賦》仍之，稱「主人」云云、「西都賓」云云。並無「東都賓」之說。奎本首誤，明州本以下遞相踵譌，毛本當誤從尤本，陳校正之，是也。

攝提運衡　善曰：何休《公羊傳》曰：運，轉也。

【陳校】

注「何休《公羊傳》曰」。「傳」下，脫「注」字。

【集說】

胡氏《考異》曰：注「何休《公羊傳》曰」。何校「傳」下添「注」字，陳同。是也，各本皆脫。

梁氏《旁證》曰：何校「傳」下添「注」字。

高氏《義疏》曰：《公羊傳》下各本脫「注」字，依何氏、陳氏、胡氏校改。案：見《定十五年》。

【疏證】

奎本以下諸六臣合注本、尤本同。謹案：檢《春秋公羊傳注疏·定公十五年》云：「三卜之運也」注：「運，轉也」。陳、何蓋據《公羊傳》注添，是。

決拾既次，雕弓斯彀　薛注：拾，韝捍著左臂也。

【陳校】

注「著（在）左臂」。「左」，當作「右」。

【疏證】

奎本以下諸六臣合注本、尤本同。謹案：語見《周禮·夏官·繕人》，鄭玄曰：「《士喪禮》曰：抉用正，王棘若擇棘，則天子用象骨，與韝扞著左臂裏，以韋為之。」清·虞兆漋《天香樓偶得·捍拾遂》：「凡射，用韜左臂以利弦者，韋為之。一謂之捍，一謂之拾，一謂之遂，一物而三名也」。亦作「左臂」，高氏《義疏》同。毛本當從尤本等，陳校似誤。

進明德而崇業　善曰：《漢書》：明帝詔曰：親射辟侯，蓋進士盛德，助微達陽也。

【陳校】

注「進士盛德」。「進」，舊本作「選」。

【集說】

余氏《音義》曰：「蓋進士」。「進」，何改「選」。

【疏證】

奎本以下諸六臣合注本、尤本悉作「選」。謹案:《後漢書·明帝紀》無此文,高氏《義疏》謂「蓋亦他家《後漢書》之文」,或是。此蓋涉注下文引《周易》「君子進德修業」而譌。

今考《後漢書·禮儀志》:「永平二年三月,上始帥羣臣……行大射之禮」注:「袁山松《書》曰:『天子皮弁素積,親射大侯』」云云。其袁氏所撰《後漢書》歟?

致懽忻於春酒　善曰:《毛詩》:春酒惟淳。

【陳校】

注「《毛詩》:春酒惟淳。」按:《詩》無「春酒惟淳」句,惟此賦上有「春醴惟醇」之語,似又不當引之,疑本引「為此春酒」句,而傳寫錯誤。

【集說】

胡氏《考異》曰:何校改「春酒惟淳」作「為此春酒」。陳云:「因此賦上文有『春酒惟淳』之語,傳寫錯誤。」案:此當有誤,但何、陳所改,未見必然,蓋無以訂也。

梁氏《旁證》曰:何校改作「為此春酒」。案:上「春醴惟醇」句,李已引「為此春酒」,此必校者旁注,因複竄入也。

高氏《義疏》曰:各本注末有「《毛詩》曰:春酒惟淳」七字。胡克家曰云云。陳曰云云。梁章鉅曰云云。

【疏證】

奎本以下諸六臣合注本、尤本悉同。謹案:毛本當從尤本等。陳校「未見必然」,前胡說,似是。

不窮樂以訓儉　善曰:《左傳》曰:享以訓躬儉。

【陳校】

注「享以訓躬儉」。「躬」當作「恭」。

【集說】

胡氏《考異》曰:注「《左傳》曰:享以訓躬儉。」袁本此八字作「訓儉,已見上文也。」是也。茶陵本複出,非。

高氏《義疏》曰：注「訓儉（已見上文）」六字，尤本作「《左傳》曰：享以訓躬儉。」「躬」乃「恭」字之誤。胡克家曰：「袁本作『訓儉，已見上文也。』是也。」今從之。

【疏證】

尤本同。贛本、建本作「恭」。奎本、明州本作「訓儉（已見上文）」謹案：《左傳》，見《成公十二年》。殿本作「共」。共，與恭通。《說文通訓定聲・豐部》「共，假借為恭。」本篇上文「降至尊以訓恭」，注引《左傳》正作「享以訓恭儉。」此或陳校所據，然「躬」與「恭」通。《禮記・緇衣》：「《小雅》曰：『匪其止共，維王之卬。』」音義：「共音恭。皇本作躬，云：『躬，恭也。』」《家語》卷五：「舜叡明智通為天下帝，命二十二臣率堯舊職，躬己而已。」皆其證。毛本複出作「躬」當從尤本。前胡說是，此陳校不能及。高以作「躬」誤，亦未必是，從袁本則無不是焉。

既璪璪一作璅焉

【陳校】

注「一作璅」。「一」，舊本作「綜」。

【集說】

胡氏《考異》曰：注「一作璅」，袁本無此三字。茶陵本作「綜作璪」。正文皆作「璪」。案：此校語之誤存者也。

薛氏《疏證》曰：楊德祖《答臨淄侯牋》：「季緒璪璪，何足以云。」《周易》：「旅璅璅」釋文：「或作璪字者，非也。」鄭（去）[云]：「璪璪，小也。」王肅云：「細小皃。」《毛詩》「璅璅姻亞」釋文「或作璪，非也。」按：此賦之「璪璪」，一本作「璅璅」。璪字巢聲，璅字肖聲，古巢（字）[聲]、肖聲之字同部，故可通用。釋文以「巢」字為非，蓋未知古人通假之例也。

高氏《義疏》曰：尤本「璪」下校曰：「一作璅」。六臣本作「璅」，校曰：綜作「璪」。胡克家曰：「此校語之誤存者也。」薛傳均曰云云。

【疏證】

尤本同。五臣正德本、陳本作「璅璅」，無此三字校。奎本、明州本作「璅璅」，無校語。贛本、建本作「璅璅」，下有校綜作「璪」。謹案：五臣作「璅」，濟注可證。胡氏《考異》謂「此校語之誤存者」，是也。尤本「一作璅」在「焉」

上，明是「瑣瑣」之「校語」，此蓋指五臣，據贛本校綜作「璅」，善注當同。是「璅」與「瑣」雖同，善與五臣用則有別焉。陳校「舊」上，傳寫脫「一」字，今據胡氏《考異》補。校語，毛本誤作「一」，陳校正之，當據贛本等六臣本耳。

逐赤疫於四裔　善曰：《續漢書》曰：駼騎傳炬出宮。

【陳校】

注「駼騎傳炬出宮」。舊本作「驈」。

【集說】

胡氏《考異》：注「駼騎傳炬出宮」。案：「駼」，當作「驈」。各本皆誤。所引《禮儀志》文也。

梁氏《旁證》曰：《續漢書志》「駼」作「驈」。

高氏《義疏》曰：案：注「驈騎」，各本誤作「駼騎」。今依胡氏校改。

【疏證】

奎本以下諸六臣合注本、尤本誤悉同。謹案：語見《續漢書·禮儀志·大儺》，正作「驈騎」。《東漢會要·大儺》引《禮儀志》作「門外驈騎傳炬出宮」，亦作「驈騎」。奎本等當因形近而誤，毛本當誤從尤本等，陳校蓋據《後漢書》等正之。此處所謂「舊本」，未必謂《文選》矣。

殲野仲而殱于廉游光

【陳校】

「殱」下，音「于廉」。「于」當作「（子）〔子〕」。

【疏證】

諸《文選》本咸作「子」。謹案：《廣韻·鹽韻》：「子廉切。殱，盡也。滅也。」此音注，獨毛本因形近傳寫誤。陳校當據贛、尤二本等正之。

度朔作梗　薛注：東海中度朔山有二神……領眾鬼之惡害者。

【陳校】

注「領眾鬼之惡害者」。舊本「領」上有「主閱」二字，「害」下有「人」字。

【疏證】

奎本以下諸六臣合注本、尤本悉同。謹案：毛本當從尤本等。謹案：檢《獨斷》卷上作「主閱領諸鬼其惡害之鬼。」《論衡・訂鬼篇》同，惟「諸」為「萬」一字之異。《學林・梗㛒》引《山海經》正作「主閱領眾鬼之惡害人者」，此當陳校所從者也。惟未知陳此所謂「舊本」何指。

又善曰：《風俗通》曰：《黃帝書》上古時，……度朔山上有桃樹下常簡閱百鬼。

【陳校】

又：「上有桃樹」下，舊本有「二人於樹」四字。

【集說】

余氏《音義》曰：何校「有桃樹」下，增「二人于樹」四字。

胡氏《考異》曰：注「有桃樹下」。茶陵本「樹」下，有「二人於樹」四字。是也，袁本亦脫。

高氏《義疏》曰：尤本「樹」字下，脫「二人於樹」四字，依六臣本增。

【疏證】

尤本同。奎本善注同、五臣向注有此「二人于樹」四字。五臣正德本及陳本向注同奎本。明州本善注無此典，向注同奎本。贛本、建本有「二人於樹」四字。《太平御覽》卷八百九十一引，無「有」字。《風俗通義・桃梗篇》作「度朔山上章桃樹下」，與此句文異。謹案：奎、尤二本有脫文。羼五臣補善注，始作俑者，贛本也。毛本當從尤本，陳校當從贛本等補。

乘輿巡乎岱嶽　薛注：故《尚書》云：至於岱宗柴。

【陳校】

注「至於岱宗柴」。「柴」字非衍。漢、唐人以五字為句，《後漢書・郊祀志》及《甘泉賦》注可考。

【集說】

胡氏《考異》曰：注「至於岱宗柴」，袁本、茶陵本無「柴」字。

梁氏《旁證》曰：六臣本無「柴」字。

高氏《義疏》曰：《尚書‧堯典》文。今《偽古文》分入《舜典》。尤本「至於岱宗」下有「柴」字。胡克家曰：「袁本、茶陵本無柴字」。今從之。

【疏證】

尤本、贛本有「柴」字。奎本、明州本、建本無。謹案：檢《四庫全書‧尚書注疏‧舜典考證》「至于岱宗柴」條引朱子曰：「注家以『至于岱宗柴』為句，某謂當以『柴望秩于山川』為句。如：『柴望大告武成。』《漢郊祀志》亦云：『柴望秩于山川。』」館臣召南按：「《傳》云：『燔柴祭天告至』，則是『至于岱宗』句、『柴』句、『望秩于山川』句，於義自通。」據此，可見此句「柴」字之有無，爭論根源在《尚書》，不在《文選》。朱子以前之漢唐人，大凡援引皆有，故善注自當有。復按本書《甘泉賦》「於是欽柴宗祈」善曰：「恭敬燔柴，尊崇所祈也。《尚書》曰：『至於岱宗柴。』」又《景福殿賦》：「東巡狩至于許昌」善引「《尚書》曰：『歲二月，東巡狩至于岱宗柴』」，並有此字，然則，陳校謂「柴字非衍。」是也。毛本從贛、尤二本等皆是，陳校蓋就建本等六臣合注本言耳。

齊急舒於寒燠　善曰：（《尚書》）又曰：謀恒寒若，豫恒燠若。

【陳校】

注「謀恒寒若」。「謀」當作「急」。

【集說】

胡氏《考異》曰：注「謀恒寒若」。袁本、茶陵本「謀」作「急」，是也。

梁氏《旁證》曰：六臣本、毛本「謀」並作「急」，是也。

朱氏《集釋》曰：案：「謀」當為「急」。六臣本、毛本已正之。

高氏《義疏》曰：《尚書》，見《洪範》。尤本「急」，誤作「謀」。今依毛本、六臣本。

【疏證】

尤本誤同。奎本「謀」作「舒」。明州本、贛本、建本作「急」。謹案：語見《尚書注疏‧洪範》篇，正作「急」字。《毛詩注疏‧小雅‧正月》「正月繁霜，我心憂傷」鄭箋：「急恒寒若之異」正義曰：「急恒寒若，《洪範‧咎徵》文也。」《太平御覽》卷八百七十八引《毛詩》鄭箋同，作「急」。《漢書‧五

行志》亦有「舒恒奧若，急恒寒若」語，故「恒寒」上脫「急」字可以肯定。陳校即據《尚書》、贛本等改之。「急」與「豫」相反相成為文，奎本作「舒」亦失，彼蓋涉正文誤耳。陳校雖然不誤，然今檢《魏志·毛玠傳》曰：「案《典謨》：急恒寒若，舒恒燠若」。「典謨」，即「典謨」，係《尚書》之《堯典》、《舜典》、《大禹謨》、《皋陶謨》四篇之共稱。今觀尤、毛本既有「謨（謨）」字，則可決必非空穴來風，進而可推善本原文當如《魏志》作：「《典謨》：急恒寒若，舒恒燠若」云云，蓋尤本「曰謀」，當為「典謀」，曰、口形近，傳寫之譌；而「謀」下復脫一「急」字而已。毛本譌奪則一從尤本。然則，陳校補「急」之餘，尚缺一間，蓋未明尤、毛本「謀」字之來歷爾。

俟閶風而西遐，致恭祀於高祖 善曰：《周書》曰：恭明祠，專明刑。

【陳校】

注「《周書》曰：恭明祠，專明刑。」按：三句有誤。

【集說】

高氏《義疏》曰：《周書》，見《皇門篇》。「祠」作「祀」、「專」作「敷」。案：「敷」字本作「敷」，又省借作「專」，與「專」字形近而譌。

【疏證】

明州本、贛本、尤本、建本誤悉同。奎本作「專」，餘同。謹案：《逸周書·皇門解》，作「恭明祀，敷明刑」。《集韻·止韻》：「祀，或從司。」然則，「祠」，與「祀」同。「敷」，與「敷」同。《玉篇·支部》：「敷，芳干切。布也。亦作敷。」又，《寸部》：「專，撫俱切。徧也，布也。或作敷。」毛本誤從尤本等，陳校雖於後人有啟發，然寬泛而欠明察。高氏校「專」字，是。

登封降禪 善曰：黃帝封泰山。

【陳校】

舊本「黃帝」上有「《史記》曰」、「泰山」下有「禪云亭」二句。

【集說】

胡氏《考異》曰：注「黃帝封泰山。」袁本「山」下有「已見上文」四字，是也。茶陵本複出，非。

高氏《義疏》曰：「黃帝封泰山」下，尤本無「已見上文」四字，依袁本增。

【疏證】

　　尤本同。奎本、明州本作：「黃帝封泰山，已見上文」。贛本、建本有「《史記》曰」、「禪云亭」。謹案：毛本蓋從尤本，陳校則從六臣本系統複出，亦未穩，當從胡、高二家依善注例校，方的。袁本蓋遠祖奎本。

故曠世而不能覿　善曰：范曄《後漢書》：班固議曰：漢興以來，曠世曆年。

【陳校】

　　注「曠世曆年」。「曆」疑「（厤）〔歷〕」。

【集說】

　　高氏《義疏》曰：《後漢書》，見《班固傳》。

【疏證】

　　奎本、明州本、建本同。尤本、贛本作「歷」。謹案：《後漢書・班固傳》正作「歷」，《太平御覽》卷三百三十一、《冊府元龜》卷九百七十八引、本書陸士衡《贈馮文熊遷斥丘令》「曠世齊歡」注、盧子諒《贈劉琨》「曠世同流」注引並同。然「曆」、歷皆從厤得聲，字可通。《廣韻・錫部》：「歷」，或作「曆」。《說文通訓定聲・解部》：「歷」，字或作从「日」、「厤」聲。《說文・新附・日部》：「曆，厤象也。从日，厤聲。《史記》通用歷。」《漢書・諸侯王表》：「周過其歷，秦不及期。」一本作「曆」。是其證。毛本作「曆」不誤，況亦有所承，陳校不必疑也。周鈔《舉正》作「厤」者，蓋諱清。

方將數諸朝階　善曰：鄭玄《毛詩箋》曰：方，直也。

【陳校】

　　注「方，直也」。「直」，當作「且」。

【集說】

　　胡氏《考異》曰：注「方，直也。」陳云：「直，當作且。」是也，各本皆誤。

　　梁氏《旁證》曰：陳校「直」改「且」。是也，各本皆誤。

　　高氏《義疏》曰：注「方，且也。」各本「且」誤「直」。胡克家曰：「陳云：『直，當作且。』是也。」步瀛案：《正月》箋正作「且」。今依陳氏校改。

【疏證】

奎本以下諸六臣合注本、尤本悉同。謹案：鄭箋見《毛詩注疏·小雅·正月》，正作「且」。本書楊子雲《甘泉賦》「雖方征僑與偓佺兮」注、《羽獵賦》「方椎夜光之流離」注、何平叔《景福殿賦》「方四三皇而六五帝」注、江文通《恨賦》「方架黿鼉以為梁」注、謝玄暉《在郡臥病呈沈尚書》「淥蟻方獨持」注、沈休文《三月三日率爾成篇》「彫胡方自炊」注引鄭箋並作「且」。此毛本刻工偶誤，陳校當從《毛詩》、本書內證、尤本等正之。

若乃流遯忘返，放心不覺 善曰：《孟子》曰：人有放心不知求學問之道也。

【陳校】

注「學問之道也」。此五字衍。

【集說】

梁氏《旁證》曰：末五字應刪。

高氏《義疏》曰：《孟子》，見《告子上》。梁章鉅曰云云。步瀛案：或「道」字下有「求其放心」四字。此蓋節引而傳寫有脫耳。

【疏證】

尤本同。奎本以下諸六臣合注本無此五字。謹案：語見《孟子注疏·告子上》，文作「放其心而不知求。哀哉」，注則作「有放心而不知求學問之道」云云。按善注「放心」上有一「有」字，比較孟文與注，自當取其注為合。然則，本條誤在「《孟子》」下脫一「注」字耳。此古人迻錄經典，多見不分經、傳之故。尤本取其注，是，或亦有來歷，毛本從尤本，是也。陳校及梁、高並非，皆因失檢原文也。

車中不內顧 薛注：內顧，謂不外視臣下之私也。善曰：魯《論語》曰：車中不內顧。崔駰《車左銘》曰：正位授綏，車中不顧。塵不出軌，鸞以節步。

【陳校】

注「魯《論語》」。「魯」字，衍。

【集說】

　　孫氏《考異》曰：「車中不內顧」。案：《論語》釋文云：「《魯論》：車中內顧。」此賦正用《魯論》，無「不」字，故薛綜注云：「內顧，謂不外視臣下之私也。」李善引崔駰《車左銘》曰：「正位位，立通授綏。車中內今本誤作不顧。」今本「不」字，乃後人妄加。

　　顧（廣圻）按：李善正引《魯》讀，非衍也，《魯》讀，載陸氏《釋文》。

　　胡氏《考異》曰：注「車中不內顧」。「不」字不當有。薛注無「不」字可證也。自注：薛注：內顧，謂不外視臣下之私也。各本所見皆衍。又：善注：「《魯論語》曰：車中不內顧」，亦不當有「不」字。考《論語》釋文云：「車中不內顧。《魯》讀車中內顧。」然則，各本衍「不」字甚明。近盧學士文弨《鍾山札記》曾舉正此條云：「《漢書・成帝紀贊》顏注云：『今《論語》車中內顧。內顧者，說者以為前視不過衡軛，旁視不過輢轂』云云。其說是矣。但失引證《釋文》耳。《考異》又曰：注「車中不顧」。案：「不」，當作「內」。各本皆誤。《古文苑》載此銘作「車不內顧」，「不」當作「中」。皆或記「不」字於旁，此誤以改「內」，彼誤以改「中」，可互訂也。《鍾山札記》引彼，又載《車右銘》「內顧自勑」、《車後銘》「望衡顧轂」為證，而不言此銘「內」字，彼未誤，蓋據誤本《古文苑》也。

　　張氏《膠言》曰：盧學士《鍾山札記》云：「《東京賦》：『夫君人者，黈纊塞耳，車中內顧。』李善引《魯論語》及崔駰《車左銘》曰：『正位授綏。車中內顧』以為注，正以《魯論語》作『內顧』，無『不』字，與此合也。乃刻本於賦及注俱增『不』字。此但知今所習讀之本，而不知《魯論語》之本無『不』字也。夫張賦之『車中內顧』與『黈纊塞耳』，皆四字為句，加一字則參差不齊矣。崔駰《銘》，今載《古文苑》，有共三章。其《車右銘》云：『箴闕旅賁，內顧自勑』，《車後銘》云：『望衡顧轂，允慎茲容。』段若膺云：『觀此二章，益可證《車左銘》之為內顧矣。崔《銘》中之正位即正立，古位、立通。』（盧）又〔案〕：【防抄襲。余加：盧，從上下文及前胡。案，據盧原本。──出版時刪本注】《漢書・成帝紀贊》云：『升車正立，不內顧，不疾言，不親指。』『內顧』者，說者以為『前視不過衡軛，旁視不過輢轂。』與此不同。然則，師古所見之《論語》亦無『不』字。說者云云，乃包咸注。包亦依《魯論語》為說也。」雲璈按：陸氏《釋文》云：「《魯》讀『車中內顧』，今從古也。」陸氏似以有「不」字者為古矣。近來，東洋市舶所得皇侃《論語疏》，亦作「不內

顧。」

梁氏《旁證》曰：案：正文及注引《論語》「不」字皆不當有，此或因今本《論語》而誤加也。《論語》釋文云：「車中不內顧。《魯論》：車中內顧」。是今本「不」字皆衍也。此賦上下並四言為句，其無「不」字甚明。薛注亦無「不」字，皆及見古本《論語》之證。又李注引《車左銘》「不」字當作「內」。盧氏文弨曰：「崔駰《銘》共三章。其《車右銘》云：『箴闕旅賁，內顧自勅。』《車後銘》云：『望衡顧轂，允慎茲容。』觀此二章，益可證《車左銘》之為內顧。」胡公《考異》曰：「此注引作『車中內顧』，而《古文苑》傳此銘作『車不內顧』。不，當作中。皆或記不字於旁，此誤以改內，彼誤以改中。可互訂也。」《漢書・成帝紀贊》注曰：「今《論語》車中內顧。內顧者，說者以為前視不過衡軛，後視不過軫轂。」

胡氏《箋證》曰：《旁證》云「正文及注引《論語》不字皆不當有……《考異》曰：……後視不過軫轂」云云。紹煐按：《御覽》引此銘，亦誤作「車不內顧」。

黃氏《平點》曰：「車中不內顧」句，據薛注，「不」字衍，然《論語》作「不」者，亦《古論》，非衍字。

高氏《義疏》曰：胡克家曰：「不字不當有……各本衍不字明甚。」步瀛案：盧文弨《鍾山札記》卷二曰：「《東京賦》：車中內顧……包（咸）亦依《魯論語》為說也。」胡克家、張雲璈、梁章鉅、胡紹煐皆從其說。翟灝《四書考異》下、桂馥《札樸》卷七、錢坫《論語後錄》卷三、宋翔鳳《過庭錄》卷十五、徐養源《論語魯讀考》、潘維城《論語集箋》卷十、劉寶楠《論語正義》卷十、黃式三《論語後案》卷十皆同其說。又案：《白虎通・車旂篇》、《漢書・成帝紀贊》、《風俗通・過譽篇》、皆依《古論語》作「不內顧」。此依《魯論語》，當無「不」字。又，注「《魯論語》」，見《鄉黨篇》。張雲璈曰：「皇侃疏亦作：不內顧。」又，注「車中不顧。」胡克家曰：「不，當作內……可互訂也」云。步瀛案：崔駰《車左銘》，《古文苑》作：「傅毅，一本作崔駰」。《藝文類聚・舟車部》、《御覽・舟部》二引並作「崔駰」，而皆誤作「車不內顧」。

【疏證】

奎本、明州本、尤本、建本並有「不」、「魯」。贛本無「魯」字。謹案：本條衍者「不」字（注同），非「魯」字，注「論語」上「魯」字固不可刪。

宋‧真德秀《文章正宗‧贊成帝》「言成帝善修容儀，升車正立不內顧」注：「今《論語》云：車中不內顧。」亦證作有「不」者，為今本《論語》，非《魯》本也。是陳校亦失。顧按「李善正引魯讀」，正為正陳而設焉。高氏《義疏》論之詳而審矣。梁說乃變化前胡，其有用者，祇在「此賦上下並四言為句」一語，然亦出張氏。《論語》魯讀，見陸德明《經典釋文‧論語音義‧鄉黨》。崔駰《車左銘》「正位受綏，車不內顧」並注：「《論語》：『升車，必正立執綏，車不內顧。』」見《古文苑》卷十三。作「傅毅《車左銘》」注云：「一本作崔駰。後同」。本條略可見後胡引前胡《考異》，多轉販自《旁證》，非直接出前胡者。「觀此二章，益可證《車左銘》之為內顧」云云，本盧引段玉裁語，《旁證》逕作盧語，非。「《漢書‧成帝紀贊》注」云云，本為盧引，《旁證》以之直接前胡說後，則為誤承，凡此，足見梁氏迻錄前人，多不尊重原作者。當然，此在當時，是普遍現象。

若此故王業可樂焉　善曰：《毛詩》曰：致王業之艱難。

【陳校】

　　注「《毛詩》曰」。「詩」下脫「序」字。

【集說】

　　胡氏《考異》曰：注「《毛詩》曰：致王業之艱難」。何校「詩」下添「序」字，陳同。是也，各本皆脫。

　　梁氏《旁證》曰：何校「詩」下添「序」字。

　　高氏《義疏》曰：李注「《毛詩》」下，各本無「序」字。今依何氏、陳氏、胡氏校增。

【疏證】

　　奎本以下諸六臣合注本、尤本悉脫。謹案：語見《毛詩注疏‧豳風‧七月》序。本書楊德祖《答臨淄侯牋》「若比仲山周旦之疇」注引有「序」字。毛本當誤從尤本等，陳、何校當據《毛詩》、本書內證等補之。

忘民怨之為仇也　薛注：不知人好共怨己，當成大讐也。

『陳見』

　　注「不知人好共怨己」。「好」字衍。

【集說】

　　胡氏《考異》曰：注「不知人好共怨己」。陳曰云云，是也，各本皆衍。

　　梁氏《旁證》同胡氏《考異》。

　　高氏《義疏》曰：薛注「不知人」下，各本有「好」字。胡克家曰：「陳云：『好字衍。』」今據刪。

【疏證】

　　明州本、贛本、尤本、建本同。奎本作「所」字。謹案：審上下文氣，當依奎本作「所」為穩，「好」蓋誤字，非衍文。首誤者明州本耳，陳校亦非。張溥《漢魏六朝百三家集‧張衡集》引注作「民」字，字雖非，然亦得見不以「好」為衍字耳。

體安所習　善曰：《尚書》曰：夫常人安于俗，學溺於所聞。

【陳校】

　　注「《尚書》曰」。按：此蓋《逸書》。

【集說】

　　顧按：「尚」是「商君」二字之誤，《商君書》見《隋志》，今《商子》也。此所引在《更法》。

　　胡氏《考異》曰：注「《尚書》曰：夫常人安于俗學。」案：「尚」，當作「商君」二字，各本皆誤。此所引在《更法》篇也。

　　梁氏《旁證》曰：胡公《考異》曰：「《尚書》，當作《商君》二字」云云。

　　高氏《義疏》曰：「《商君書》」，各本誤作「《尚書》」。胡克家曰：「當作《商君書》。此所引在《更法》篇。」是也。

【疏證】

　　尤本同。奎本以下諸六臣合注本無「尚」字。謹案：今《商子‧更法》作「夫常人安於故習，學者溺於所聞。」《史記‧商君列傳》作「常人安於故俗，學者溺於所聞。」《新序‧善謀》作：「公孫鞅曰：『常人安於所習，學者溺於所聞。』」可證前胡作「《商君書》」當是，陳校謂「《逸書》」，非。由三家異文以「學者」與「常人」對舉為文，可斷善注「學」下脫一「者」字，「俗」字，或當為「故習」、「故俗」，或為「所習」，必脫一字矣。毛本當誤從尤本。梁、

高二家因仍前胡，未檢原著，故不明善注之脫。

咸池不齊度於蠶咬　善曰：《賓戲》曰：淫鞭而不可聽者。

【陳校】

　　注「《賓戲》曰」。「賓」上脫「答」字。

【集說】

　　胡氏《考異》曰：注「《答賓戲》曰」。茶陵本「賓」上有「答」字。是也。袁本亦脫。

　　高氏《義疏》曰：六臣本「《賓戲》」上有「答」字。依本書卷四十五，當有。李奇注，彼注亦引之。

【疏證】

　　奎本、明州本、尤本脫。贛本、建本正有「答」字。謹案：善注正出本書班孟堅《答賓戲》。奎本偶脫，明州本不能正，尤、毛復遞相誤踵之。陳校當從六臣注系統本、本書內證等補之。

又（善曰）：非寵宴之樂也。

【陳校】

　　注「寵宴」。當作「韶夏」。

【疏證】

　　奎本以下諸六臣合注本、尤本悉同。謹案：本書《答賓戲》正作「韶夏」，《漢書·敘傳》同。毛本當誤從尤本等，陳校當從本書內證、《漢書》等正之。

文選卷四

南都賦一首　張平子

爾其地勢，則武闕關其西　注：武闕山為關在西也。《漢書音義》：文穎曰：武闕山為關而在西，弘農界也。

【陳校】

注「武闕山為關在西也」。舊本無此八字。

【集說】

余氏《音義》曰：何刪「武闕山為關在西也」。

胡氏《考異》曰：注「武闕山為關在西也。」茶陵本無此八字，袁本有。何、陳校皆去。觀下注似不當有。

梁氏《旁證》曰：注「武闕山為關」。《續漢書·志》：「南陽郡」注引作「武關在其西。……」《水經·丹水注》云：『丹水歷少習出武關。……』文穎曰：『武關在析縣西百七十里弘農界。』」此注引「文穎」云云，亦疑有脫誤。

姚氏《筆記》曰：何減注首八字。

朱氏《集釋》曰：「武闕」即「武關」。《續漢志》：「京兆尹。商故屬弘農」注引《左傳·哀四年》：「將通於少習」杜預曰：「少習，縣東之武關。」《史記·貨殖傳》「南陽西通武關。」應劭曰：「秦之南關也。」《方輿紀要》云：「武關在今西安府商州東百八十里，東去河南內鄉縣百七十里。」文穎曰：「在析西百七十里，蓋析即內鄉也」。

胡氏《箋證》曰：按：「武闕關其西」與「桐柏揭其東」相對為文，則字當作「闕」。「武闕」作「武關」者，因避字複而改耳。本書《甘泉賦》「封巒石闕」，許氏慶宗謂即《上林》之「石闕」，是「闕」亦或作「關」。劉昭引以注《續漢志》之「武關」，故改「武闕」為「武關」，不足以證此書之誤。

高氏《義疏》曰：胡克家曰云云。步瀛案：下文穎注，殆為後人所改，故與此複。何氏、陳氏皆據六臣本刪去此八字耳。下文訂正，則此八字不當去矣。梁章鉅曰：「《續漢書·志》」云云。朱珔曰云云。胡紹煐按曰云云。步瀛案：朱氏、胡氏說，是也。但此注各本作「文穎曰：武闕山為關而在西，弘農界也」，與《水經·丹水注》、《漢書·高帝紀》顏注引均不合。梁氏「疑有脫誤」，是也。今以《丹水注》、《高帝紀》注校改。

【疏證】

奎本、明州本、尤本引善注誤同。尤本此處取明州本而譌。贛本、建本無，茶陵本出此。陳、何校蓋據六臣本刪，是也。玩八字語氣，亦不類善注，高氏《義疏》以《丹水注》、《高帝紀》注校改，亦未必是。

隨珠夜光　注：《淮南子》曰：隋侯之珠。高誘曰：隋侯，漢中國姬姓諸侯也。

【陳校】

注「漢中國」。「中」當作「東」。

【集說】

胡氏《考異》曰：注「《淮南子》曰：隋侯之珠」下至「不繫之於珠璧也。」袁本、茶陵本無此一百十七字。袁有「隋珠夜光見《西都》注」八字。案：袁本是也。茶陵例改已見為複出，此條其遺漏者，尚屬善舊。尤乃複出，甚非。

高氏《義疏》曰：尤本「玉之未理者」下有「《淮南子》」云云一百十七字。與《西都賦》複出，今依袁本。

【疏證】

尤本誤同。奎本以下諸六臣合注本咸作「隋珠、夜光，見《西都》注。」是。毛本當誤從尤本。陳校當據《淮南子·覽冥訓》高注，然尚未得間。參上《西都賦》「隋侯明月」條。

赭堊流黃 注：《山海經》曰：陸郇之山，其下多堊，若之山其上多赭。

【陳校】

　　注「若之山其上多赭」。舊本無「之」字。

【集說】

　　胡氏《考異》曰：注「《山海經》曰」下至「出入有光」。袁本此二十一字作「耕父，已見《東京賦》。」是也。茶陵本複出，非。

　　姚氏《筆記》曰：按今《山海經》刊本無「之」字。且《經》諸言「多赭、堊之山」，善注不及，蓋以「陸郇及「若」，為荊山之下山也，當屬「南都」故耳。

　　朱氏《集釋》曰：案：此〔注〕所引，並見《中山經》。《經》作「若山」，則「之」為衍字。

　　高氏《義疏》曰：《山海經》，並見《中山經》。注「若山」，各本「若」下有「之」字。姚範曰「今《山海經》刊本」云云。朱珔曰云云。步瀛案：姚、朱說是也。今據刪「之」字。

【疏證】

　　奎本、明州本、尤本、建本同。贛本獨無「之」字。謹案：《山海經·中山經》：「又東北二百里，曰陸郇之山。其上多璚玗之玉，其下多堊，其木多杻橿。」亦無「若之山其上多赭」七字。毛本誤從尤本等，陳校當從贛本正之。

或岩嶙而纚運 注：岩嶙，相連之貌。

【陳校】

　　「運」，舊本作「連」。

【集說】

　　孫氏《考異》曰：「運」，六臣本作「聯」。案：注云「相連之貌」，當是「連」字誤「運」耳。

　　梁氏《旁證》曰：五臣「連」作「聯」，良注可證。毛本誤作「運」。

　　許氏《筆記》曰：「運」，當作「連」。

　　高氏《義疏》曰：五臣「連」作「聯」。劉良曰：「纚，聯纚也。相屬貌」。

【疏證】

　　尤本作「連」。五臣正德本及陳本、奎本以下諸六臣合注本作「聯」。謹案：五臣作「聯」，良注可證。善自作「連」，據善注可證。雖「聯」與「連」同，然善與五臣有別。此奎本脫校語，明州本以下諸六臣合注本遞相踵之耳。毛本獨因形近而誤，陳校當從尤本正之，孫說亦是。此處陳所謂「舊本」，當是尤本。

若夫天封大狐　　注：《蜀郡圖經》曰：大胡山，故縣縣南十里。

【陳校】

　　注「《蜀郡圖經》」。「蜀」，舊本作「南」。

【集說】

　　朱氏《集釋》曰：趙一清云：「《太平御覽》引注文作大狐」，又云：「胡，一作狐。《南陽圖經》云：『有大石如狐。』」自注：此注「南郡」，疑亦「南陽」之譌。

　　高氏《義疏》曰：朱氏疑「此注南郡亦南陽之譌」，其說亦是。今鮑刻《御覽》作「《南陽圖注》」，疑亦「經」字之誤也。

【疏證】

　　贛本同。奎本、明州本、尤本、建本作「南」。謹案：今坊本《御覽・地部・大狐山》正作「《南陽圖經》」。趙一清說，見《水經注釋・泚水・大胡山》。毛本當誤從他本，陳校當從尤本等正之。朱、高兩家說，並是。

其木則楩松楔更點欒

【陳校】

　　「楔」音「更點」，「點」，乃「點」誤。

【集說】

　　高氏《義疏》曰：注「革點切」三字，據袁本、茶陵本增。

【疏證】

　　諸《文選》本咸作「更點」。謹案：毛本獨因「點」、「點」形近而誤。陳校當據贛、尤二本等正之。高氏改正文音注作句尾注，可。然作「革點切」，改「更」為「革」，亦不必。

騰猿飛蠝棲其間

【陳校】

「蠝」，舊本作「獌」。

【集說】

胡氏《考異》曰：茶陵本「蠝」，作「獌」。袁本作「獌」。案：「獌」字是也。注云「蠝與獌同」，謂正文之「獌」，可證也。

梁氏《旁證》曰：六臣本「蠝」作「獌」，或作「獌」。胡公《考異》曰：「獌字是」云云。

朱氏《集釋》曰：「飛蠝」注云云。案：《說文》：「鸓，鼠形，飛走且乳之鳥也」，《廣雅》云：「鸋鴩，飛鸓也」，《史記》載《上林賦》作「鸓」，字皆從「鳥」。此賦及《漢書》載《上林賦》作「蠝」，從「虫」自注：本書《上林賦》又加土作壨。或亦作「獌」，從犬。此處善注：「蠝與獌同。」《本草》又作「鼺」，從「鼠」。蓋以此物似鳥、似獸、似蟲、似鼠，故偏旁不同。

高氏《義疏》曰：尤本「獌」作「蠝」。胡克家曰云云。案：胡氏說是。今從之。

【疏證】

贛本、尤本同。奎本、明州本、建本、五臣陳本作「獌」。正德本闕。謹案：「蠝」，偏旁或從「鳥」、或從「犭」，當是異形同字。《漢書·司馬相如傳》：「蜼獲飛蠝」，《史記·司馬相如列傳》作「鸓」。《集韻·脂韻》：「鸓，或作蠝、獌。」皆其證。毛本當從尤本。陳校所謂「舊本」，此似當謂贛、尤二本。

其竹則鍾籠箟簬，篠簳箛箕　注：篠，出魯郡（山），堪為笙。孔安國曰：箕，桃枝也。

【陳校】

注「孔安國曰」下，脫「竹箭也」三字。

【集說】

梁氏《旁證》曰：孫氏星衍曰：「箕，俗字，當為筡，即筡假音字。《說文》曰：『篎，箷也。』『箷，析竹筡也。』『筡，竹膚也。』筡、篎聲相近。據此，則不以箕為竹名。惟《顧命》：『篾席』孔傳：『篾，桃竹。』正義云：

『此籧席與《周禮》次席，一也。鄭注：『彼云次席，桃枝席。……』鄭［玄］不見孔《傳》，亦言是桃枝席，則此席用桃枝之竹，必相傳有舊說［也］。此賦作籧亦可證。注中也字，當作竹。」

朱氏《集釋》曰：《說文》無从竹之「籧」。孫氏星衍曰：「籧，俗字，當為筐，即「篙」假音字。《說文》曰：「篙，筊也。筊，析竹筐也。筐，竹膚也。筐、籧聲相近。據此，則不以籧為竹名。」此注所引，本之《書》孔傳。

高氏《義疏》曰：孔安國說，即《顧命》偽《孔傳》文。「桃枝」作「桃竹」。朱珔曰：「《說文》無从竹之籧。孫氏星衍謂籧俗字」云云。

【疏證】

奎本以下諸六臣合注本、尤本悉同。謹案：孫星衍引語見《尚書注疏‧周書‧顧命》。其《孔傳》作「籧，桃枝竹。」可見孫引「桃」下蓋脫一「枝」字。其所見本脫歟？據此，《顧命》「籧席」之「籧」，仍當為竹名。本賦下文「箛箠」注作「二竹名」，亦可為佐證。今校合當於注「桃枝」下補一「竹」字。孫云「注中也字當作竹」說，亦得。陳校實出《尚書‧禹貢》：「震澤底定，篠簜既敷」《孔傳》：「篠，竹箭」。顧此乃釋「篠」，與「籧」無涉。陳校非也。毛本當從尤本等。

其草則蘺苳蘼蕪

【陳校】

舊本「則」下多「有」字。

【集說】

胡氏《考異》曰：袁本、茶陵本「則」下有「有」字。案：有者是也。

梁氏《旁證》曰：六臣本「則」下多「有」字。

高氏《義疏》曰：尤本「則」下無「有」字。依袁本、茶陵本增。

【疏證】

尤本同。五臣二本、奎本以下諸六臣合注本咸有「有」字。謹案：《古今事文類聚》續集卷一引亦有「有」字。今觀其上下文皆有「有」字，可證前胡說是。尤本偶脫，毛本當誤從尤本，陳校據「舊本」補之，是。

其香草則有……薇蕪蓀荵　注：《爾雅》曰：蓀楚，銚弋也。

【陳校】

　　注「蓀楚，銚戈也」。「蓀」，當作「萇」、「戈」當作「弋」。

【集說】

　　余氏《音義》曰：「蓀楚」。「蓀」，何改「萇」。

　　顧按：當作「弋」。《爾雅》釋文「弋」字亦作「弋」。《毛詩傳》、《說文》皆不從「艸」。

　　胡氏《考異》曰：注「蓀楚，銚戈也。」何校「蓀」改「萇」，陳同。是也。「戈」，當作「弋」，各本皆誤。又袁本此下有「萇音長」三字。是也，茶陵本無，非。

　　梁氏《旁證》曰：何校「蓀」改「萇」，是也。「戈」，當作「弋」，各本皆誤。

　　朱氏《集釋》曰：《詩·隰有萇楚》，毛傳正本《雅》馴，箋云：「銚弋之性」云云。

　　許氏《筆記》曰：注「蓀楚，銚戈」。當作「萇楚」、「銚弋」。嘉德案：何校同。

　　高氏《義疏》曰：《爾雅》，見《釋草》。本注「萇楚」誤「蓀楚」；「銚弋」誤「銚戈」。據何、陳、胡諸家校正。

【疏證】

　　奎本以下諸六臣合注本、尤本悉誤「蓀楚」。「戈」，奎本作「弋」，自明州本以下六臣本、尤本誤同毛本，此蓋俗寫爾。謹案：《毛詩注疏·檜風·隰有萇楚》傳：「萇楚，銚弋也」。正義曰：「萇楚銚弋，《釋草》文。舍人曰：『萇楚，一名銚弋。』」朱氏「《詩·隰有萇楚》毛《傳》正本《雅》馴」說，是也。鄭樵《爾雅注·釋艸》作「長楚，銚弋」。「長」與「萇」同。二字，毛本當誤從尤本等，陳、何校當從《爾雅》、《毛詩》等正之。

酒則九醞甘醴　注：《韓詩》曰：醴，甜而不泲也。

【陳校】

　　注「《韓詩》（曰）」下脫「章句」二字。

【集說】

胡氏《考異》曰：凡本篇引……「《韓詩》曰：醴甜而不泲也」一條、「《韓詩外傳》曰：逍遙也」一條……皆當作「《韓詩》傳曰」，如《東都賦》注引「《魯詩》傳曰」之例。「傳」者，蓋所謂「內傳」。

梁氏《旁證》曰：「詩」下應添「傳」字。

高氏《義疏》曰：梁章鉅曰云云。陳喬樅《韓詩遺說考》輯此於《吉日》「且以酌醴」下。

【疏證】

奎本以下諸六臣合注本、尤本悉同。謹案：王應麟《詩攷‧韓詩‧吉日》「醴，甜而不泲也。」引「《文選》注」作「薛君章句」。毛本當從尤本等。此善注單引《韓詩》訓詁，用省稱例，不得謂譌，參上《西都賦》「周阿而生」條及拙著《附錄》二。周鈔迻錄陳校「《韓詩》曰下」，當作「《韓詩》下」。已正。

夫南陽者……遠世則劉后甘厥龍醢 注：《左傳》曰：劉累學擾龍子豢龍氏。以事孔甲。

【陳校】

注「學擾龍子豢龍氏」。「子」當作「于」。

【疏證】

尤本作「于」。奎本、贛本、建本作「學擾龍氏」，脫「于豢龍」三字。明州本以「劉累」云云，誤入翰注而脫「《左傳》」名，「子」作「於」，省作「善同翰注」。謹案：事見《春秋左傳注疏‧昭公二十九年》，正作「于」。本書《五君詠‧嵇中散》「龍性誰能馴」注、《初學記》卷三十「賜氏」引《左傳》並同。尤本蓋從《左傳》。毛本從尤本而因形近誤為「子」，陳校復據《左傳》、尤本、本書內證等正之。

聖皇之所逍遙 注：《韓詩外傳》曰：逍遙也。

【陳校】

注「《韓詩外傳》曰：逍遙也。」舊本「遙」下有「游」字。

【集說】

余氏《音義》曰：「逍遙也。」「遙」下，何增「遊」字。

胡氏《考異》曰：注「逍遙也。」何校「遙」下添「遊」字。陳同。案：各本皆無，未審其所據也。

梁氏《旁證》曰：何曰「遙」下，當有「遊」字，陳同。

高氏《義疏》曰：各本「《內傳》」誤作「《外傳》」。何氏、陳氏「遙」下增「遊」字。陳喬樅輯此於《鄭風·清人》，謂此「逍遙也」乃「河上乎消搖」之訓。《說文》無「逍遙」字，《字林》有之，見張參《五經文字序》。又《文選·上林賦》注引司馬彪云：「消搖，逍遙也。」即本《韓詩》訓義。案：據陳喬樅說，則不應增「遊」字。今從之。

【疏證】

奎本、明州本、建本、尤本同。贛本獨有「遊」字。謹案：當從陳喬樅、高說。「遊」字，或旁注「逍遙」，後人誤入注文。頗疑陳、何校乃從贛本增也。高氏「各本『《內傳》』誤作『《外傳》』」說，蓋出前胡，已見上「酒則九醞甘醴」條。

爾其則有謀臣武將，皆能攫戾執猛，破堅摧剛。

【陳校】

「其」下，疑脫「時」字。

【集說】

孫氏《考異》曰：何云：「爾其」、「則有」連用，疑衍。

梁氏《旁證》曰：何曰云云。

姚氏《筆記》曰：何云：「四字連用，疑有脫誤」。

胡氏《箋證》曰：何氏焯曰云云。紹煐按：「爾其」下，恐有脫文。

黃氏《平點》曰：「爾其［則］有謀臣武將」句，何焯云：「此處疑有脫誤。」案：何自不解上文耳。

高氏《義疏》曰：何焯曰云云。胡紹煐曰：「『爾其』下，恐有脫文。」

【疏證】

諸《文選》本悉同，《太平御覽》卷三百六、《古今事文類聚》續集卷一引，亦同。謹案：黃氏說似是，「爾其」自與上文「於其宮室則有」、「且其君子」等相應。此條可補胡校尤本之脫。毛本當從尤本等，陳、何校並非。

縉紳之倫　注：周奇曰：搢，插笏於大帶。

【陳校】

注「周奇曰」。「周」當作「李」。

【集說】

胡氏《考異》曰：注「周奇曰」。陳曰云云。是也，各本皆誤。

梁氏《旁證》同胡氏《考異》。

高氏《義疏》曰：《漢書・郊祀志》引李奇曰：「搢，插也。插笏於紳。紳，大帶」。

【疏證】

奎本以下諸六臣合注本、尤本悉同。謹案：《漢書・郊祀志》引作「李奇曰」，此奎本偶誤，諸本遞相踵其誤。毛本當誤從尤本等，陳校當據《漢書》正之。然本書任彥昇《百辟勸進今上牋》「搢紳顒顒」注作「李奇曰：搢，插笏於紳。紳，大帶」，然則，「於」下，至少尚得補二「紳」字焉。高氏《義疏》亦偶疏於本書內證。本條可見陳氏校《選》，大得力於諳熟史志之助。

總萬乘兮徘徊　注：毛萇《詩傳》曰：迴，遲也，然徘徊即遲遲也。《毛詩》曰：行道遲遲。

【陳校】

注「毛萇《詩傳》曰……行道遲遲。」按：此二十二字有倒誤。當作「《毛詩》曰：『行道遲遲。』鄭玄箋曰：『徘徊也。』然『徘徊』即『遲遲』也」。

【疏證】

奎本以下諸六臣合注本、尤本倒同。謹案：考《毛詩・谷風》「行道遲遲，中心有違」下毛傳曰：「違，離也。」鄭箋云：「違，徘徊也」。與善引不同。觀下文「按平路兮來歸」注曰：「南陽，舊居，故曰來歸。《毛詩》曰：來歸自鎬」云云，注序正同，或涉此下文而倒歟？毛本當誤從尤本等。

皇祖止焉，光武起焉　注：皇祖，高祖也。《周易》曰：庖犧氏沒，神農氏作。

【陳校】

注「高祖也」下，當有「起，作也」三字。又：「神農氏作」下，當尚有

脫文。

【集說】

胡氏《考異》曰：注「神農氏作。」陳云「下有脫文。」今案：當連引注「作，起也」，以注正文「起焉」，而各本脫去。《乾》：「聖人作」《釋文》載「鄭云：起也。」但未審善果引何家耳。

梁氏《旁證》曰：注「《周易》曰：『庖犧氏沒，神農氏作。』」胡公《考異》曰：「案：此當連引注：『作，起也』，以注正文『起焉』二字。各本並脫去耳。」

高氏《義疏》曰：《周易》，見《繫辭下》。胡克家曰：「陳云『下有脫文』云云。『今案』云云。步瀛案：李鼎祚《周易集解・繫辭》下：「神農氏作」引虞翻注曰「作，起也。」此下似應增「虞翻曰：作，起也」六字，鄭注在「《乾・文言傳》」，非此處注也。

【疏證】

奎本以下諸六臣合注本、尤本悉同。謹案：前胡蓋由陳校啟發，然與陳校有大不同：陳以「作」釋「光武起焉」之「起」，胡則以「起」解「神農氏作」之「作」。陳釋雖未援證據（亦無差錯，《廣韻・止韻》：「起，興也，作也」），卻的釋正文「起」字；胡則引鄭康成注解「神農氏作」，對象已為注文矣。胡氏亦知其曲，故有「但未審善果引何家耳」之疑辭。高氏雖改引「虞翻注」，亦不能脫其窠臼，所謂漸行漸遠矣。陳疑「神農氏作」下，「當尚有脫文」，亦非，蓋善引《周易》「庖犧氏沒，神農氏作」二句，在揭「皇祖」二句出處來歷，一消一長，本不在訓詁；而其內涵已神完氣足，義無餘蘊矣。胡引「《乾》聖人作」云云，見《周易注疏・乾・文言傳》：「聖人作而萬物覩」句，《音義》：「作，如字。鄭云：起也。」

三都賦序一首　左太沖　劉淵林注

左太沖　注：臧榮緒《晉書》曰：……徵為秘書。賦成。

【陳校】

注「徵為秘書」。舊本「書」下有「郎」字。

【集說】

余氏《音義》曰：「秘書」下，何增「郎」字。

梁氏《旁證》曰：注「徵為秘書」。「書」下當有「郎」字。

高氏《義疏》曰：注「徵為秘書」下，當有「郎中」二字。《晉書・文苑傳》言：「求為秘書郎」，故梁章鉅謂「郎」字當增。又《唐六典》卷十「秘書省秘書郎」下，引《晉起居注》云：「武帝遣秘書，圖書分為甲乙景丁四部，使秘書郎中四人，各掌一焉。」又引《晉書》云：「左太沖為《三都賦》，自以所見不博，求為秘書郎中。」孫詒讓《籀廎述林》卷九記舊本《穆天子傳》目錄引《唐六典》此文，且曰：「此所引乃《十八家晉書》。新《晉書・左思傳》則刪去中字矣。」吳士鑑《晉書斠注》卷九十二曰：「《職官志》：秘書監屬官，但言有丞，有郎，蓋亦脫去中字，惟《初學記》引《齊儀》有中字。」步瀛案：見《職官部》下。據《唐六典》引《晉書》作「秘書郎中」，知臧書《左思傳》「秘書」下，亦必有「郎中」二字矣。

【疏證】

《集注》本、奎本、贛本、建本、尤本悉同。明州本省作「善同向注」，向注亦無「郎中」字。謹案：毛本當從尤本等，此陳、何據《晉書》本傳「求為秘書郎」句補。秘書郎及秘書郎中，《御覽》卷二百三十三「秘書郎」篇匯集多種魏晉以來文獻，似無定準：《唐六典》引《晉起居注》作：「使秘書郎〔四人〕各掌其一焉」，即無「中」字。又王隱《晉書》曰：「左思專思《三都賦》，杜絕人事。自以所見不博，求為秘書郎。」虞預《晉書》曰：「司馬彪……專精學問，泰始中，為秘書郎，後轉為丞。」《晉令》曰：「秘書郎掌中外三閣經書，覆省校閱，正定脫誤。」沈約《宋書》曰：「秘書郎四人。後漢校書郎也。」悉無「中」字。其中王隱、虞預兩家《晉書》，當亦厠孫詒讓所謂「《十八家晉書》」者也。竊疑「郎」似是「郎中」之俗省。陳、何校之校亦未必為脫「中」字也。

劉淵林注　善曰：《三都賦》成，張載為注《魏都》，劉逵為注《吳》、《蜀》，自是之後，漸行於俗也。

【陳校】

注「《三都賦》成，張載」。按諸語，疑亦本臧《書》之文。臧《書》兼載皇甫謐為思作《序》事。又當時衛權伯輿亦嘗有《吳都賦序注》，則見於《三國》裴注者也。而劉孝標《世說注》中引《思別傳》則云：「思造張載，問岷

蜀事，交接亦疏。皇甫謐西州高士，非思倫匹。劉淵林，衛伯輿並早卒，皆不為思《賦序注》。凡諸注解皆思自為。欲重其文，故假時人名姓。」《別傳》之說如此。傳聞異辭，尚論者所當知也。

【集說】

胡氏《考異》曰：注「《三都賦》成」。袁本「三」上有「臧榮緒《晉書》曰」六字，是也。茶陵本與此同，非。

張氏《膠言》曰：《左思別傳》：「思造張載問岷蜀事」云云惟「非思倫匹」上，多出「摯仲治宿儒」五字，餘同陳校所引。

梁氏《旁證》曰：六臣本以此注為臧榮緒《晉書》文。楊氏慎曰：「凡諸注解，按《晉陽秋》，皆思自注。欲重其名，故假借名姓耳。」

許氏《筆記》曰：「劉淵林注」下，原注有「善曰：臧榮緒《晉書》曰」八字，今亦為妄人削去。

黃氏《平點》曰：《左思別傳》稱「注解皆思自為。」今細覈之，良信。

高氏《義疏》曰：尤本無「善曰：臧榮緒《晉書》曰」八字。胡克家曰：「袁本三上有」云云。許巽行曰：「原注有八字，今為妄人削去。」步瀛案：胡、許說是，今據增。

【疏證】

贛本、尤本、建本同。《集注》本亦無。奎本、明州本有「善曰：臧榮緒《晉書》曰」八字。洪氏《讀書叢錄》卷十一「三都賦注」條，案云：「今本《三都賦》俱題『劉淵林注』、《南都賦》李注引「張載《吳都賦》注」、《後漢書·臧宮傳》李賢注引『張載《蜀都賦》注』。三賦本一注，或劉或張，由所題之本異耳。」下引《三國志·衛臻傳》裴松之注「衛懂作左思《吳都賦敘》及《注》」云云、《世說新語·文學篇》劉孝標注：「劉淵林、衛伯輿並早終」云云，並同陳校。謹案：陳疑是也。本條袁本有「臧榮緒《晉書》曰」六字，茶陵本無，足可見《旁證》以「六臣本」混稱袁本、茶陵本之不當。

而論者莫不詆訐其研精 善曰：《墨子》曰：雖有詆訐之人，無所依矣。《說文》曰：詆，訶也。訐，面相序罪也。

【陳校】

注「訐，面相序罪也」。「序」，舊本作「斥」。

【集說】

　　胡氏《考異》曰：注「面相序罪也」。案：「序」，當作「斥」。各本皆譌。陳云：「別本作斥。」今未見。

　　梁氏《旁證》曰：「序」，當作「斥」。各本皆誤。

　　高氏《義疏》曰：《說文》，見《言部》。「訐」下六字，疑後人所增，故「斥」字各本誤作「序」。

【疏證】

　　奎本以下諸六臣合注本、尤本悉同。高氏《義疏》校正文引「姚鼐曰：『不字衍文。』吳先生曰：『良注：[言]以其有研精之處，莫敢呵責舉發之。』據此，則正文『莫不』疑為『莫敢』之誤。」步瀛案：二句（下句「作者大氐舉為憲章」）對文，疑本作「莫敢訑其研精」，「訐」字衍文，涉李注引《墨子》「訑訐」連文而誤。謹案：「訐」，見《說文·言部》，正作「斥」。《漢書·刑法志》「化行天下，告訐之俗易」及《賈誼傳》：「（秦）其俗固非貴辭讓也，所上者，告訐也」引師古注，並曰：「訐，面相斥罪也。」又《王商傳》「閨門內亂，父子相訐」注引「師古曰：訐，告斥其罪也。」復有「宋祁曰：訐，蕭該《音》引《字林》：面相斥罪也。」無不以「斥罪」釋「訐」字。本書潘安仁《西征賦》「訐望之以求直」注引亦同。高氏「疑後人所增」云云，亦非。「序」，當作「斥」、「不」當作「敢」，當無疑問。《集注》本善注，僅見引《說文》釋「訑」字，此六字為《鈔》引《說文》。或《鈔》所見有「訐」字，則衍者為「訑」字耳。有「序」字之譌，亦反證「訐」非衍字。良注「言」上仍有「訑，呵。訐，舉也」之辭，五臣並有此二字。毛本當誤從尤本等，陳校當從他本正之。未知為何本，疑亦《漢書》而已。

虞書所著　劉注：《虞書》曰：禹別九州。

【陳校】

　　注「《虞書》曰」。「書」下脫「序」字。

【集說】

　　胡氏《考異》曰：注「《虞書》曰」。陳曰云云。是也。各本皆脫。

　　梁氏《旁證》曰：「書」下當有「序」字。按：《禹貢·釋文》作《夏書》，此或據古本。《孔疏》謂：「初在《虞書》，夏史抽入，或仲尼退第。」是也。

高氏《義疏》曰：胡克家曰云云。梁章鉅曰云云。步瀛案：「序」字不必補。梁引孔說，尤臆說無據。《史記・河渠書》曰：「《夏書》曰：『禹抑鴻水，以別九州。隨山浚川，任土作貢。』」《漢書・溝洫志》同。……皆逕引作「《夏書》」。《說文・艸部》、《竹部》、《木部》、《石部》引《禹貢》亦云「《夏書》」也。馬、鄭則列《禹貢》於《虞夏書》。《尚書注疏》卷二孔疏曰：「馬融、鄭玄別錄題皆曰《虞夏書》。」……步瀛案：準此而言，劉注云「《虞書》」豈即「《虞夏書》」之省稱耶，抑以《禹貢》為虞史所記耶？要之，無論「夏史抽入」，抑「仲尼退第」，以前之古本，斷非劉氏所得見矣。

【疏證】

奎本以下諸六臣合注本、尤本脫。《集注》本作「綦毋邃曰：《虞書》曰」。謹案：語見《尚書注疏・夏書・禹貢序》。「夏」「虞」之歧，已見《旁證》。本書木玄虛《海賦》「竭涸九州」注作「《尚書序》曰：禹別九州」，冠「《尚書序》」亦得，而潘安仁《藉田賦》「夫九土之宜弗任」注作「《尚書》曰：禹別九州」亦脫「序」字。綦氏注《三都賦》，亦脫「序」字，其與劉或有從出關係歟？毛本當誤從尤本等，陳校當從《尚書》、本書內證等正之。

蜀都賦一首　劉淵林注

龍池濩瀑潰其隈　劉注：龍池在朱堤南十里。

【陳校】

注「在朱堤南」。「堤」，當作「提」，下「龍目」注同。

【集說】

胡氏《考異》曰：（龍池濩瀑）注「在朱堤南十里」。陳云「堤，當作提。」下「生朱堤南廣縣」，何改「提」，陳同。是也，各本皆譌。

梁氏《旁證》曰：注「龍池在朱堤南十里。」陳校「堤」改「提」。下注「生朱堤南廣縣」句，同。各本皆誤。

朱氏《集釋》曰：「堤」字，兩《漢志》皆作「提」。《續志》：「犍為屬國朱提」下注引《南中志》……又引此注曰：「有靈池，在縣南數十里……」是龍池即靈池也。此云「十里」，當脫「數」字。

高氏《義疏》曰：「朱提」各本誤作「朱堤」，今改。胡克家曰云云。朱氏

《集釋》曰「堤字」云云。

【疏證】

奎本引劉注作「提」，《集注》本同。自明州本以下諸六臣合注本、尤本悉誤作「堤」。謹案：陳云「下龍目注」，蓋下文「旁挺龍目」注引「《南裔志》曰：『龍眼荔枝，生朱堤南廣縣』」云。如《後漢書・南蠻西南夷傳・南蠻》：「建武十八年，夷渠帥棟蠶……反叛，殺長吏，益州太守繁勝與戰而敗，退保朱提」。章懷注：「縣屬犍為郡。」明・曹學佺《蜀中廣記》卷六十三引《南裔志》，亦作「提」。足證陳、何校、諸家說是。「堤」，與「提」，形近而譌。

旁挺龍目　劉注：《南裔志》曰：龍眼荔枝，生朱堤南廣縣，犍為僰道縣。

【陳校】

「龍目」注同。

【疏證】

已見上條。

結朱實之離離　善曰：王逸《荔枝賦》曰：綠葉蓁蓁。又曰：荔實叢生。

【陳校】

注「荔實」。舊本作「朱實」。

【集說】

高氏《義疏》曰：「王逸《荔枝賦》」。《藝文類聚・果部》下引「蓁蓁」作「臻臻」，未引「朱實」句。《御覽・果部八》引作「大火中而朱實繁」，與本注引異。

【疏證】

《集注》本、奎本以下諸六臣合注本、尤本作「朱」。謹案：毛本蓋涉上文而譌，陳校當從贛、尤二本等正之。

孔翠羣翔　劉注：羣翔與古十餘。

【陳校】

注「羣翔與古十餘」。「餘」下疑脫「日」字。

【集說】

　　胡氏《考異》曰：注「羣翔興古十餘」。陳曰云云。是也，各本皆脫。

　　梁氏《旁證》同胡氏《考異》。

　　姚氏《筆記》曰：注「興古十餘」。「十餘」二字疑誤。按後漢建興二年，分建寧、牂柯，立興古郡。

　　高氏《義疏》曰：注各本「十餘」下，無「日」字。依陳氏校增。

【疏證】

　　奎本以下諸六臣合注本、尤本悉脫。《集注》本作「羣翔興古十餘日，復去焉。」謹案：毛本當誤從尤本等，陳校亦不全，當從《集注》補之。

碧雞儵忽而曜儀　劉注：漢宣帝時，方士言益州有金馬碧雞之神，可以醮祭而置也。

【陳校】

　　注「可以醮祭而置」。「置」，疑當作「致」。

【集說】

　　胡氏《考異》曰：注「可以醮祭而置也。」陳曰：「置，當作致。」是也，各本皆（脫）〔誤〕。

　　梁氏《旁證》曰：陳校「置」改「致」。是也。各本皆誤。

　　高氏《義疏》曰：注「可以醮祭而致也。」各本「致」作「置」，誤。依陳氏校改。

【疏證】

　　明州本、贛本、尤本、建本同。《集注》本、奎本作「致」。謹案：語見《漢書‧郊祀志》，正作「致」。《太平御覽》卷八百八十一、《玉海》卷卷一百二「漢金馬碧雞神」條引並同。本書陸士衡《演連珠‧臣聞世之所遺》劉注「金碧之巖」注引作《漢書》，亦作「致」。然「置」與「致」音近，字或可通。檢宋‧魏仲舉編《五百家注昌黎文集‧代張籍與浙東觀察李中丞書》「閣下能信而置之於門耶？」「置」下，校云：「一作致。」是二字相通之驗。二字同為照母、之脂旁對轉，同有「招致」之義。陳校當據《漢書》，毛本當從尤本等，未必誤，此亦陳校所以「當」上冠一「疑」字歟？

羲和假道於峻岐，陽烏迴翼乎高標

【陳校】

呂延濟注：岐樹，奇枝也。馭日至此，礙於高樹，故假道而行。

【集說】

孫氏《考異》曰：何云「岐」，疑作「（坂）阪」。

梁氏《旁證》曰：何曰：「高標，疑即高望山。古名高標，在嘉州郡。峻岐，未詳，疑亦地名。」按：此說似鑿。濟注：「岐樹，奇枝也。高標，高枝也。」承上「修幹長條」言之。似尚近理。然以「岐樹」為「奇枝」，則不知所出也。

胡氏《箋證》曰：何氏焯曰云云。紹煐按：李白《蜀道難》：「上有六龍迴日之高標」注：《圖經》：「高標山，亦名高望。」何說不為無據。然「峻岐」，訖無所考。善亦不注此四字。

許氏《筆記》曰：何曰云云。案：《爾雅》：「陂者曰阪」，「二達謂之歧旁」。郭注：「歧道，旁出也。」此言假道，則不從向所常行之道而旁出也，作「阪」者非。

黃氏《平點》曰：依何焯說，「岐」改「阪」。

高氏《義疏》曰：何焯曰：「高標，疑即高望山……峻岐，未詳，疑亦地名。岐，疑作阪。」梁章鉅曰：「此說似鑿」云云。胡紹煐曰：「李白《蜀道難》……訖無所考。」許巽行曰：「《爾雅》：陂者曰阪」云云。步瀛案：許引《爾雅·釋地》、《釋宮》明「阪」、「歧」之異，又以郭注證「歧」字之義，其說是也。駱賓王《兵部奏姚州破賊蒙儉等露布》云：「峻歧折阪之危」，「歧」、「阪」對舉，可證「歧」不作「阪」。又案：何說雖本《太白詩》注所引《圖經》，然與此賦文義未合。濟注大意得之。但「高標」二字，不專指樹木言。……「高標」，謂標識之高者耳。

【疏證】

諸《文選》本、《集注》本悉同。《藝文類聚》卷六十一、《古今事文類聚》續集卷二引、《古今合璧事類備要》別集卷一注引並同。《太平御覽》卷九百五十三引作「嶺」。謹案：《漢書·王尊傳》：「先是琅邪王陽為益州刺史，行部至卭郲九折阪。」顏引應劭曰：「在蜀郡嚴道縣。」此可證「九折阪」為地名。用於詩，無妨省作「阪」，「峻阪」，與下句「高標」為對，不為無理。陳、何

校皆可備異聞。

丹砂赩熾出其坂　善曰：毛萇《詩傳》曰：赩，赤貌也。

【陳校】

　　注「赩，赤貌也。」按：《詩傳》曰：「奭，赤貌。」李注引此作「赩」字。疑古本如是，與今本異也。

【集說】

　　朱氏《集釋》曰：《詩》無「赩」字。惟「路車有奭」毛傳：「奭，赤貌。」又「靺韐有奭」《釋文》亦云：「奭，赤貌。」而《白虎通》引「奭」作「赩」，故此注遂以「赩」為「奭」也。「赩」字，《說文》在《新附》中。

　　高氏《義疏》曰：《詩·簡兮》毛傳曰：「赫，赤貌」，而無「赩，赤貌」之文。玄應《一切經音義》卷十九引《字林》曰：「赩，赤貌也。」「毛萇《詩傳》」四字，蓋《字林》之誤。又案：《車鄰》毛傳曰：「陂者曰阪。」此注或先釋「阪」字，而後釋「熾」、「赩」字。……本作「《毛萇詩傳》曰：『陂者曰阪。』《字林》曰：『赩，赤貌也』」，而脫去「陂者，曰阪《字林》曰」七字耳。

【疏證】

　　奎本以下諸六臣合注本、尤本悉同。《集注》本作「赩」、善注「赩」。謹案：本書《魏都賦》「左則中朝有赩」注引毛《傳》同。朱氏提及之毛《傳》「路車有奭」，見《小雅·采芑》篇。「靺韐有奭」釋文，見《小雅·瞻彼洛矣》篇。朱校，見本書《魏都賦》「中朝有赩」善曰：「毛萇《詩傳》曰：赩，赤貌也」下。今檢明·何楷《詩經世本古義·瞻彼洛矣》注云：「奭，通作赩，赤貌。《白虎通》云：『世子上受爵命，衣士服何？謙不敢自專也。』故《詩》曰：『靺韐有赩，世子始行也』」云云。此當陳、朱二氏「疑古今本之異」說之所本，似可從。毛本當從尤本等，陳校則從何楷及本書內證耳。

蹻（客）〔容〕世於樂府　善曰：《漢書》曰：武帝樂府。

【陳校】

　　注「武帝樂府」。舊本「帝」下有「立」字。

【集說】

　　余氏《音義》曰：「《漢書》曰：武帝」下，何增「立」字。

胡氏《考異》曰：注「武帝樂府」。何校「帝」下添「立」字，陳同。是也，各本皆脫。

梁氏《旁證》同胡氏《考異》。

高氏《義疏》曰：《漢書》，見《禮樂志》。本注各本脫「立」字。依何氏、陳氏、胡氏校增。李詳曰：「高祖時未立樂府，《後漢書·西南夷傳》作令樂人習之。」是也。

【疏證】

奎本以下諸六臣合注本、尤本同。《集注》本有「立」字。謹案：《漢書·禮樂志》作「至武帝定郊祀之禮……乃立樂府。」《藝文志》作「自孝武立樂府」。本書班孟堅《兩都賦序》「外興樂府協律之事」注、子目「樂府上」注並引《漢書·禮儀志》。毛本當誤從尤本等，陳、何校當依《漢書》、及本書內證等補。未知此處陳所謂「舊本」何指。

陪以白狼，夷歌成章 劉注：益州刺史朱輔驛傳其詩，奏之。語在《輔傳》也。

【陳校。】

注「朱輔驛傳其詩」。「驛」，舊本作「譯」。

【集說】

胡氏《考異》曰：注「驛傳其詩奏之」。案：「驛」，當作「譯」。各本皆誤。事在范《書·西南夷傳》也。

梁氏《旁證》曰：胡公《考異》曰云云。

高氏《義疏》曰：注「驛傳」，「譯」誤作「驛」。今依胡氏校改。

【疏證】

《集注》本、奎本以下諸六臣合注本、尤本悉同。謹案：事見《後漢書·西南夷傳》，朱輔上疏曰：「有犍為郡掾田恭，與之習狎，頗曉其言。臣輒訊其風俗，譯其辭語」云云，正作「譯」字。《太平御覽》卷七百九十一、《東觀漢記·莋都夷》注引《後漢書》同。劉注所謂「《輔傳》」，即《西南夷傳》也。奎本當因「譯」、「驛」二字音同形近而誤，毛本當誤從尤本等，陳校當從「舊本」、《後漢書》正之。亦未知「舊本」何指。

朱櫻春熟 善曰：《漢書·叔孫通》曰：古有春嘗果，令櫻桃熟，可嘗也。

【陳校】

　　注「令櫻桃熟」。「令」，當作「今」。

【集說】

　　胡氏《考異》曰：注「令櫻桃熟」。陳云：「令，當作今。」各本皆譌。

　　梁氏《旁證》曰：陳曰：「令，當作今。」是也。按：《叔孫通傳》云：「方今櫻桃熟可獻。」非「嘗」字，各本皆誤。

　　高氏《義疏》曰：本賦注，各本「今」誤作「令」，依陳氏校改。

【疏證】

　　奎本以下諸六臣合注本、尤本誤同。《集注》本作「今」。謹案：事見《漢書·叔孫通傳》：通曰：「古者有春嘗菓，方今櫻桃熟可獻」。《藝文類聚》卷八十六、《初學記》卷二十八、《太平御覽》卷五百三十一引《漢書》並同。《北堂書鈔》卷八十七「獻櫻桃」注、《初學記》卷九「獻櫻」注引《漢書》亦同。古人傳刻「令」、「今」每混。奎本首誤，明州本以下諸《文選》本遞相踵之，毛本當誤從尤本等，陳校當從《漢書》、《類書》、上下文義等正之。

紫棃津潤……蒲陶亂潰 善曰：郭璞曰《上林賦注》曰：蒲陶似燕奠。

【陳校】

　　注「郭璞曰」。「曰」字衍。

【集說】

　　胡氏《考異》曰：袁本、茶陵本空格有「曰」字。此初亦衍，後修去。

【疏證】

　　奎本以下諸六臣合注本衍同。尤本刓去有空格。《集注》本無「曰」字。謹案：本書《上林賦》「櫻桃蒲陶」注作：「善曰：櫻桃蒲陶，見《南都賦》」，然他篇引「郭璞注《上林賦》」，「郭璞」下，不見有「曰」字，如：《西都賦》「鶤鶵鴻鴚」注、《西京賦》「梓棫楩楓」注引等皆是，餘略。即便同篇如「坂坻」注、「楈枒栟櫚」注亦是。毛本當誤從建本等，陳校當從尤本、本書內證等正之。袁本、茶陵本空格有「曰」字，當據尤本修去。尤本修去而存空格，此是尤本從六臣合注本剗離之證。

若榴競裂：善曰：若榴，已見《兩都賦》。

【陳校】

注「兩」當作「南」。

【集說】

胡氏《考異》曰：注「若榴，已見《兩都賦》」。陳曰云云。是也。袁本亦誤「兩」。茶陵本複出，非。

高氏《義疏》曰：「《南都賦》」。尤本「南」誤作「兩」。胡克家曰：「陳曰」云云。……茶陵本複出，非。

【疏證】

奎本、明州本、尤本誤同。贛本、建本作「南」，然複出，亦非。《集注》本作「《南都賦》曰：樗棗若留。」謹案：毛本當誤從尤本等，陳校當參贛、建本等、本書《南都賦》「樗棗若留」注及善注體例等正之。

其園則有菌蒻茱萸

【陳校】

「其園」。「園」，五臣本作「圃」。

【集說】

孫氏《考異》曰：「園」，當從五臣作「圃」。以上文已賦園也。園則賦果，圃則賦蔬。

胡氏《考異》曰：袁本云：善作「園」，茶陵本云：五臣作「圃」。案：各本皆非也。「園」，但傳寫誤耳。

梁氏《旁證》曰：六臣本「園」作「圃」。按：上已有「其園」，此「園」當是傳寫之誤。孫氏志祖曰「園則」云云。

黃氏《平點》曰：據別本「園」改「圃」。

高氏《義疏》曰：尤本「圃」作「園」。胡克家曰：袁本云云。孫志祖曰：「當從五臣作圃」云云。

【疏證】

尤本同。五臣正德本、陳本作「圃」，奎本以下諸六臣合注本並同，校云：善本作「園」。《集注》本作「圃」。謹案：宋・毛晃增註《增修互註禮部韻略・

九罭》「蒟」注、《古今合璧事類備要》別集卷一「左思《三都賦》」注引並作「圃」。《周禮注疏‧大宰》：「以九職任萬民。二曰園圃。毓草木。」鄭玄注：「樹果蓏曰圃，園其樊也」。孫氏、前胡、梁氏說，皆是。上文已有「林檎枇杷」云云，況「蒟蒻茱萸瓜疇芋區」，亦多為瓜菜之屬。尤本當誤從明、贛二本之校或別有所從也，毛本當誤從尤本，陳校從「圃」、「園」二字字義之別及五臣改，是。此陳校不佞宋本之證。

陽藟陰敷　劉注：楊雄《太元經》曰：陽藟萬物。

【陳校】

注「《太元經》」。「元」字，宋人避聖祖諱改。然他本亦有從本字者。

【集說】

余氏《音義》曰：「《太元經》」。何曰：宋［本］作「元」，避諱。

胡氏《考異》曰：注「楊雄《太元經》曰」。何云：「元，避諱。」陳云：「宋人避當時諱改。」袁本、茶陵本不改，尤所改僅此一處。凡宋人諱字每不畫一也。

高氏《義疏》曰：《太玄經》，見《養》首。尤本「玄」作「元」。胡克家曰云云。

【疏證】

尤本作「元」。《集注》本、奎本以下諸六臣合注本作「玄」。謹案：此尤本避諱改「玄」作「元」，毛本從之，不得謂誤。陳校「聖祖」，前胡引改作「當時」，復去「然他本亦有從本字者」九字。本條亦陳、何校所謂「宋本」，有時指尤本之證。

總莖梔梔……蕡實時味　劉注：《詩》曰：爾肴既將。

【陳校】

注「爾肴既將」。似當作「其實之肴」，傳寫誤耳。

【集說】

胡氏《考異》曰：注「爾肴既將」。袁本「將」作「時」，是也。茶陵本亦誤「將」。

梁氏《旁證》曰：六臣本「將」，作「時」，是也。此解「時味」二字。

高氏《義疏》曰：《詩》，見《頍弁》。尤本「時」作「將」。胡克家曰：「袁本作時，是也」云云。梁章鉅曰：「作時，是也」云云。步瀛案：《毛詩》「肴」作「殽」，乃通借字。

【疏證】

贛本、尤本誤同。《集注》本作「時」。奎本、明州本、建本作「時」。謹案：語見《毛詩注疏・小雅・頍弁》，正作「爾殽既時」。贛本傳刻譌，尤、毛遞相誤蹈之。陳校實從善注，蓋解「蕡實」字，與劉注本不同，梁曰：「此解時味二字」，是。陳校非也。

千廡萬屋

【陳校】

「屋」，當作「室」。

【集說】

余氏《音義》曰：「屋」，六臣作「室」。

孫氏《考異》曰：「屋」，當從六臣本作「室」，與「出」字叶，且不複「比屋」。

許氏《筆記》曰：「萬屋」。「屋」，一作「室」，是也。達、出、室、術、馱、瑟、恤為韻，今譌為「屋」，不特與上「比屋」重複，於韻亦乖矣。

高氏《義疏》曰：毛本「室」作「屋」。非。

【疏證】

諸《文選》本咸作「室」。《集注》本亦作「室」，《古今事文類聚》續集卷二引、《古今合璧事類備要》別集卷一「左思《三都賦》」注引同。謹案：阮元《文選跋》云：「《蜀都賦》『千廡萬室』，晉府本、毛本『室』改『屋』，則與上下文『出』、『術』等字不韻矣。」本條可證翁同書「陳以毛本初印」說，又可略窺毛本從出遞跡之一斑。

㥗㥗隆富……藏鏹巨萬　劉注：《漢書・殖貨志》曰：藏鏹千萬。

【陳校】

注「《殖貨志》」。「殖」當作「食」。

【集說】

余氏《音義》曰：「《殖貨志》」。何校「殖」改「食」。

胡氏《考異》曰：注「《殖貨志》曰」。何校「殖」改「食」，陳同。袁本亦誤「殖」，茶陵本作「貨殖」，更非。

梁氏《旁證》曰：何校「殖」改「食」，陳同。是也。六臣本作「貨殖」，並非。

高氏《義疏》曰：「《食貨志》」，尤本「食」誤作「殖」。胡克家曰云云。

【疏證】

奎本、明州本、尤本同。《集注》本、贛本、建本作「貨殖」。謹案：語見《漢書·食貨志》下。本書張平子《西京賦》「若夫翁伯濁質」注引《漢書》作「《食貨志》」，不誤。此蓋一由《史記》素稱「貨殖列傳」，易與《漢書》稱混淆；一涉正文上句「貨殖私庭」而來。六臣系統自贛本、建本至茶陵本，單刻善注本從尤本至毛本，大同小異，無不遞相陷入此誤耳。陳、何校蓋從《漢書》、本書內證等正之。

吉日良辰，置酒高堂　善曰：《楚辭》曰：吉日兮良辰。

【陳校】

注「良辰」當乙。

【集說】

孫氏《考異》曰：「吉日兮辰良，按《蜀都賦》『吉日良辰』注，及《東征賦》『撰良辰而將行』、謝靈運《九日從宋公詩》『良辰感聖心』、盧子諒《贈劉琨詩》『良辰遂往』注引《楚辭》，並作『吉日兮良辰』，恐《楚辭》別本亦有作『良辰』者，不盡如沈存中所云也。古人文法亦不必以此為工。韓文公《羅池廟碑》『春與猿吟兮秋鶴與飛』，乃故以此見致耳。」見孫氏《考異·楚辭·東皇太一》「吉日兮辰良」條。

顧氏評校孫氏《文選考異》「吉日兮辰良」條曰：「凡李注例，但取意同，不拘語倒。如引『子孫』注『孫子』、引『蠻荊』注『荊蠻』、引『瑟琴』注『琴瑟』，隨舉可證，引『（辰良）[良辰]』注『（良辰）[辰良]』，亦其例。《蜀都賦》等自作『良辰』，《九歌》自作『辰良』。侍御讀李注不熟，遂據誤本矜獨得之秘耳。如此著書，恐《夢溪筆談》笑人。」見王氏《蛾術軒篋存善

本書錄·甲辰稿》卷四，1410 頁。顧又曰：「《九歌》十一首，首句必是韻，如何可作『良辰』耶？今注中所有『良辰』，皆傳寫順正文誤改。」見李慶《顧千里研究》頁 469 下

胡氏《考異》曰：注「吉日兮良辰」。陳曰云云。是也，各本皆倒。

梁氏《旁證》曰：陳校「良辰二字乙轉」，是也。各本皆倒。

姚氏《筆記》曰：東樹按：「《蜀都賦》『吉日良辰，置酒高堂』，何乙『辰良』」。

高氏《義疏》曰：《楚辭》，見《九歌·東皇太一》。本注各本「辰良」二字誤倒。今依陳校改。

【疏證】

奎本以下諸六臣合注本、尤本正文並善注悉同。《集注》本正文同，善注引《楚辭》作「辰良」。五臣正德本、陳本文同。謹案：本條《集注》本最是。陳、二胡、梁、姚、高諸家說亦是。此條有何校，原見於姚氏《筆記》論本書曹大家《東征賦》「撰良辰而將行」善注引「《楚辭》曰：吉日兮良辰」下。《筆記》曰：「何云：『觀注所引《楚辭》，則別本亦有不作『辰良』者。」方東樹恐讀者不明姚引何氏此校，前後原委，乃補出上何氏《蜀都賦》原校。今移植至此。本條，何校文、陳校注，師弟所見一致，前胡等亦無異詞。關於「良辰」、「辰良」，顧千里與孫志祖見有不同。謹又案：於孫、顧（胡）之爭，後人梁、高皆宗前胡《考異》，前胡則維護何、陳乙正之校，皆是也。本條周鈔以陳與何同為校正文，而前胡移錄則謂陳校注文。梁、高並從前胡，此當周鈔之誤。孫氏言及沈存中說，洪氏《楚辭補注》概括「補曰：沈括存中云：『吉日兮辰良，蓋相錯成文，則語勢矯健。如杜子美詩云：『紅豆啄餘鸚鵡粒，碧梧棲老鳳凰枝』，韓退之云：『春與猿吟兮秋鶴與飛』，皆用此體也」。原文見宋·沈括《夢溪筆談·藝文一》。文繁，不俱錄。

金罍中坐，肴橙四陳……巴姬彈弦，漢女擊節 善曰：《毛詩》曰：肴核維旅。鄭玄曰：……核，桃梅之屬也。《左氏傳》：楚共王有巴姬。橙，與核義同。

【陳校】

注「橙與核，義同」五字，當在「《左氏傳》」上。

【疏證】

《集注》本、奎本、明州本、尤本、建本同。贛本無此五字。謹案：陳校是。善引《左傳》乃釋「巴姬」，當在「楋與核義同」五字之後。薛氏《疏證》即以此五字，直接「桃梅之屬也」下。

服魚文

【陳校】

「服」上脫「俱」字。

【疏證】

《集注》本、諸《文選》本咸有「俱」字。謹案：《藝文類聚》卷六十一、《古今事文類聚》續集卷二引並有「俱」字。觀其上下文，皆四字為句，且「俱」字與上「並乘驥子」之「並」字對文，故「俱」字固當有。此傳寫毛本偶奪耳。陳校當據贛、尤二本等正之。

戟食鐵之獸，射噬毒之鹿　劉注：此二事，魏完《南中志》所記也。

【陳校】

注「魏完《南中志》。」「完」當作「宏」。

【集說】

余氏《音義》曰：「魏完南」。何校「完」改「宏」。

汪氏《權輿・注引群書目錄》：「魏完《南中志》」。志祖案：《蜀都賦》注引。何校「完」改「宏」。

胡氏《考異》曰：注「魏完《南中志》所記也。」袁本、茶陵本「完」作「宏」，是也。

梁氏《旁證》曰：六臣本「完」作「宏」，是也。

姚氏《筆記》曰：注「魏完《南中志》」。別本「完」作「宏」。

高氏《義疏》曰：「魏宏」。尤本誤作「魏完」，今依袁本、茶陵本。案：魏宏《志》無考。

【疏證】

尤本同。奎本以下六臣合注本、《集注》本悉作「宏」。謹案：魏宏《南中志》，今惟見於明人記載。如徐應秋《玉芝堂談薈・兩頭鹿》載：「魏宏《南中

志》：雲南郡有神鹿，一身兩頭，主食毒草」。陳禹謨《駢志・鹿身兩頭》亦載：「魏宏《南中志》：雲南郡有熊倉山，上有神鹿一身兩頭。食毒草。」陳耀文《天中記・鹿・兩頭》注引同陳禹謨。兩頭鹿故事，較早著錄見張華《博物志》、范曄《後漢書》、《華陽國志》等。尤本或因形近而誤，毛本當誤從尤本，陳、何校當依六臣合注本改。

酌清酤　善曰：既載清酤。毛萇詩曰。

【陳校】

　　注「善曰：既載清酤。毛萇詩曰」。按：「善曰」下，當有「詩曰」二字，「萇」下「詩」字衍。

【集說】

　　胡氏《考異》曰：注「善曰：既載清酤。毛萇詩曰。」袁本、茶陵本無「詩」字。陳云：「善曰下，當有詩曰二字。」各本皆誤。

　　梁氏《旁證》曰：六臣本無「詩」字，是也。陳校「善曰」下添「詩曰」二字。各本皆脫。

　　高氏《義疏》曰：「善曰」下，各本脫「詩曰」二字，依陳氏校增。「毛萇」下，尤本有「詩」字。胡克家曰：「袁本、茶陵本無詩字。」今刪。

【疏證】

　　尤本悉同。奎本以下諸六臣合注本並「善曰」下，脫「詩曰」、「萇」下無「詩」字。《集注》本有「《毛詩》曰」、作「毛萇曰」。謹案：《集注》本最是。本書張平子《西京賦》「清酤敍」注、左太沖《魏都賦》「清酤如濟」注引「既載」上並有「《毛詩》曰」三字。此尤本偶脫「《毛詩》曰」，復因前衍「詩」字，毛本誤從尤本。陳校當從六臣合注本、本書內證等正之。

斯蓋宅土之所安樂　善曰：降丘宅土。

【陳校】

　　注「善曰：降丘宅土」。「善曰」下，脫「《尚書》[曰]」三字。

【集說】

　　胡氏《考異》曰：注「善曰：降丘宅土。」何校「善曰」下，添「《尚書》曰」三字，陳云「脫」，是也。各本皆脫。

梁氏《旁證》曰：何校「善曰」下，添「《尚書》曰」三字，陳同，是也。

高氏《義疏》曰：「降丘宅土」上，各本無「《尚書》曰」字。今依何氏、陳氏校增。

【疏證】

奎本以下諸六臣合注本、尤本悉脫。《集注》本有此三字。謹案：「降丘宅土」，見《尚書注疏・禹貢》。本書潘安仁《射雉賦》「捌降丘以馳敵」注、陸士衡《皇太子宴玄圃宣猷堂有令賦詩》「祚之宅土」注引「降丘」上，有「《尚書》曰」三字。陳、何校當從《尚書》、本書內證等補之。

景福肸蠁而興作　　善曰：《上林賦》曰：肸饗布寫。

【陳校】

注「肸饗布寫。」「饗」，當作「蠁」。

【集說】

顧按：依《說文》，「響」，正字，「饗」、「蠁」、「嚮」，皆借字。

朱氏《集釋》曰：「肸蠁布寫。」案：善注引《上林賦》，「饗」當為「蠁」字之誤也。本書《上林賦》及《甘泉賦》「肸蠁豐融」皆「蠁」字，《史記》、《漢書》同。《說文・十部》「肸」字云：「肸響，布也。」段本「響」改「蠁」。據善注，《甘泉》、《上林》兩引並然。段云：「《虫部》蠁，知聲蟲也。肸蠁者，如知聲之蟲一時雲集也。蠁之重文為蛕，《春秋》：『羊舌肸，字叔向。』向讀上聲。向者，蛕之省也。知『肸蠁』之語甚古。」又《廣雅》：「土蛹，蠁蟲也。」王氏《疏證》曰：「《說文》：『禹，蟲也，象形。』《玉篇》：『蠁，禹，蟲也。』蓋蠁之言響也，知聲之名也。禹之言聥也，亦知聲之名也。《說文》：『聥，張耳有所聞。』是其義矣。」余謂：「蠁」，既以聲響為義，故或作「響」。「肸蠁」，當即「響應」之義。「肸」亦或作「翕」，同音通用。《一切經音義》引《文選・蜀都賦》注：「翕響，謂奄忽之閒也。」是此處本有作「翕響」者。《漢書》顏師古注《上林賦》語云「盛作」也，則與此「興作」語合。

胡氏《箋證》曰：今《（說文）十部》：「肸，肸響，布也。」「蠁」作「響」。按：字當為「響」，作「蠁」者，同音之假借。《羽獵賦》「蠁曶如神」善注：「蠁與響同。」《春秋傳》：「晉羊舌肸，字叔向。」釋文：「向，許兩反」，即「嚮」字。借「嚮」為「響」，蓋音同，故古多同用。響，亦振也。《劇秦美

新》：「炎光飛響」善注：「響，震聲也。」震、振義同。《說文》：「㪲，振也。」「肸，從十，㪲聲。」由㪲會意，義亦為振。故《漢書・禮樂志》顏注云：「肸，振也。」許解「肸蠁」為布，即震動之義，謂震動四布也。《揚雄傳》：「薌呹肸以椶根」顏注：「言風之動樹聲響。」振，起也。風之振動四布，謂之「肸蠁」，故香之震動四布，亦謂之「肸蠁」。解「蠁」為「知聲蟲」者，非特誤讀《文選》，亦誤讀《說文》矣。見《箋證・上林賦》「肸蠁布寫」條

高氏《義疏》曰：朱珔曰：「善注引《上林賦》『饗』云云。步瀛案：《廣雅》，見《釋蟲》。《一切經音義》，見卷九。《大智度論》十三引《蜀都》「翕響揮霍」注云「奄忽之閒也。已見上文。」不知朱氏何竟刪去「揮霍」二字，以「翕響」當此「肸響」二字，殊屬巨謬。倘所謂見泰山而不見目睫者歟？胡紹煐曰：「《說文》蠁作響。按：字當為響。作蠁者，同音之假借……故香之震動四布，亦謂之肸蠁。」王先謙《漢書・揚雄傳・補注》曰：「《說文》：肸，自訓響。布，言聲響四布也。蠁，知聲蟲也。凡言肸蠁者，蓋聲入則此蟲知之，其應最捷。故以喻靈感通味之意」。步瀛案：「肸蠁」之義，仍以段說為長。如胡氏說，但可解《上林賦》及《甘泉賦》之「薌呹肸以椶根」句，而於《甘泉賦》之「肸蠁豐融」及此賦之「景福肸蠁而興作」，義不甚洽。王氏先謙分「肸響」與「肸蠁」為二義亦未安。乃知段說之不可易也。此賦作「饗」，亦當為「蠁」之借字。

【疏證】

奎本、明州本、尤本、建本同。《集注》本、贛本正作「蠁」。謹案：本書揚子雲《甘泉賦》「肸蠁豐融」注引本賦文、《上林賦》、《說文》並作「蠁」。高氏羅列朱氏、後胡、王先謙三家，獨尊朱珔引及之段說，不為無見。論後胡說之偏枯、王氏強分之未安，亦中二家之失。目朱引《蜀都賦》注「翕響揮霍」，擅刪「揮霍」二字為「巨謬」，亦非無稽，然謂「翕響」不得當「肸響」二字，未免偏執。清・吳玉搢《別雅》卷三「肸響翕響肸蠁也」條云：「《文選》左思《蜀都賦》『景福肸蠁而興作』註『如蟲蠁起而多。』《說文》：『肸響，布也。』楊雄《甘泉賦》：『肸蠁豐融。』司馬相如《上林賦》『肸蠁布寫』註『盛作也。』《漢書》作『肸蠁』。嵇康《琴賦》：『紛綸翕響』，蓋借翕作肸也。大抵『肸蠁』是彌滿布散之義。《說文》：『蠁，知聲蟲也』，又兼取其羣飛蠆蠆之勢，故亦通用響。師古曰：『肸，振也。言振動之也』」。吳氏博引諸說，證「肸響」、「翕響」與「肸蠁」相通假，《舉正》顧按亦云「響，正字，饗、

蠁、嚮，皆借字。」又方氏《通雅‧雙聲如彷彿》「肸響」云：「《子虛賦》：『肸
響布寫。』《漢》作『肸蠁』，《笛賦》『翕響。』」皆可證「翕響」可當「肸響」。
蓋高氏偶疏「肸響」、「翕響」與「肸蠁」為雙聲聯緜辭爾。高引胡紹煐說，乃
節其《上林賦》「肸蠁布寫」善注引「《說文》曰：肸蠁，布也」之校。前胡《考
異》不收。明假借，正是顧氏（前胡）勝陳、何處。

一人守隘……劉宗下輦而自王　善曰：《蜀志》曰：先主姓劉諱備，漢
靖王勝後也。

【陳校】

　　注「漢靖王勝後」。「靖王」上，當有「中山」二字。

【集說】

　　胡氏《考異》曰：注「漢靖王勝後也」。陳云：「靖上，當有中山二字。」
是也，各本皆脫。

　　梁氏《旁證》曰：陳校「靖」上添「中山」二字。各本皆脫。

　　高氏《義疏》曰：《蜀志》見《先主傳》。各本「靖王」上脫「中山」二
字。今依陳氏校正。

【疏證】

　　《集注》本、奎本以下諸六臣合注本、尤本咸脫「中山」二字。謹案：語
見《蜀志‧先主傳》，作「漢景帝子中山靖王勝之後也」。此李善節文誤去之。
本書袁彥伯《三國名臣序贊》「宗子思寧」注引《蜀志》正作「劉備，漢景帝
子中山靖王後也。」其餘凡引漢靖王，皆有「中山」字。如沈休文《齊故安陸
昭王碑文》「震響成雷」注「漢中山靖王曰：『聚蚊成雷』」云。不備舉。毛本
當誤從尤本等，陳校當從《蜀志》補正之。

文選卷五

吳都賦一首　　左太沖　　劉淵林注

東吳王孫，囅然而哈

【陳校】

　　「囅」，當作「囅」。注同。

【集說】

　　余氏《音義》曰：《字典》「囅」、「囅」即一字。

　　胡氏《考異》曰：何校「囅」改「囅」。陳云：「囅，當作囅，注同。」是也，各本皆譌。

　　梁氏《旁證》曰：何校「囅」改「囅」。陳同。是也，各本皆誤。

　　胡氏《箋證》曰：梁氏《旁證》曰「何校」云云。紹煐案：古展聲、辰聲並近。《小雅·車舝》「辰彼碩女」，《烈女傳》卷八作「展」。本書《西京賦》「隱隱展展」薛注：「丁謹切。」與「賑」、「引」、「軫」為韻。《廣韻》：「囅，笑貌。」《集韻》：「囅然，笑貌」，作「囅」。《莊子》「桓公囅然而笑」，亦作「囅」。「囅」與「囅」古通，不煩改字。

　　許氏《筆記》曰：「囅然」。此及注中並當作「囅」。《韻會》云：「作囅誤。」

　　高氏《義疏》曰：「囅」，各本作「囅」。胡克家曰云云。梁章鉅、許巽行皆以「囅」為誤。胡紹煐謂：「古展聲、辰聲並近」云云。步瀛案：《說文·欠部》曰：「㰓，指而笑也。」段注曰：「《吳都賦》囅，即㰓字之異者，俗譌作

－155－

矊。」依段說，則「矊」字究宜改，不得以展、辰兩聲偶可通轉，遂認「矊」為或體字也，且《莊子‧達生篇》「矊然」，各本亦不作「矊」。

【疏證】

諸《文選》本並同。諸六臣合注本、尤本注亦同。《集注》本作「矊」。謹案《藝文類聚》卷六十一、《古今事文類聚》續集卷二引並作「矊」。汪氏《權輿‧前賢評論》引方以智《通雅》曰：「呂安謂嵇康：『我輩稍有菜色，反為肉食輩所哂。』哂，通作听；《上林賦》：『無是听然而笑』。又通作咞；……矧；……弞。又通作矊：《莊子》『桓公矊然而笑』；一本作矊；左思『東吳王孫矊然而咍』，並與哂通。此字當從《說文》之弞為正，笑不壞面也。通作矧，別作哂。咞、听、矊、矊，通作咍。楚人謂相笑為咍。《楚辭》曰：『眾咷所咍。』舊音胎。余按：即是哂字。古台音咍。觀今治、怡之音則可想矣。」（張氏《膠言‧上林賦》「听即哂」條亦引《通雅》）謹案：許說非。矊、矊字可通轉，方氏考之亦詳。既非五臣與善之異，不改也得。陳、何校衹可備異聞。又，《莊子》作「矊然而笑」者，見殿本《莊子注‧達生》，又如《太平御覽》卷八百八十三引《莊子》等。可補證上《通雅》「一本作矊」之說。

則以為世濟陽九 劉注：《易‧無妄》曰：災氣有九。

【陳校】

注「《易‧無妄》曰」。「無」，舊本作「无」。

【集說】

梁氏《旁證》曰：「無」當作「无」。《魏都賦》注引《漢書》「陽九厄」。今本《漢書》作「易九厄」，而此注又作「易无妄」，實一事也。

姚氏《筆記》曰：按《漢志》曰：「《易‧九厄》」云云。不知此「无」字，「九厄」之譌耶，抑別有其書耶？《谷永傳》「遭无妄之卦運」，似推測災變有其說。今不可考。此自「九厄」之譌「陽九」之說。孟康、如淳注，甚明。

朱氏《集釋》曰：王充《論衡》亦曰：「《易》：无妄之應，水旱之至，自有期節」。

【疏證】

《集注》本、奎本、明州本、尤本同。贛本、建本正作「无」。謹案：「无」，與「無」通。《說文‧亡部》：「無，亡也。无，奇字无。无，與無同。」是其

證。然此處「无妄」，係《易》卦名，不宜用「無」。陳校是也。尤本當誤從明州本，毛本則誤從尤本耳。本書《三國名臣序贊袁彥伯》「無妄惟時」注：「《周易》曰：无妄之行窮之災也。」作「无」，贛本善注作「無」，亦得，蓋可通也。而五臣良曰：「《易·無妄卦》云：無妄之行窮之災也」云云。「無妄卦」，不宜；「無妄之行」，則可也。

齷齪而算，顧亦曲士之所歎也；旁魄而論都，抑非大人之壯觀也。

【陳校】

「顧」，當作「固」。

【集說】

胡氏《考異》曰：袁本、茶陵本「顧」作「固」。陳云：「顧，當作固。」案：似「固」字是也。

王氏《讀書志餘》曰：念孫案：「齷齪而筭」下，當有「地」字。「齷齪而筭地」、「旁魄而論都」，相對為文。劉逵注云：「言筭量蜀地，亦是曲僻之士」，則「筭」下原有「地」字，明矣。

梁氏《旁證》曰：六臣本「顧」作「固」。

許氏《筆記》曰：「算固」。「齷齪而算固，亦曲士之所歎也」，「固」，六臣本作「顧」，以「齷齪而算」絕句，「顧」屬下讀。嘉德案：茶、袁本作「固」，屬下讀，陳云「作固」，是。

高氏《義疏》曰：胡克家曰「袁本、茶陵本」云云。步瀛案：「顧」、「固」字通。《禮記·祭義》疏曰：「顧，故也。」《史記·魯世家》《集解》引徐廣曰：「固，一作故。」或作「險固」解，與上「筭」字連讀，對「論都」，非是。

【疏證】

《集注》本、尤本同。五臣正德本、陳本及奎本以下諸六臣合注本並作「固」。謹案：本條「顧」字，選家討論涉及三點內容：一，與「固」字之關係；二，「顧」上有無脫字？三，「顧」字句讀，屬上抑屬下？先答一。王氏《述聞》卷五：「固，猶乃也。《孟子·萬章篇》：『仁人固如是乎？』或作故，又作顧。」以「乃」釋「顧」，似與下隔句「抑非大人之壯觀也」之「抑」字相對為切，較作高氏作「故」解尤切。「顧」、「固」二字既相通，又非五臣與善之異，陳亦不必改矣。次言二。王念孫以舊劉逵注，證「齷齪而筭」下，當

有「地」字。「齷齪而箅地」，與「旁魄而論都」，相對為文，與賦體為合，故當從王說。此說若可取，則最後，「顧」字句讀之所屬，已不言自明。固當以「顧」下屬，蓋四句本隔句為對之句法結構也。

而吾子言蜀都之富，禺同之有　劉注：吾子，謂西蜀公子。言蜀地富饒及禺同之所有也。瑋，美也。《蜀都賦》云：左綿巴中，百濮所充，緣以劍閣，阻以蜀門。矜夸其險也。徇，營也。亡身從物曰徇。夸物示人亦曰徇。卓王孫曰：吾聞岷山之野下有蹲鴟，至死不飢。三年不收。其形如蹲鴟，故號也。

【陳校】

注「吾子」至「故號也」百餘字，舊本無之。今觀文義，恐是李注誤列劉注之前。若繫於「善曰」下，即明順矣。

【集說】

胡氏《考異》曰：注「吾子謂西蜀公子」下至「其形如蹲鴟，故號也」，袁本、茶陵本無此九十三字。案：無者最是。尤延之初刻亦無，後乃添入，故修改之跡至今尚存。凡此等語，皆五臣以後，不知何人記在行間者。尤校此書意主改舊，遂悉取以增多，而讀者相沿，罕能辨正。幸袁、茶陵二本均未嘗誤，各得反復推驗，得知其非。

高氏《義疏》曰：胡克家曰云云。步瀛案：袁、茶二本頗多刪節，不能以二本所無者遂斷為非。原注所有如本賦「瑋」字、「徇」字，李善皆無注，安知非因劉注已釋，故不復注耶？特此注語過繁冗，似不無後人屬入耳。

【疏證】

尤本同。《集注》本無此九十三字，奎本以下諸六臣合注本同。謹案：此注首「吾子，謂西蜀公子」即出五臣翰注，其為五臣之後「添入」，可以斷定。陳校乃以為可繫之「善曰」下，未免過信尤本矣。

土壤不足以攝生，山川不足以周衛　善曰：漢武《柏梁臺》衛尉詩曰：周衛交戟禁不時。

【陳校】

注「《柏梁臺》衛尉詩」。舊本無「衛尉」二字。

【集說】

余氏《音義》曰：「衛尉詩」。何曰：「一本無衛尉字。」

胡氏《考異》曰：注「漢武《柏梁臺》衛尉詩曰」。袁本、茶陵本無「衛尉」二字。

高氏《義疏》曰：李注引《柏梁臺詩》，今見《藝文類聚・雜文部》二及《古文苑》。胡克家曰云云。步瀛案：二字當有。「衛尉」者，路博德也。

【疏證】

尤本同。奎本、明州本、贛本、建本無「衛尉」字。《集注》本作「周衛尉」。謹案：事見《藝文類聚》卷五十六、《初學記》卷十二「周衛」注等。《集注》本「衛尉」上有「周」字，最是。尤本固有所據（此再證尤本較他本所多出之文字，時亦有所本，非如前胡所言盡為尤氏擅自增多爾），傳寫脫「周」字爾。高氏言「二字當有」，是，然尚失一間，蓋未及見《集注》本耳。陳氏所謂「舊本」。此所指當為六臣合注本。

安可以（儷）〔麗〕王公而（著）〔奢〕風烈也 善曰：奢，靡也。《尚書》周公曰：敝化奢麗。

【陳校】

注「奢，靡也。《尚書》周公曰：敝化奢麗」。此十二字乃《羽獵賦》中「尚泰奢麗」句注。誤刻於此。

【集說】

高氏《義疏》曰：《尚書》，見偽《畢命》。《書序》曰「康王作冊」，則非周公之言。……此注「周公」字，應刪。

【疏證】

奎本以下諸六臣合注本、尤本同。《集注》本作：「善曰：『麗，〔著〕；奢，靡也。』《鈔》曰：『《書》云：弊化奢麗。』」謹案：本條自孫氏《考異》、顧按、前胡《考異》、張氏《膠言》、梁氏《旁證》（引有朱氏《集釋》），至後胡《箋證》咸有考校，祇論「儷麗」、「著奢」異同是非，無一家論及「誤刻」。復觀「奢，靡也」十二字，距《羽獵賦》錯簡過遠，《集注》本引善注及《鈔》亦有此注，其與奎本以下諸本，來歷途徑不一，故竊疑陳校非是。毛本當從尤本等。高氏《義疏》考校，亦未及錯簡。其論「周公」字衍，則與《集注》

引《鈔》合。高校是矣。

由克讓以立風俗

【陳校】

舊本無「俗」字，五臣本有。

【集說】

孫氏《考異》曰：善本無「俗「字，五臣本有。

胡氏《考異》曰：「由克讓以立風俗。」茶陵本云：五臣有「俗」字。袁本無校語。案：此與「建至德以豵洪業」偶句，「俗」似傳寫脫，尤校改正之也。

梁氏《旁證》曰：六臣本無「俗」字。

姚氏《筆記》曰：何云：「俗字，善本無，五臣有」。

胡氏《箋證》曰：六臣本無「俗」字，校云：五臣作「俗」。此誤衍一字。

高氏《義疏》曰：袁本、茶陵本皆無「俗」字。胡克家曰云云。

【疏證】

《集注》本、尤本同。五臣正德本、陳本作「風俗」，奎本、明州本同，無校語。贛本作「風」，校云：五臣作「俗」字。建本亦作「風」，校云：五臣有「俗」字。謹案：五臣作「風俗」，濟注可證。陳、何皆依贛本，以善作「風」字。《古今合璧事類備要》別集卷一「左思《三都賦》」注引亦作「風」。前胡謂：「此與建至德以豵洪業偶句，俗，似傳寫脫。」其說尚可備參考，然謂「尤校改正之也」，則不然，尤本蓋取明州本耳。毛本則誤從尤本。茶陵本蓋出建本。

跨躡蠻荊　善曰：《詩》曰：蠢爾荊蠻。

【陳校】

注「《詩》曰：蠢爾荊蠻」。「荊蠻」，當乙。

【集說】

高氏《義疏》曰：《詩》見《采芑》。今本「荊蠻」作「蠻荊」。本注，尤本同。今依袁、茶二本。而本書《王仲宣誄》注引亦作「蠻荊」，蓋後人據今本《毛詩》改之也。段玉裁《詩經小學》曰：「《漢書·韋玄成傳》引『荊蠻來

威」，按毛云：『荆州之蠻也』，然則，《毛詩》固作荆蠻，傳寫誤倒。《晉語》：
『叔向曰：楚為荆蠻』，韋注：『荆州之蠻』，正用《毛傳》為說。《吳都賦》：
『跨攝蠻荆』，李善引『《詩》蠢爾荆蠻。』然則，唐初《詩》尚不誤。左思倒
字，以與並、精、垌為韻耳。」陳奐《毛詩傳疏》曰：「《文選·吳都賦》注及
《通典·邊防》三引《詩》作『蠢爾荆蠻。』又《通典》及《御覽·兵部》五
十八載《漢書·賈捐之傳》引《詩》亦作『荆蠻』，顏注云：『荆蠻，荆州之
蠻。』又劉峻注《世說新語·排調篇》引《傳》與顏注同。今本經、傳皆誤。」

【疏證】。

　　《集注》本、奎本、尤本注作「蠻荆」。明州本、贛本、建本「荆蠻」。謹
案：語見《毛詩注疏·小雅·采芑》作「蠻荆」，傳：「蠻荆，荆州之蠻也」。
考《唐詩鼓吹》卷十崔珏《岳陽樓晚望》詩：「數行煙樹接荆蠻」，元·郝天挺
注引「《詩》：蠢爾荆蠻」，並作「荆蠻」。然本書曹子建《王仲宣誄》注外，復
有潘安仁《關中詩》「蠢爾戎狄」注、王仲宣《七哀詩》「遠身適荆蠻」注、陳
孔璋《為曹洪與魏文書》「亦讐大邦」注、李蕭遠《運命論》「驅驟於蠻夏之
域」注，引《毛詩》則並作「蠻荆」。依段說，則皆從今本《毛詩》爾。本條
毛本當從建本等，陳校則從尤本、今本《毛詩》及正文等乙注。若依段說，則
毛本注不誤，陳校不當乙而乙，若改，則當以注改正文。本條胡氏《考異》不
錄，非為漏校，蓋亦以陳校非是爾。然根據則與段不一。上《蜀都賦》『吉日
良辰』條，顧氏校孫氏《考異》已出校曰「凡李注例，但取意同，不拘語倒」。
且引例正有以『蠻荆』注『荆蠻』例。依顧，當然亦無須依注改正文。以此例
段，則段氏說尚未得本條《文選》善注之間也，高氏《義疏》亦然。

爾其山澤　劉注：《地理志》曰：餘姚縣。蕭山，潕水所出。

【陳校】

　　注「餘姚縣。蕭山，潕水所出」。舊本「姚」作「暨」，「潕」作「潘」。

【集說】

　　胡氏《考異》曰：注「會稽餘姚縣蕭山，潕水所出。」何校「姚」改「暨」、
「潕」改「潘」。陳同。案：據《漢書·地理志》校，是也，各本皆譌。劉昭
注《續漢·郡國志》，引賦此注，今本「潘」作「潛」。考顏師古「潘，音甫元
反。」然則，「潕」、「潛」皆非。

張氏《膠言》曰：「會稽餘姚縣蕭山，瀵水所出；錢唐縣武林，龍川所出」，何校「瀵」改「潘」。胡中丞校云云。

梁氏《旁證》曰：《漢書・地理志》「姚」作「暨」、「瀵」作「潘」。何、陳並據之校改，是也。《續漢・郡國志》引《魏都賦》注有「蕭山，潛水出焉。」即此文，但誤「吳」為「魏」，復誤「潘」為「潛」。

朱氏《集釋》曰：依今《漢志》「餘姚」當作「餘暨」，「瀵」當作「潘」。「潘」與「瀵」，字形相似。……「潘」、「瀵」多訛，足為此處明證。……《水經・漸江水篇》注云：「潘水即浦陽江之別名，自外無水以應之。」余謂：酈說當是。「潘」與「浦」，聲之轉也。

高氏《義疏》曰：《漢書・地理志》：「會稽郡餘暨下」原注曰：「蕭山，潘水所出，東入海。」此注「餘暨」作「餘姚」，「潘水」作「瀵水」，各本皆誤。今依何氏、陳氏、胡氏、梁氏、朱氏諸家校改。

【疏證】

奎本以下諸六臣合注本、尤本引劉注誤悉同。《集注》本劉此注在下條，作：「會稽郡餘暨縣蕭山，潘水所出也。」謹案：《輿地廣記・兩浙路上》云：「蕭山縣，本餘暨縣。二漢屬會稽郡。……天寶元年，改曰蕭山。潘水所出。」陳、何校是。《水經・漸江水注》因《漢書・地理志》，疑潘水是浦陽江之別名。朱氏《集釋》曰：「酈說當是。潘與浦，聲之轉也」，其說亦為高氏所宗。朱證「潘、瀵多訛」，原原本本，旁徵博引，最見其精於地理、考證詳備之特色。今拘於篇幅節取之。

或涌川而開瀆　劉注：錢塘縣武林水所出龍川，故曰涌川。

【陳校】

注「武林水所出龍川」。「武林」七字，舊刻作「武林龍川出其坰。」

【集說】

胡氏《考異》曰：注「武林水所出龍川。」袁本、茶陵本作「武陵龍川出其坰。」案：各本皆非也。當作「武林水出其山」，謂《漢書・地理志》錢唐之「武林山，武林水所出也。」二本涉上節正文而誤，尤本所校改未是。

梁氏《旁證》曰：案今《漢書・地理志》：「錢唐：武林山，武林水所出。」注當依此改正。「龍川」字不當有，皆涉上節正文而誤耳。

姚氏《筆記》曰：何云：「武林以下七字，舊刻作：武林龍川出其坰」。

朱氏《集釋》曰：注又云：「錢塘縣武林水所出」。案：此亦《漢志》之文。錢氏（《斠注漢志》）謂闞駰曰：「武林山，錢水出焉。《吳地記》縣惟有浙江。今無此水。」按：即今西湖也。

高氏《義疏》曰：《漢書・地理志》「會稽郡錢唐縣」下，原注曰：「武林山，武林水所出，東入海。」「縣」字下，應增「武林山」三字。尤本「所出」下，有「龍川」二字，袁本、茶陵本作「武陵龍川出其坰」，皆非。胡克家謂當作「武林水出其山」，亦與《漢志》本文不合，特欲遷就袁、茶陵二本耳。實與上注「蕭山」之例亦不合也。

【疏證】

尤本同。奎本以下諸六臣合注本引劉注，皆作「武陵龍川出其坰」。《集注》本作：「錢唐縣：武林山，武林水所出也。」謹案：何校備異聞爾。宋・蕭常《續後漢書音義》卷三：「錢唐，故會稽縣。東京隸吳。有武林山，武林水所出。入東海。」亦宗《漢書》。梁氏、高氏校近是。

鳥則鷗鷗鸐鸐……候雁造江　善曰：候雁，已見《南都賦》。

【陳校】

注「《南都賦》」。舊本作「蜀都」。

【疏證】

奎本、明州本、尤本同。贛本、建本作：「雁應候而南來」。《集注》本作：「《呂氏春秋》曰：季秋之月候雁來。」謹案：贛、建二本注「雁應候而南來」，不見《蜀都賦》。《蜀都賦》「候雁銜蘆」劉注：「雁候時南北，故曰候雁。」善注引《呂氏春秋》曰：「季秋之月候雁來」。故必是「《蜀都》」之誤。其內容，當如《集注》本及本書《蜀都賦》所引「《呂氏春秋》」云云耳。陳校是。此亦胡氏《考異》漏錄漏校者。高氏《義疏》亦失校，可證其引「陳校」，蓋自前胡。

魚鳥聲氒……窮性極形　劉注：物皆極之也。

【陳校】

注「皆極之也」。「之」當作「大」。

【集說】

　　胡氏《考異》曰：注「物皆極之也」。袁本、茶陵本「之」作「大」，是也。

　　高氏《義疏》曰：「極大」，尤本作「極之」。胡克家曰：「袁本」云云。

【疏證】

　　奎本、尤本誤同。明州本、贛本、建本作「大」。《集注》本作：「窮性極形，有性有形之物皆極盡之也。」謹案：當從《集注》本十五字。明州本當就奎本改之，並非劉注本來面目，贛、建二本遞相因之。毛本誤從尤本，陳校當從贛本等。胡氏則從袁、茶二本，亦非。

迴眺冥蒙　劉注：迴眺冥蒙，謂洲渚也。

【陳校】

　　「迴」當作「迥」。注同。

【集說】

　　孫氏《考異》曰：「迴眺冥蒙」。「迴」，六臣本作「迥」。

　　梁氏《旁證》曰：六臣本「迴」作「迥」。

　　高氏《義疏》曰：「迴」，茶陵本與尤本同。袁本、毛本作「迥」。案：此與「曠瞻」對文，「迥」字是。

【疏證】

　　五臣正德本、陳本作「迴」。《集注》本、奎本以下諸六臣合注本、尤本並注作「迥」。謹案：《古今合璧事類備要》別集卷一「左思《三都賦》」注引亦作「迥」。五臣作「迴」，銑注可證。高說以「迥」字與「曠瞻」對文，亦是，銑注正云：「曠瞻、迥眺，皆遠望也」。毛本並注之譌，或誤從他本，袁本亦誤。陳校當從尤本等正之。

草則藿蒳豆蔻……海苔之類　劉注：海苔生海水中。正青，狀如亂髮。乾之，赤鹽藏，有汁，名曰濡苔。

【陳校】

　　注「乾之，赤鹽藏」。「赤」，舊本作「亦」。

【集說】

胡氏《考異》曰：「乾之亦」。袁本、茶陵本「亦」作「赤」。是也，以三字為一句。

梁氏《旁證》曰：六臣本「亦」作「赤」。是也。

高氏《義疏》曰：「乾之赤」，尤本「赤」作「亦」。胡克家曰：「袁本、茶陵本作赤。是也」。

【疏證】

明州本、建本同。奎本、贛本、尤本作「亦」。《集注》本作「干之，亦」。謹案：考《魏書·李孝伯傳》載：「世祖又遣賜義恭駿等氍各一領、鹽各九種並胡豉。孝伯曰：有後詔：凡此諸鹽，各有所宜。白鹽，食鹽。主上自食。黑鹽治腹脹氣滿，末之六銖，以酒而服。胡鹽，治目痛。戎鹽治諸瘡。赤鹽、駮鹽、臭鹽、馬齒鹽四種，竝非食鹽。」《宋書·張暢傳》亦有「九種鹽」說，赤鹽在其中，而脫「戎鹽」一種。云：「赤鹽、駮鹽、臭鹽、馬齒鹽四種，並不中食」云。並云非食鹽，可見作「亦」為長。陳校是，胡、梁、高三家非。

毛本當從建本等，陳校當從尤本等正之。

石帆水松　　劉注：其華離婁相貫連

【陳校】

注「其華離婁」。「婁」，舊本作「樓」。

【集說】

胡氏《考異》曰：注「其華離婁相貫連。」袁本、茶陵本「婁」，作「樓」，是也。

梁氏《旁證》曰：六臣本「婁」作「樓」。是也。

高氏《義疏》曰：「離樓」，尤本作「離婁」。胡克家曰：「袁本、茶陵本作樓，是也。」

【疏證】

尤本同。《集注》本、奎本以下諸六臣合注本正作「樓」。謹案：宋·唐慎微《證類本草·海藻石帆水松》引劉注亦作「離樓」。然《駢雅·釋詁》「離婁，疏朗也。」婁與樓音同可通。《玉臺新詠·古詩八首》「彫文各異類，離婁自相聯」。「離婁」之用，正與此同，可證也。「離樓」，又有作「離摟」者。本

書《魯靈光殿賦》「倔佹雲起，嶔崟離摟」是其例。前胡三家未免拘泥。毛本蓋從尤本，陳校祗可備異聞。

東風扶留　劉注：扶留藤也。緣木而生。味辛，可食檳榔者，斷破之。

【陳校】

　　注「味辛，可食」。「食」下脫一「食」字。

【集說】

　　胡氏《考異》曰：注「可食檳榔者。」陳云云。今案：此蓋當衍「可」字耳。各本皆衍。

　　梁氏《旁證》曰：「可」字疑衍。「食」，當連下「檳榔」讀。

　　高氏《義疏》曰：「食檳榔者」。各本「食」上有「可」字。陳曰云云。胡克家曰：「當衍可字。」案：胡氏說是，今從之。

【疏證】

　　明州本、贛本、尤本、建本皆作「可食檳榔者」。奎本作「可食之」。《集注》本作「可以食檳榔者也」。謹案：「可」字不容芟。晉‧嵇含《南方草木狀》卷下：「（檳榔）以扶留藤、古賁灰並食，則滑美，下氣消穀。出林邑。彼人以為貴婚族客，必先進，若邂逅不設，用相嫌恨。一名賓門藥餞。」《太平寰宇記‧嶺南道》亦有類似記載：「（檳榔）蛤奔灰共扶留藤葉和而嚼之，香美除口氣」。原來，扶留藤是食檳榔時不可缺之輔料。復按「食」，同「飤」。《說文‧食部》：「飤，糧也。从人、食。」段注：「以食食人物，本作食，俗作飤，或作飼。」食，既有「飼養」、「供用」義，故「可食檳榔者」，即謂「可供食檳榔時用者」。依此義，以審上下文意，如奎本「食」下有一「之」字、陳校添一「食」字，可；如其餘上述諸本不添，亦得，不得謂「可」字衍。胡、梁、高三家說皆非也。毛本當從尤本等，陳校足備異聞，其實理同奎本耳。

木則楓柙……文欀楨橿　劉注：楨、櫨，二木名。

【陳校】

　　注「楨、櫨」。「櫨」，當作「橿」。

【集說】

　　梁氏《旁證》曰：「櫨」當作「橿」。

【疏證】

《集注》本、奎本以下諸六臣合注本、尤本誤同。謹案：作「櫨」，與正文不應。此蓋涉上文「緜杬柂櫨」注「柂、櫨二木名」而誤。毛本當誤從尤本等，陳校當依文正之，是也。此亦胡氏《考異》漏錄漏校者。

其上則猨父哀吟

【陳校】

「猨」上，舊本多「有」字。

【集說】

孫氏《考異》曰：六臣本「則」下有「有」字。

胡氏《考異》曰：注「其上則猨父哀吟。」袁本、茶陵本「則」下，有「有」字，「猨」，作「猿」。是也。

梁氏《旁證》曰：六臣本「則」下有「有」字，「猨」，作「猿」。

高氏《義疏》曰：尤本無「有」字，「猿」作「猨」。胡克家曰：「袁本、茶陵本」云云。

【疏證】

《集注》本、尤本「猨」上無「有」字。五臣正德本及陳本、奎本以下諸六臣合注本並作「有猿」。謹案：《古今事文類聚》續集卷二引、《古今合璧事類備要》別集卷一注引亦作「有猿」。毛本當從尤本，陳校當從贛本等補之。胡氏《考異》因注引《吳越春秋》作「白猿」，而言「猨作猿」。其實「猨」與「猿」同。見《玉篇·犬部》曰：「猨，似獼猴而大。能嘯也。猿，同猨。」然則，「猨」字，不煩改也。

獐子長嘯 善曰：《山海經》曰：獄法之山有獸，狀如犬，人面。見人則笑。

【陳校】

注「獄法之山。」「獄」，舊本作「嶽」。

【集說】

高氏《義疏》曰：李注引「《山海經》」，見《北山經》。

【疏證】

《集注》本、奎本以下諸六臣合注本、尤本咸同。謹案：《山海經·北山經》正作「獄」，《太平御覽》卷九百十二引《山海經》、元·李冶《敬齋古今黈》卷七引《文選》並同。宋·楊伯嵒《六帖補·獸部》「山獯」亦作「獄法之山」。按《說文》：「嶽，从山，獄聲。」嶽，從獄得聲，故得通也。毛本當從尤本等，陳校秪可備異聞。

牢落巋散　善曰：枚乘《菟園賦》曰：上涌雲亂葉巋散。

【陳校】

注「上涌雲亂」。「上」，舊本作「騰」、「亂」下有「枝」字。

【集說】

胡氏《考異》曰：注「上湧雲亂葉巋散」。袁本、茶陵本「上」作「騰」，是也。陳云：「亂下有枝字。」案：《古文苑》所載有，陳據之校耳。

梁氏《旁證》曰：六臣本「上」作「騰」。陳校「業」上添「枝」字。據《古文苑》也。

高氏《義疏》曰：「騰」，尤本作「上」。又各本脫「之」字。胡克家曰：「袁本、茶陵本」云云。

【疏證】

尤本譌、脫同。奎本以下諸六臣合注本作「騰」、脫同。《集注》本作「騰涌雲亂，支葉巋散」。謹案：枚氏《梁王菟園賦》見《古文苑》卷三，正作「騰」、有「枝」字。支與枝，古今字，《集注》本是。毛本誤從尤本，陳校當據《古文苑》正之。未知陳所謂「舊本」為何本。

烏菟之族

【陳校】

「烏」，舊本作「於」。

【集說】

孫氏《考異》曰：何云：「烏，宜改於。」志祖案：「五臣作於。」

胡氏《考異》曰：袁本兩「菟」字皆作「塗」，茶陵本初刻同，後改「菟」。案：「塗」是也。以此正文當作「塗」字。袁、茶陵二本「菟」下有「徒」音，

蓋五臣「菟」，而各本亂之也。

張氏《膠言》曰：按《唐石經左傳》云：「楚人謂虎為於菟」。《說文》作「烏䖘」。《漢書》又作「於檡」，《方言》注「音䖘，為狗竇也。」胡中丞校云：「菟，當作塗。善本塗。今作菟者，乃五臣注也。」

梁氏《旁證》曰：六臣本「烏」作「於」，注中「菟」並作「塗」。姜氏皋曰：「《左氏傳》『使營菟裘。』《公羊傳》作『塗裘』，是菟與塗通」。

許氏《筆記》曰：依注當作「於菟」。《漢書·敍傳》作「於檡」。嘉德案：袁刻宋本注「於菟」作「於塗」，胡校以作「塗」為是。

高氏《義疏》曰：「烏菟」，五臣「烏」作「於」，字同。胡克家曰云云。步瀛案：「塗」、「菟」字通。《左隱十一年》：「菟裘」，《公羊·隱四年》作「塗裘」，可證。

【疏證】

尤本同。贛本、建本作「於」，校云：善本作「烏」。奎本、明州本作「於」。《集注》本作「烏塗」。「菟」字，陳、何校未及。五臣正德本作「於菟」，「於」下有音注「烏」、「菟」下有音注「徒」。陳本作「烏塗（無音注）」。謹案：「烏」與「於」、「菟」與「塗」，字皆可通，又「烏菟」，本是江淮間稱「虎」方言之譯音，依音填字，本無定準，然善與五臣用各有別，則又不得不區而別之。據胡氏《考異》，善作「塗」，五臣作「菟」。此與《集注》本、六臣本校語正合。五臣正德本作「於菟」，兩字下音注亦可為胡《考異》佐證。何校改「烏」、存「菟」，兩非也。五臣作「於菟」，本立異於善注，陳本作「烏塗」（與善本同），亦失其旨矣。梁氏《旁證》所謂「六臣本」，此處當指袁本，非茶陵本。前代學者，有於六家本、六臣本，率不分別，後之讀者，不可不知。

其竹則篔簹、林篧，桂、箭、射筒 劉注：始興以南，又多小桂，夷人績以為布葛。

【陳校】

注「始興以南，又多小桂，夷人績以為布葛」。按：此十五字，當在下「長四五丈」下。

【集說】

梁氏《旁證》曰：（「始興以南」）此十五字應移在「圍二尺，長四五丈」

句下。或曰「『夷人』七字，應移在『射筒』注後」。

朱氏《集釋》曰：段氏謂：「正文以竹名類廁，竹名射筒，無疑也。」

高氏《義疏》曰：《御覽·竹部》引《吳錄》曰：「始興曲江縣有篁簹竹，圍尺五寸，節相去六尺，夷人以為布葛。」案：此與劉注云「始興以南」云云相合。惟「小桂」字疑有誤。梁章鉅欲移「始興以南」下十五字於「圍二尺，長四五丈」句下，或「夷人」七字移「射筒」注後，未知是否。

【疏證】

奎本以下諸六臣合注本、尤本悉同。《集注》本亦錯位，且「桂」誤作「時」。朱氏《集釋》引段氏謂：「正文以竹名類廁」見卷七「射筒條」，是也。上引文，劉注凡涉及釋五種竹名也。彼引《異物志》曰：「篁簹生水邊，長數丈，圍一尺五六寸。一節相去六七尺，或相去一丈。盧陵界有之。始興以南又多小桂，夷人績以為布葛。篍篸，是袁公所與越女試劍竹者也。桂竹生於始興小桂縣。大者圍二尺，長四五丈。箭竹細小而勁實⋯⋯射筒竹細小通長⋯⋯」。蓋先釋「篁簹」，次「篍篸」，其次「桂竹」，復次「箭竹」，末「射筒」。秩序井然。「始興以南」十五字，蓋屬「桂竹」，當在「箭竹」上，尤本、贛本皆錯位。陳校是也。此亦胡氏《考異》漏校者。高氏誤以為《旁證》首倡，再證彼引陳校，悉出自前胡，故今者前胡遺漏，高亦誤冠矣。朱引段語，見段氏《經韻樓集·與陳仲魚書》。

又劉注：桂竹生於始興小桂縣。

【陳校】

注「始興小桂縣」。「小桂」，當是「桂陽」之誤。

【集說】

梁氏《旁證》曰：段曰：「小桂，當作桂陽。晉始興有桂陽縣。小桂二字，蓋涉下文而誤耳。」

朱氏《集釋》曰：《中山經》曰：「⋯⋯又東南五十里曰雲山，無草木，有桂竹甚毒，傷人必死。」郭注：「今始興郡桂陽縣出箘竹，大者圍二尺、長四丈。又龜山東丙山多箘竹。」郝氏謂：「箘，當為桂。桂陽所生竹，因以為名也」。

高氏《義疏》曰：「桂陽」，各本作「小桂」。《旁證》引段曰云云。步瀛

案：「《中山經》曰：雲山有桂竹甚毒」云云，郭注曰：「今始興郡桂陽縣出笙竹」云云。郝懿行謂「笙」當作「桂」。步瀛案：《御覽・竹部》二引正作「桂」字，而郭注「桂陽縣」亦引作「小桂縣」，與本注誤同。

【疏證】

《集注》本、奎本以下諸六臣合注本、尤本咸同。謹案：梁引段說，見《經韻樓集・焦葛竹越解》「小桂縣」下段按，上梁引「小桂縣」二十三字下，復有「因見《太平御覽》引《山海經》：桂竹，郭璞曰：始興小桂縣出桂竹。甚疑之。及檢《中山經》固作桂陽縣。不知《御覽》、《文選》何以同誤也？蓋修《御覽》時，《文選》已譌耳。」段校甚得。元・李衎《竹譜》卷四「桂竹」引《山海經》郭注作「桂陽縣」，不誤。《太平寰宇記・江陵縣》引郭璞注云：「桂竹，出（使）［始］興小桂縣」，亦誤作「小桂」。毛本當從尤本等，陳校當據《山海經》郭注、《竹譜》、類書等正之。

其果則丹橘……檳榔無柯 劉注：得扶留藤與古賁灰合食之。

【陳校】

注：「古賁灰」。一作「石賁灰」。

【疏證】

《集注》本、奎本、明州本、尤本作「古」。贛本、建本作「石」。謹案：上「東風扶留」條，引《南方草木狀》亦作「古」。《太平御覽卷》九百七十一引劉注、卷九百七十五引《異物志》曰：「古賁灰，牡厲灰也。」並作「古」。清・田雯《古歡堂集・黔書下》「蒟醬」云：「大黔之人食檳榔者，購於滇，斷破之長寸許，與石賁灰並咀口中。赤如血。」作「石」。又作「蛤賁灰」，如上「東風扶留」條引《太平寰宇記・嶺南道》，即是。毛本當從尤本等，陳校當錄贛、建六臣系統本，以為異聞耳。

其琛賂則……金華銀樸 劉注：金華，采者。銀樸，銀之在石者。

【陳校】

注「金華，采者」。舊本「采」上有「金有華」三字。

【集說】

余氏《音義》曰：六臣本「采」上有「金有華」三字。

　　胡氏《考異》曰：注「金華采者」。案：此各本皆有脫，無可補。何、陳校添「金有華」於「采」上。陳云：「別本有。」今未見，恐誤涉下善注耳。

　　梁氏《旁證》曰：注「金華采者。」此四字恐有訛脫。陳校於「金華」下添「金有華」三字，亦恐誤涉下李注耳。

　　高氏《義疏》曰：「金華，金有華采者」。各本脫下「金有華」三字。胡克家曰：「何、陳校添『金有華』於『采』上。[陳] 云：『別本 [有]。』今未見，恐誤涉下善注耳。」步瀛案：何、陳校是也，今從之。胡氏特立異耳。或謂「朱崖出珠金華采者」八字為句，亦非。「金華」與「銀樸」對文，若以「金華」屬珠，則「銀樸」又何屬邪？又劉注「朱匡出珠」，自釋「璣」字，李注「金華出珠崖」，自釋下「金華」字，亦不宜牽為一事。

【疏證】

　　奎本、明州本、尤本、建本同，獨贛本劉注有「金有華」三字，「樸」作「朴」。《集注》本有「金有華」三字。謹案：《太平御覽》卷八百十一引劉欣期《交州記》：「金有華，出珠崖，謂金華采者也。」本書張景陽《七命·大夫曰蘭宮》「鏤以金華」注引劉《交州記》同。可佐證「金有華」三字當有。毛本當誤從尤本等，陳、何校當從贛本、本書內證等補之。高案：「何、陳校是。」是也。前胡非是。發現《集注》本有「金有華」三字。於《文選》版本、校勘，頗具價值，其意義在：或可排除「四庫贛本獨是處，乃館臣據何校擅改」之疑竇。

姑蘇之高臺……窺東山之府　　善曰：《漢書》：枚乘上書曰：夫漢諸侯方輸謂錯出，其珍怪不如東山之府；轉粟西向，不如海陵之倉

【陳校】

　　注「謂錯出其珍怪」。據《漢書》，「謂」字衍。

【集說】

　　胡氏《考異》曰：注「夫漢諸侯方輸口空脫一字錯出」，袁本、茶陵本「口空脫一字」作「謂」。此尤本初亦衍，而後去之。

　　高氏《義疏》曰：尤本「方輸」下有「口空脫一字」，胡克家曰：「袁本、茶陵本」云云。

【疏證】

奎本以下諸六臣合注本衍「謂」。尤本刓去為口空脫一字。《集注》本無「謂」。謹案：事見《漢書‧枚乘傳》，正無「謂」字，《冊府元龜》卷七百十二、《玉海》卷一百八十二引同。按「方輸錯出」與「轉粟西向」對偶，「謂」字亦不當有。毛本當誤從尤本，陳校當從《漢書》、尤本等正之。

起寢廟於武昌，作離宮於建業　劉注：《吳志》曰：前吳都武昌，在豫章；後都建業，在丹陽。孫權自會稽徙治丹陽建業，人皆不樂徙，故為歌曰：寧飲建業水，不向武昌居。

【陳校】

注「前吳都武昌」。舊本「前吳」二字乙。

【集說】

余氏《音義》曰：何校「前吳」，改「吳前」。又曰：「不樂徙，乃孫皓時事。」

胡氏《考異》曰：注「前吳都武昌，在豫章」。袁本、茶陵本「前吳」作「吳前」，無「在豫章」三字。又曰：注：「在丹陽孫權自會稽」至下「不向武昌居」。袁本、茶陵本無此三十三字。何云：「不樂徙，乃孫皓時事。」是矣。但未悟非劉注。案：此不知何人謬記云云。尤乃取以增多，誤之甚者也。

梁氏《旁證》曰：六臣本無此三十三字。何曰云云。今案《三國志‧吳主傳》：「黃初二年辛丑四月，權自公安都鄂，改名武昌。黃龍元年己酉九月，權遷都建業。」此一事也。《嗣主傳》：「甘露元年己酉九月，從西陵督步闡表，都武昌。寶鼎元年丙戌十二月，皓還都建業。」此又一事也。二事相去三、四十年，然前後並無「自會稽徙治丹陽建業」之事。自注：按《三國志‧吳主傳》：「建安五年，曹公表權為討虜將軍，領會稽太守，屯吳。十六年，權徙治秣陵。明年，城石頭，改秣陵為建業」云云。何所言恐誤。其為牽合舛錯明矣。何義門不悟尤本所添，實非劉注，而有「不樂徙，乃孫皓時事」之校語，其實即依何改「權」，仍無可通。又案《宋書‧五行志》：「孫皓初，童謠曰：『寧飲建業水，不食武昌魚。寧還建業死，不止武昌居。』皓尋遷都武昌，民泝流供給，咸怨毒焉。」尤本乃作「寧飲建業水，不向武昌居」，亦舛錯不可通。

高氏《義疏》曰：劉注「吳前」，尤本作「前吳」，「武昌」下有「在豫章」三字，「建業」下有「在丹陽，孫權自會稽徙治丹陽建業，人皆不樂徙，故為

歌曰：『寧飲建業水，不向武昌居』」三十三字。姚範曰：「武昌郡，吳置，其武昌縣即郡治也。注云：『在豫章。』謬矣。胡克家曰云云」。步瀛案：《吳志‧陸凱傳》曰：「皓時徙都武昌，揚土百姓泝流供給，以為患苦。凱上疏曰：『童謠言：寧飲建業水，不食武昌魚，寧還建業死，不止武昌居。』」《御覽‧州郡部》二引《江表傳》同。《晉書‧五行志》亦以為孫皓初童謠。《御覽‧州郡部》十六引《武昌記》曰：「大帝筑城於江夏，以程普為太守，遂欲都鄂州，改為武昌郡。其民謠曰：『寧飲建業水，不食武昌魚，寧歸建業死，不向武昌居。』繇是遂都建業。」則以為孫權時民謠。《太平寰宇記》百十二引《武昌記》同。又《御覽‧鱗介部》七引《吳志》亦以為孫權時民謠。蓋傳聞異詞耳。唯此注「自會稽徙治丹陽」，則甚謬，其為後人妄增無疑。

【疏證】

尤本同。奎本以下諸六臣合注本「吳前都武昌，後都建業」下，咸無「在丹陽」三十三字。《集注》本作：「前都武昌，後都建業也」，下無此三十三字。謹案：唐釋‧智昇《開元釋教錄》卷二上亦有「吳孫氏前都武昌，後都建業」語。陳、何校偶疏，志其小而失其大者。此尤本意取增多例。

解署棊布 劉注：解，猶署也。

【陳校】

「解」，舊本作「廨」。注同。

【集說】

孫氏《考異》曰：「解」，一本校改「廨」。非也。古止有「解」字。《玉篇‧角部》「解」字注：「又古隘切。署也。」《吳都賦》云：「解署棊布。」

顧按：「解」字正是也，《說文》無「廨」字自注：宋本正作「解」。《華陽國志》：「先主還解」。

梁氏《旁證》曰：六臣本「解」作「廨」。孫氏志祖曰：「古止有解字」云云。

高氏《義疏》曰：「解」，袁本、茶陵本作「廨」，注同。孫志祖曰：「古止有解字」云云。

【斠證】

《集注》本、尤本並注同。奎本以下諸六臣合注本並注作「廨」。五臣正

德本、陳本作「廨」。謹案：《古今合璧事類備要》別集卷一「左思《三都賦》」注引作「解」。《玉篇‧角部》：「解，署也」。「廨」，係「解」之後起字。五臣作「廨」，翰注可證。此五臣求異李善，故用後起字耳。毛本出尤本，不誤。陳校當從六臣合注本，可備異聞。

其居則高門鼎貴……虞魏之昆，顧陸之裔　劉注：虞，虞文秀；魏，魏周；顧，顧榮；陸，陸遜。隆吳之舊貴也。

【陳校】

注「虞，虞文秀」云云。按：「虞文秀」當作「文繡」、「魏周」下脫「榮」字，並見陳琳《檄吳將校部曲文》。文繡，乃仲翔之先，見《仲翔別傳》。魏周榮祖父，河內太守朗，名在八俊之列，詳范史《黨錮傳》。顧榮仕晉，與陸遜異代，當是「顧雍」之誤。

【集說】

余氏《音義》曰：何曰：「魏」，《吳志》無傳。「虞文秀」，仲翔之父。「秀」改「繡」。又曰：「魏周」，「周」下增「榮」字，「顧榮」，「榮」，改「雍」。

孫氏《補正》曰：何曰云云。

胡氏《考異》曰：注「虞，虞文秀；魏，魏周；顧，顧榮；陸，陸遜，吳之舊貴也」。袁本、茶陵本作「虞、魏、顧、陸，吳之舊姓也。」案：二本最是。何、陳校改云云，皆未悟非劉注，今不取。

梁氏《旁證》曰：何曰云云。陳校亦同。胡公《考異》曰：「六臣本作虞、魏、顧、陸，吳之舊姓也」云云。

高氏《義疏》曰：「虞，虞文繡」至「吳舊貴也」，尤本「繡」作「秀」，「周」下脫「榮」字，「雍」作「榮」。何焯曰：「虞、魏，《吳志》無傳。文秀當作文繡」云云。陳景雲校同。胡克家曰：「袁本、茶陵本作」云云。步瀛案：此注是否劉淵林原注，固不敢定，而要不可少。若賦云「虞魏之昆，顧陸之裔」，注但空衍四姓，則無為用注矣。顧千里偏信袁、茶陵二本，凡二本所無而尤所有者，即以為後人所增，實僻見也。朱銘曰：「陳孔璋《檄吳將校部曲》云：『近魏叔英秀出高峙，著名海內，虞文繡砥礪清節，耽學好古，皆宜膺受多福，保乂子孫。』又云：『聞魏周榮、虞仲翔，各紹堂構，能負析薪』，則魏周榮、虞仲翔乃文繡、叔英之子。注當云：『虞文繡、魏叔英。』」又，《吳志》無《顧榮傳》，惟顧雍與子邵同傳，注亦當云『顧雍、陸遜。』」步瀛案：朱說

是也。但虞氏舉其父，魏氏舉其子，亦無妨，不必改作「叔英」耳。

【疏證】

尤本同。奎本以下諸六臣合注本、《集注》本引劉注悉作「虞魏顧陸，吳之舊姓也。」「吳」字上，尤、毛本尚多一「隆」字。謹案：五臣正德本、陳本銑注「皆吳之貴姓也」，上無「虞魏顧陸」四字，而諸六臣合注本，皆有此四字。頗疑此當奎本合併時取諸善本劉注。因而推測：「虞魏顧陸，吳之舊姓也」，是善本原貌。尤本嫌「四姓空衍」，乃取左思自注實之。《集注》本作「文繡」、「魏周榮」、「顧雍」。參下《檄吳將校部曲》「近魏叔英秀出高嶠」條。

其鄰則有……締交翩翩　劉注：締，結也。賈誼《過秦論》曰：締交。

【陳校】

注「締交」。舊本「締」上有「合從」二字。

【集說】

高氏《義疏》曰：《過秦論》曰：「合從締交」。此注亦節引二字。

【疏證】

奎本以下諸六臣合注本、尤本悉同。《集注》本有「合從」二字。謹案：劉注上文已有「締，結也」云云，「締」字訓義已畢，復引賈《論》，則為徵引出處，不當祇有「締交」二字。其義亦明。高氏以「節引二字」釋之，非。毛本當誤從尤本等，陳校是，未知所謂「舊本」為何本。

出躡珠履　善曰：《史記》曰：趙平原君使人於楚楚相春申君處。

【陳校】

注「使人於楚楚相春申君」，下「楚」字，衍。

【集說】

胡氏《考異》曰：注「使人於楚楚相春申君處」。袁本、茶陵本無「楚楚相」、「處」四字。

高氏《義疏》曰：《史記》，見《春申君傳》。尤本「春申君」上有「於楚楚」三字，「春申君」下有「處」字。《史記》無。今依袁、茶二本刪。

【疏證】

尤本同。奎本以下諸六臣合注本並作「趙平原君使人於春申君」，《集注》本作「平原［君］使人於春申君」。並無四字。謹案：事見《史記・春申君列傳》，正作「使人於春申君」。《古今合璧事類備要》前集卷三十四「客皆珠履」注引同。尤本獨衍，毛本當誤從尤本，陳校亦未檢《史記》原文，祗從上下文義刪一字耳。

又注：請春申君。

【陳校】

注「請春申君」。「請」，當作「詣」。

【集說】

高氏《義疏》曰：「請命春申君客」句，脫「命」字、「客」字，今皆依《史記》訂。

【疏證】

奎本以下諸六臣合注本、尤本悉同。《集注》本作「請春申客」。謹案：事見《史記・春申君列傳》，正作「請命春申君客。」毛本當從尤本等，高氏依《史記》訂，是也。陳校亦未檢《史記》原文，祗從上下文義改耳。

儵矗橆獠……謚譁嘡呷 善曰：《方言》曰：謚，吁橫切。謚，通也。

【陳校】

注「《方言》曰：謚」云云。舊本「吁橫切」在「通也」下，無下「謚」字。

【集說】

胡氏《考異》曰：注「謚，吁橫切。謚，通也」。袁本二「謚」字皆作「嘡」。茶陵本作「嘡，通也」，無「吁橫切謚」四字。案：各本皆非也。《方言》有「謚，音也。」在十二卷。別無「謚，通也。」此當作「謚，音也。吁橫切。謚，與嘡通。」今所誤，不可讀。

梁氏《旁證》曰：六臣本兩「謚」字皆作「嘡」。胡公《考異》曰：「《方言》有謚，音也」云云。

高氏《義疏》曰：「嘡，音也。吁橫切。謚與嘡通」以下十字，尤本作「謚，

吁橫切。諠，通也」七字。胡克家曰：「袁本二諠字作喤……別無諠通也。今所誤，不可讀。」故依《方言》及各本之字為改訂焉。

【疏證】

奎本、尤本同。明州本亦同，惟作二「喤」字。贛本、建本作：「《方言》曰：喤，通也」。《集注》本作：「諠，吁橫反，諠與喤通。」謹案：各本皆非，毛本當誤從尤本，陳校猶未得間，當依前胡校訂。本條略可見前胡與陳氏之高下。前胡《考異》「別無諠通也」下，原有「喤音也」十字，高引已移置校首。因此，末句「故依《方言》」十三字，已非胡校，係高校爾。坊本不加標點或說明，易致混淆矣。

富中之旽，貨殖之選 劉注：言富中之食，貨殖之選者，各利所以，能豐其財也。

【陳校】

注「貨殖之選者各利」。「利」上當有脫文。

【集說】

胡氏《考異》曰：注「言富中之食貨殖之選者各利」。案：「食」，當作「人」。陳云：「各利，當有脫文。」各本皆同，無可補也。以意揣之，似當云：「各乘其時而射利」。

梁氏《旁證》曰：胡公《考異》曰「食，當作人。各利，似當云：各乘其時而射利。」

高氏《義疏》曰：「富中之食」。胡克家曰：「食，當作人。」案：「人」字，是。但「人」字下似應（上）〔尚〕有一字，與下句「貨殖之選者」相屬，二字誤合為「食」字耳。「各利」，陳景雲曰：「當有脫文。」各本皆同，無可補也。胡克家曰：「似當云：各乘其時而射利。」

【疏證】

明州本、贛本、尤本、建本同。奎本作「射利」，餘同。《集注》本作「食」、「良俊」，「選」上有「高」字，「利」作「引」。謹案：《集注》本語通義順，似最近原貌。彼「良俊」與「高選」為對，正合高氏「相屬」之說；其「引」字，若從奎本改「射」字，亦合前胡之推測，理當益穩。毛本當誤從尤本等。陳校亦非。本條前胡迻錄與陳校原文，明顯有異同：陳校云「利上當有脫文」，

脫文在「各利」之間；而前胡謂「各利，當有脫文」，則脫文當在「各利」字上、下矣。「各本皆同，無可補也」二句，本是前胡校語，《義疏》認同，分解為已用矣。

趫材悍壯⋯⋯勇若專諸 善曰：《左傳》曰：鱄諸置劍於全魚中以進，抽劍刺王。

【陳校】

「全」字衍。

【集說】

胡氏《考異》曰：注「鱄諸置劍於全魚中。」袁本、茶陵本無「全」字。

高氏《義疏》曰：《左傳》見《昭二十七年》。尤本「魚」上有「全」字，今依袁、茶二本刪。

【疏證】

尤本同。《集注》本、奎本以下諸六臣合注本並無「全」字。謹案：事見《春秋左傳注疏・昭公二十七年》，正作「鱄設諸寘劍於魚中以進」，宋・呂本中《春秋集解・昭公》載此事，同。本書鄒陽《上書吳王》「雖諸賁不能安其位亦明矣」注引亦無「全」字。然《史記・吳世家》曰：「公子光使專諸置匕首於炙魚之中。」「魚」上有「炙」字。今檢《左傳》有杜注：「全魚炙。」《史記集解》有「服虔曰：全魚炙也」。原來，《史記》作「炙魚」，由杜注而來。然則，尤本之有「全」字，其如《史記》，蓋亦出杜注。故未必為傳寫誤衍矣。

善又曰：遂殺闔閭。

【陳校】

注「遂殺闔閭。」當作：「遂弒王闔閭，以其子為卿。」

【集說】

胡氏《考異》曰：注「遂殺闔閭。」袁本「闔閭」作「王僚」，是也。茶陵本亦誤「闔閭」。梁氏《旁證》曰：六臣本「闔閭」作「王僚」。是也。

姚氏《筆記》曰：注「遂弒闔閭」，「弒」下增「王」字。「闔閭」下增「以其子為（郎）［卿］」。

高氏《義疏》曰：「王僚」，尤本作「闔閭」。胡克家曰：「袁本」云云。

【疏證】

《集注》本、奎本以下諸六臣合注本、尤本悉同。謹案:《春秋左傳注疏‧昭公二十七年》作「遂弒王闔廬,以其子為卿。」呂氏《春秋集解‧昭公》作「遂弒王」。《史記‧吳世家》作「遂弒王僚,公子光竟立為王」。本書鄒陽《上書吳王》「雖諸賁不能安其位,亦明矣」注引作「王僚」。毛本當從尤本等,脫「王」字。陳校當從《左傳》,前胡則從袁本、本書內證、《史記》等。作「王闔廬」、作「王僚」,各有淵源,兩存其說可也。

吳鈎越棘,純鈎湛盧 劉注:純鈎、湛盧,劍名也。

【陳校】

「純鈎湛盧」。「鈎」當作「鈎」。注同。

【集說】

余氏《音義》曰:六臣「鈎」作「鈎」。注同。

孫氏《考異》曰:「純鈎湛盧。」「鈎」,六臣本作「鈎」。

梁氏《旁證》曰:六臣本「鈎」作「鈎」,誤也。注同。顧氏千里曰:「毛本亦誤作鈎。此下句言『純鈎湛盧』,上句言『吳鈎越棘』,不得複,明矣。《越絕書‧記寶劍篇》『純鈎』,正作鈎。惟《道藏‧淮南子‧修務篇》作鈎,因南宋避嫌名闕筆,莊氏逵吉重刻本改作鈎,亦誤。」

姚氏《筆記》曰:「鈎」,何改「鈎」。

胡氏《箋證》曰:顧氏廣圻曰:「毛本鈎誤作鈎。此賦下句言『純鈎』,上句言『吳鈎』,不得複,明矣。《越絕書‧記寶劍篇》正作鈎。」

高氏《義疏》曰:袁本、毛本「鈎」作「鈎」,誤。

【疏證】

《集注》本、諸《文選》本悉作「鈎」。《北堂書鈔》卷一百二十二、《初學記》卷二十二、《古今事文類聚》續集卷二、《玉海》卷一百五十一並作「鈎」。本書張景陽《七命》「流綺星連」注、「霜鍔水凝,冰刃露潔」注、「價兼三鄉」注引《越絕書》,並作「純鈎」。謹案:五臣作「鈎」,良注可證。然本書固當作「鈎」。《旁證》引顧千里說,是也。此毛本或涉上「吳鈎越棘」而誤。顧說,未見周鈔《舉正》,亦未見前胡《考異》。梁氏當別有出處。後胡用顧按,則仍襲《旁證》,略去贅字,毋容置疑矣。

烏滸狼朡　劉注：《異物志》曰：烏滸，南夷別名也。……其種族為人所殺，則居其死所，且伺殺主。若有過之者，是與非則仇而食之。

【陳校】

注「若有過之者，是與非則仇而食之」。「是與非」上，當有脫文。

【集說】

顧按：此非有脫。

高氏《義疏》曰：劉注引《異物志》云云。案：《御覽·四夷部》七引《異物志》曰：「烏滸族類，同姓有為人所殺，則居處伺殺主。不問是與非，遇人便殺，以為肉食也。」與注引互異。案：注「是與非」上，亦當有「不問」二字。

【疏證】

奎本以下諸六臣合注本、尤本悉同。《集注》本「且」作「狙」，餘同。謹案：諸本及顧按皆非。當從高說依《御覽》所引「是與非」上，增「不問」二字。此外，「種族」下，宜增「同姓」二字，方穩妥。

俞騎騁路……攝烏號　劉注：《列女傳》曰：柘枝體勁，烏集其上，被即舉彈，烏乃哀號，故號之。

【陳校】

注「被即舉彈」。「被」字誤。

【集說】

胡氏《考異》曰：注「《列女傳》曰」下至「故號之」，袁本、茶陵本無此二十三字。

高氏《義疏》曰：「《列女傳》曰」至「故號之」。胡克家曰：「袁本」云云。步瀛案：今《列女傳》無此文，疑是《辯通傳·晉弓人妻傳》之佚文。

【疏證】

尤本同。奎本以下諸六臣合注本並無此二十三字。謹案：宋·吳淑《事類賦》卷十三「烏號徑理」引《古史考》曰：「烏號。柘木枝長而烏集將飛，柘彈烏，烏乃號呼。以柘為弓，因名烏號。」《漢書·司馬相如傳》：「左烏號

之彫弓。應劭曰：『楚有柘桑，烏棲其上，支下著地不得飛，欲墮號呼，故曰烏號。』」毛本當從尤本，未知尤本所據。「被即」誤倒，當乙。「即」，有「若」、「如果」義。《左傳·昭公十二年》：（南蒯）「示子服惠伯曰：『即欲有事，何如？』」王引之《經傳釋詞》：「言若欲有事也。」「即被」，「若被」也。高引《晉弓人妻傳》，「人」，一本作「工」。

四騏龍驤　善曰：《南都賦》曰：馬鹿超而盧驤

【陳校】

注「馬鹿超而盧驤」。「盧」，舊本作「龍」。

【疏證】

奎本以下諸六臣合注本、尤本悉作「龍」。謹案：本書《南都賦》作「龍」。張景陽《七命》「麟超龍翥」、王元長《三月三日曲水詩序》「虎視龍超」注引並作「龍」。此毛本獨誤。陳校當從本書內證、尤本等正之。

峭格周施……罝蹏連綱　劉注：罝，麋網。蹏，兔網。《周易》曰：蹏所以在兔，得兔而忘蹏。

【陳校】

注「《周易》曰」。「易」下，當有「略例」二字。

【集說】

余氏《音義》曰：「《易》曰蹏」。何校「曰」上增「略例」二字。

胡氏《考異》曰：注「《周易》曰」。何校「易」下添「略例」二字。陳同。是也，各本皆脫。

梁氏《旁證》同胡氏《考異》。

高氏《義疏》曰：「《周易》曰」，胡克家曰云云。步瀛案：見《略例·明象》。古人引書，於傳注之類，往往但據經名，此等殆非脫誤，不必增字。

【疏證】

奎本、明州本、建本、尤本引劉注並同，惟贛本作「莊周曰」，蓋下脫「峭格」至「《周易》曰」三十九字。謹案：毛本當從尤本等。高說是，校者不必以今例古。此亦陳、何、前胡校共忽略者。

於是弭節頓轡 劉注：《離騷》曰：仰志弭節。

【陳校】

　　注「仰志弭節」。「仰」，當作「抑」。

【疏證】

　　明州本、贛本、建本誤同。奎本、尤本作「抑」。謹案：《楚辭章句・離騷》作：「抑志而弭節兮」，洪氏《補注》、朱氏《集注》並同。本書《離騷》亦作「抑」。此明州本首誤，贛、建、毛本三本遞相誤踵，陳校當從《楚辭章句》、本書內證、尤本等正之。

覽將帥之拳勇 劉注：言吳之將帥皆有拳勇。善曰：《毛詩》曰：無拳無勇。拳與權同。

【陳校】

　　「覽將帥之拳勇」。據注，「拳」當作「權」。

【集說】

　　孫氏《考異》同陳校。

　　胡氏《考異》曰：「覽將帥之拳勇」。陳曰云云。案：所說是也，善注：「《毛詩》曰：無拳無勇。拳，與權同。」謂引《詩》之「拳」與此賦之「權」同也。疑五臣以此改正文為「拳」，但於注無明文耳。又，注「言吳之將帥皆有拳勇」。袁本、茶陵本無此九字。

　　梁氏《旁證》曰：陳曰「據注」云云。是也。注謂《詩》之「拳」與此賦之「權」同耳。

　　朱氏《集釋》曰：《說文》「捲，氣埶也」，引《國語》「有捲勇」。今《齊語》「捲」作「拳」。許所據當係古本。《史記・孫子傳》「解紛糾者不控捲」注「捲，即拳也。」此云：「與權同」者，張參《五經文字》「權」下曰：「古拳握字，從手作攉。」《九經字樣》亦云：「攉，古拳字。俗作權，譌。」《詩・盧令》鄭箋：「鬈，讀當為權。權，勇壯也。」段氏謂：「權亦攉之誤，蓋拳者，捲之借字，攉者，捲之或體也。今人但以捲為舒卷字，乃《說文》別一義，而捲之為勇，罕知者。」

　　胡氏《箋證》曰：《旁證》云：「陳據注，拳當作權」云云。紹煐按：《齊風・盧令》：「其人美且鬈」《箋》：「鬈，讀當為權。權，勇壯也。」此

及《箋》「權」字，並當作「攇」。《五經文字・木部》「權」字下云：「從手作攇字者，古拳握字。」《說文》「捲，氣勢也。」段注曰：「攇者，捲之異體。」是也。

許氏《筆記》曰：「拳勇」。觀注，知李氏原本不作「拳」。嘉德案：《五經文字》曰：「从手作攇者，古拳握字。」乃字書、韻書皆不錄。惟《盧令》鄭箋云：「鬈，讀當為攇。攇，勇壯也。」此注「拳與權同」，是即張所云「从手之攇，古拳握字」也。乃字譌从木。古字遺亡甚多，於此可見。然則，正文「拳」及注「權」，皆當作「攇」，甚明也。

高氏《義疏》曰：陳景雲曰云云。孫志祖、胡克家、梁章鉅、許巽行並同。朱珔曰：「《說文》捲，氣勢也……捲之或體也。」胡紹煐、呂鏡文、杜宗玉並同。

【疏證】

尤本皆同毛本，奎本以下諸六臣合注本作「拳」，然並無劉注九字。五臣正德本、陳本作「拳」。謹案：「攇」之誤「權」，蓋魏晉以來，俗寫木、扌不分所致，事在李善以前。嘉德歸納：正文「拳」及注「權」，皆當作「攇」字，甚是，然首功當歸段玉裁。朱則出段玉裁而演繹之耳。段氏《經韻樓集・某讀為某易說》曰：「《吳都賦》『覽將帥之攇勇』，字從扌，見《毛詩・盧令》鄭箋、《五經文字・木部》「權」字下。李注：『《毛詩》曰：無拳無勇。攇與拳同。』今本正文作『拳』，注又譌舛，不可通已。皆因先用注說改正文，嗣又用已改之正文改注。」陳校、孫氏、前胡等皆未達一間，然前胡疑五臣以此（善注）改正文為「拳」，亦似在理。劉注九字決非善所引，蓋後人所加。五臣向連下句注云：「言駐驆以覽將帥、士卒之抑揚」，脫「拳勇」二字，故有後人之補九字耳。後胡校，亦因仍朱氏《集釋》。

與士卒之抑揚

【陳校】

今脩改本作「揚抑」，叶韻。似當從之。

【集說】

胡氏《考異》曰：何校「抑揚」改「揚抑」。陳云：「抑，叶韻。」各本皆同，蓋倒也。

梁氏《旁證》同胡氏《考異》。

胡氏《箋證》曰：《旁證》曰何校云云。

高氏《義疏》曰：胡克家曰：「何校云云。陳曰云云。各本皆倒。」步瀛案：「揚」與下「芒」、「臧」可自為韻，不乙轉亦可。

【疏證】

諸《文選》本悉同。謹案：毛本蓋從尤本等。《古今事文類聚》續集卷二、明·王鏊《姑蘇志》卷十六卷末附引本賦作「揚抑」，清《叶韻彙輯·質物月屑叶韻》「抑」字注引亦作「揚抑」。周鈔《舉正》所指「今脩改本」，是謂康熙丙寅錢士謐重刻汲古閣本。陳、何校言韻，當即據此本而乙正毛本。

傾藪薄　劉注：薄，不入之叢。

【陳校】

注「薄，不入之叢」。「不入」，當作「草木」，王逸《楚辭》注：「草木之交曰薄」。

【集說】

胡氏《考異》曰：注「雜襲」下至「澤別名」。袁本、茶陵本無此十九字。

高氏《義疏》曰：「薄，不入之叢」。案：「不入」二字疑誤。本書《補亡詩》注引《纂要》曰：「草叢生曰薄。」《漢書·司馬相如傳上》注引張揖同。《楚辭·九掌·涉江》王逸注曰：「草木交錯曰薄。」

【疏證】

尤本同。奎本以下諸六臣合注本無「雜襲」下至「澤別名」十九字。謹案：《說文·艸部》：「薄，林薄也。」段注：「《吳都賦》：傾藪薄，劉注曰：薄，不入之叢也。按：林木相迫不可入曰薄。」是段氏，仍劉注。陳校則從《楚辭章句·九章·涉江》「露申辛夷死林薄兮」王逸注：「叢木曰林，草木交錯曰薄」。《淮南子·俶真》篇：「夫鳥飛千仞之上，獸走叢薄之中。」高誘注：「聚木曰叢，深草曰薄。」「草木之叢」，乃見《爾雅·釋詁》郭注。郭注亦同王逸、高注。毛本蓋從尤本，陳校未免拘泥。「薄，不入之叢」五字，正在十九字中。胡氏每借校袁、茶二本，以去陳校。此亦見陳校有別行單刻之必要。

迴靶乎行邪睨

【陳校】

舊本無「邪」字。

【集說】

余氏《音義》曰：六臣無「邪」字。

孫氏《考異》曰：六臣本無「邪」字。李周翰注：「睨，視也。言游獵窮于天地之閒，將迴轡乎行視之處。」解亦未明。何云：「疑有脫誤。」

胡氏《考異》曰：袁本、茶陵本無「邪」字。此蓋尤取《西京賦》之「遷延邪睨」，改「行」為「邪」，仍未去「行」字。而兩有「行邪」耳。

梁氏《旁證》曰：六臣本無「邪」字。按：此疑誤。無以訂之。林先生曰：「三字必有一衍，想是地名。」存以俟考。

姚氏《筆記》曰：何滅「邪」字，云：「疑有脫誤」。

胡氏《箋證》曰：《漢書‧楊雄傳》「行睨垓下與彭城」，「行睨」二字連文。此蓋衍「邪」字耳。

許氏《筆記》曰：何云：「此處疑有脫誤」。案：六臣、張伯顏、晉府各本俱作「迴靶乎行睨」，無「邪」字。

黃氏《平點》曰：「迴靶乎行邪睨」句有誤。侃案：「乎」、「行」二字皆羨文。「乎」因下「乎」字而誤加，以為偶句；「行」則「邪」之誤也。《西京賦》曰：「遷延邪睨，集乎長楊之宮」，此正擬其句法。「邪睨」，竟用其字矣。（黃）焯案：「乎」字宜有，「行邪」二字則必一為羨文。《漢書‧揚雄傳》「行睨垓下與彭城」，是「行睨」二字連文，然《西京賦》有「遷延邪睨」之語，此本「邪」在「行」下，當由後人以「邪」釋「行」，或改「行」為「邪」，仍未去「行」字耳。

高氏《義疏》曰：尤本「行」下有「邪」字。胡克家曰「袁本」云云。胡紹煐曰：「《漢書》」云云。步瀛案：後胡氏校是，今從之。《旁證》引林茂春「疑為地名」，非也。李周翰曰：「將迴轡乎行視之處」。

【疏證】

尤本同。奎本以下諸六臣合注本、五臣正德本、陳本悉無「邪」字。謹案：《古今事文類聚》續集卷二引、《古今合璧事類備要》別集卷一「左思《三都賦》」注引並無「邪」字。五臣翰注有「睨」、「行」字，可證五臣作「行睨」

字。《漢書・揚雄傳》「行睨陜下與彭城」顏注引「應劭曰：睨，不正視也。」本賦「睨」已有「邪」義，則善本衍者必「邪」字矣。高氏以後胡說為是，甚得。前胡論其衍之由來，歸咎於尤本，亦不能必尤無所出。毛本之衍，則誠誤從尤本，陳校當從贛本等正之。

張組罤……狎玩靈胥　劉注：昔吳王殺子胥於江，沈其尸於江。後為神。

【陳校】

注「殺子胥於江，沈其尸於江」。上「於江」二字，衍。

【集說】

胡氏《考異》曰：注「昔吳王」下至「後為神」，袁本、茶陵本無此十六字。

高氏《義疏》曰：「昔吳王殺子胥」。尤本此下有「於江」二字，乃涉下文而衍。今刪。案：自此至「為神」，袁、茶二本皆無之。

【疏證】

尤本衍同。奎本以下諸六臣合注本無此十六字。謹案：十六字未知尤本何所據。毛本誤從尤本，陳校當依六臣合注本。高氏乃合陳與前胡校。

鈎餌縱橫……罤鰝鰕　劉注：罤，抑魚之器也。

【陳校】

注「罤，抑魚之器也。」「抑」，當作「撩」。《詩》鄭箋：「樔，今之撩罟。」「樔」、「罤」同。

【集說】

朱氏《集釋》曰：案：上句（「罩兩鮹」）「罩」字劉注云：「罩，籱也。編竹籠魚者。《毛詩》云：『南有嘉魚，烝然罩罩。』」而此不引《詩》，善注亦不及。彼毛《傳》「罩罩，籱也」……《淮南・說林訓》：「罩者，抑之。」蓋漁人以手抑按於水中，以取魚也。而劉注「罤」亦云：「抑魚」。是二者略相似也。

【疏證】

奎本以下諸六臣合注本、尤本悉同。謹案：陳引鄭《箋》，見《毛詩・小雅・南有嘉魚》：「南有嘉魚，烝然汕汕」毛傳：「汕汕，樔也。」鄭箋：「樔者，

今之撩罟也」。《說文‧网部》:「罩,捕魚器也。」《爾雅‧釋器》:「翼謂之汕」郭注:「今之撩罟。」邢疏:「翼,一名汕。」郝疏:「撩罟,今謂之抄網也。」是翼,即汕、撩。三者與罩,並為捕魚之器。然《淮南》既云「罩者,抑之」,則與劉注作「抑」,可為互證。其義,當如朱氏所謂「漁人以手抑按於水中,以取魚也。」然則,未必依陳改焉。毛本當從尤本等。

無異射鮒於井谷 劉注:《易‧井卦》曰:九二井谷射鮒。鄭玄云:九二,坎爻也。坎為水,上直巽,生一。

【陳校】

注「上直巽,生一」。「一」,舊本作「三」。

【集說】

胡氏《考異》曰:注「上直魚,生一」。袁本、茶陵本「魚」作「巽」、「一」作「三」。是也。案:「生」當作「九」。各本皆誤。

梁氏《旁證》曰:六臣本「魚」作「巽」、「一」作「三」。是也。毛本作「巽」,尚不誤。按:當作「上直巽,九三」。王氏應麟輯《鄭氏易》引此條可證。

高氏《義疏》曰:「下直巽,九三」。各本「下」作「上」。今依王昶及袁鈞校改。尤本「巽」作「魚」、「三」作「一」,皆誤。又各本「九」誤「生」。胡克家曰:「袁本、茶陵本魚作巽,一作三。是也。生,當作九。」梁章鉅說同,曰:「王氏應麟」云云。步瀛案:《玉海》王輯鄭注本「巽」字不誤,「九三」,亦沿《選》注誤作「生一」,惠棟輯本始改正耳。

【疏證】

尤本作「魚」、「生」、「一」。奎本作「魚」、「生」、「三」。明州本、贛本、建本作「巽」、「生」、「三」。謹案:上諸《文選》本,並有譌誤。檢王應麟《周易鄭康成注‧井》作:「坎為水,上直巽,九三」。此係胡氏《考異》所據,梁氏已點明。「一」字,毛本當誤從尤本,陳校作「三」,是,然亦校而未竟,脫校「生」字也。

想萍實之復形，訪靈夔於鮫人。精衛銜石而遇繳，文鰩夜飛而觸綸。北山亡其翔翼，西海失其遊鱗　善曰：《家語》曰：楚昭王渡江，得物如斗，入王舟中。王怪之，（使）問孔子。孔子曰：此為萍實，（可）〔令〕剖而食之，其甘如蜜。唯王者能獲此吉祥也。云：先時童謠曰：楚王渡江得萍實，大如斗，赤如日。剖而食之，甘如蜜。引此事，言今乘江流，想復遇斯事也。《山海經》曰：東海中有獸如牛，蒼身無角，一足。入水則風，其聲如雷。以其皮冒鼓，聞五百里。名曰夔。鮫人居水中，故訪之。《北山經》曰：發鳩之山有鳥，狀如烏而文首，白喙赤足，名精衛。其鳴自呼。（亦）〔赤〕帝之女姓姜，遊於東海，溺而死。不反。常取西山木石以填東海。《西山經》曰：秦器之山，濩水出焉。是多鰩魚，狀如鯉魚身而鳥翼，蒼文而白首赤喙。常行西海，而遊於東海。夜飛而行。言吳之綸繳，得此鳥（魚），故西海、北山，失其鱗翼也。《戰國策》曰：夏水浮輕舟。揚雄《蜀都賦》曰：行舟競〔逐〕。

【陳校】

　　注，舊本自「《山海經》」以下至「《西山經》⋯⋯失其鱗翼也」，皆劉注。今並混入李注，誤也。又，舊本「《家語》」一條，在「《戰國策》」前，然似宜繫揚雄《賦》後為尤協。

【集說】

　　顧按：當自「先時童謠曰」以下屬劉注。六臣本自「《山海經》」上脫卅九字也。「顧按」，在「劉注」二字下。

　　胡氏《考異》曰：注「善曰：《家語》曰」，袁本無此五字。案：無者最是。說見下。茶陵本亦無，但移此下「楚昭王」云云，入後善注中，而依《家語》改其文，大誤。又曰：注「《戰國策》曰」，袁本「戰」上有「善曰：萍實見《家語》」七字。案：有者最是。茶陵本亦有「善曰」，但改「萍實見《家語》」為「《家語》楚昭王」云云。說在上。

　　高氏《義疏》曰：尤本「楚昭王」上有「善曰：《家語》曰」五字。胡克家曰：「袁本無此五字，最是⋯⋯大誤。」又，「善曰：萍實見《家語》」，尤本無此七字，胡克家曰：「袁本有。案：有者最是」云云。步瀛案：茶陵本引作「楚昭王渡江，江中有物，大如斗，圓而赤，直觸王舟。舟人取之。王使使聘于魯，問於孔子。子曰：『此所謂萍實者也。可剖而食之。吉祥也，唯霸者為

能獲焉。』使者返，王遂食之。」與今本《家語・致思篇》同。

【疏證】

尤本同。明州本脫「楚昭王渡江」至「吉祥也」一節。贛本脫「先時童謠曰」卅九字，「家語」一條，在《戰國策》前，有改動。建本同贛本，當茶陵本所出。謹案：「《山海經》」下至「失其鱗翼也」一節，奎本以下諸六臣合注本、尤本屬劉注；惟毛本誤入善注，次《家語》後。陳校、顧按並是也。胡氏《考異》大體依袁本，與奎本合，似得其實。陳以「《家語》」一條，「宜繫揚雄《賦》後」，循序當是，各本皆倒。胡氏《考異》忽之，非也。

則乻費錦繢　善曰：乻費，錦文貌。

【陳校】

「乻」，似當作「壹」。

【集說】

張氏《膠言》曰：《通雅》云：「乻費，猶出納之吝也。《吳都賦》：『簡其華質，則乻費錦繢。』按《方言》：『貪而不施曰乻，或謂之嗇。』乻，音意。《漢書》：『不足以壹費』，訛為乻。《方言》臆造，而左思采獲之耳。」雲璈按：方氏云云殊非。此賦文義，自不如李注「錦文」為得。

梁氏《旁證》曰：五臣「乻」作「壹」。濟注「乻費，猶依稀也。」林先生曰：「《通雅・乻費猶出納之吝也》：太沖《吳都賦》：『簡其華質，則乻費錦繢。』呂延濟曰：『乻費，依稀也。』按《方言》：『貪而不施曰乻。或謂之嗇。』《漢書》：『不足以壹費。』訛為乻。《方言》臆［度而］造，而左思采獲之耳。」

朱氏《集釋》曰：案「乻」，或作「壹」。《說文・壴部》、《壹部》並無其字。惟《廣韻》「乻，貪也。」《方言》亦云：「荊汝江湘之間，貪而不施者，謂之乻」，而於義殊乖。注言「錦文貌」，亦望文為解耳。本書《上林賦》「繽紛軋芴」郭注引孟康曰：「軋芴，緻密也。」「乻」既從乙，又為「於既切」，與乙音亦近。《月令》鄭注：「乙之言軋也。」《漢書》曰：「奮軋於乙」，故軋亦音乙。《說文》「芴，菲也」、「菲，芴也」互相訓。芴、菲與費音俱近。「緻密」之解，正合「錦繢」。然則，此「乻費」當與「軋（忽）［芴］」義通。「乻」，則借音字之變體矣。

胡氏《箋證》曰：按：《爾雅・釋詁》：「懿，美也。」「乻」與「懿」同，

作「豈」，同音之假。《楚辭・招魂》「豈白日些」王注：「豈，光貌。」《說文》：「斐，分別文也」，引《易》曰：「其文斐也。」今《易》作「蔚」。豈與斐、蔚，音義並近，皆謂文貌。

黃氏《平點》曰：據別本「豈」改「豈」。「豈豈」即「字嶧」之轉語，盛貌。

高氏《義疏》曰：「豈」，尤本作「豈」。袁、茶二本作「豈」，毛本同。案：《說文》無「豈」字，而見於《方言》十及《廣韻・六至》，音「乙冀切」。「豈」，蓋誤字。

【疏證】

尤本並注同。五臣正德本、陳本作「豈」，奎本以下諸六臣合注本並注作「豈」。謹案：《龍龕手鑒・壹部》：「豈：意、乙二音。貪也。」然則，與「豈」音義皆同，是為「豈」之假字也。朱氏從聯綿辭說「豈費」，甚得段（玉裁）王（念孫）聲音之學精義，足可證二字通用。然據注，是善作「豈」，五臣作「豈」，則濟注可證。善與五臣既有別，故陳校不改亦得。毛本當從尤本，陳校當從贛、建二本、《通雅》等校耳。《旁證》引林茂春說，實宗張氏。《上林賦》「繽紛軋芴」，《漢書》同。《史記》作「瞋盼軋忽」，此皆聲轉也。後胡以「懿」解「豈」，未嘗不是朱說之啟迪矣。

相與昧潛險……剖巨蚌於回淵 劉注：《列仙傳》曰：此非回淵巨蚌不出之也。

【陳校】

注「此非回淵巨蚌不出之也」。「之」下，舊本有「珠」字。

【集說】

胡氏《考異》曰：「不出之也」。袁本、茶陵本「之」下，有「珠」字。
高氏《義疏》曰：胡克家曰云云。

【疏證】

尤本同。奎本以下諸六臣合注本「之」下並有「珠」字。謹案：今本《列仙傳・朱仲》，未見「此非」以下十餘字。《藝文類聚》卷八十四、《太平御覽》卷八百三引《列仙傳》並不見。按上下文義，有者是。毛本當誤從尤本，陳校當據上下文義及贛、建二本等補之。

汨乘流以砰宕，翼飀風之飅飅　劉注：飅飅，風初貌。

【陳校】

注「風初貌」。「初」下，脫「起」字。

【集說】

胡氏《考異》曰：注「風初貌。」「初」，當作「利」，各本皆譌。

梁氏《旁證》同胡氏《考異》。

高氏《義疏》曰：「飅飅，風初貌。」胡克家曰云云。梁章鉅同。案：《廣雅·釋訓》曰：「瀏瀏，風也。」《楚辭·九難·逢紛》王逸注曰：「瀏瀏，風疾貌。」「飅」與「瀏」同。

【疏證】

奎本、尤本誤同。明州本、贛本、建本無「飅飅」以下五字。謹案：明州本首脫五字，贛本、建本遞相踵之。奎本等當因形近而誤，毛本當誤從尤本，陳校當據上下文義正之。

若此者……有殷坻頹於前　劉注：坻頹，崩聲也。天水之大名曰隴坻，因為隴坻之曲。

【陳校】

注「天水之大名曰隴坻。」「名」上當有「（改）〔版〕」字。

【集說】

胡氏《考異》曰：注「坻頹，崩聲也」下至「因為隴坻之曲」，袁本、茶陵本無此十九字。

梁氏《旁證》曰：段校：「大」下添「坂」字。

高氏《義疏》曰：注「坻頹崩聲也」至「因為隴坻之曲」。胡克家曰云云。步瀛案：尤本「大」字下脫「阪」字，故止十九字。今依段氏校補。

【疏證】

尤本同。奎本以下諸六臣合注本並無「坻頹」以下十九字。謹案：此十九字，尤本當別有所據，《後漢書·隴西郡》：「隴州……有大坂名隴坻。」《樂府詩集·橫吹曲辭一·隴頭》題解引《通典》：「天水郡有大阪，名曰隴坻，亦曰隴山，即漢隴關也。」梁、高當據尤本、段校補，是。陳校亦當作「阪」、「坂」字，作「改」者，周鈔傳寫之譌耳。

酣渭半……魯陽援戈而高麾 劉注：《淮南子》曰：魯陽公……與韓遘，戰酣。

【陳校】

注「與韓遘，戰酣」。「遘」下脫「難」字。

【集說】

余氏《音義》曰：「與韓遘」下，何增「難」字。

胡氏《考異》曰：注「與韓遘」。何校「遘」下添「難」字，陳同。是也。各本皆脫。

梁氏《旁證》同胡氏《考異》。

高氏《義疏》曰：《淮南子》見《覽冥篇》。各本「遘」字下脫「難」字，何焯、陳景雲校增，今從之。

【疏證】

奎本、贛本、尤本、建本悉脫「難」字。明州本則無論「難」字，並「《淮南子》」以下二十九字悉脫矣。謹案：《淮南子・覽冥篇》、《藝文類聚》卷一及《初學記》卷一「三舍」注引《淮南子》皆作「魯陽公與韓搆難戰酣」云。本書陸士衡《弔魏武帝文》：「夫以迴天倒日之力」注引《淮南子》脫同，而郭景純《遊仙詩》：「愧無魯陽德」注引正有「難」字。毛本當誤從尤本等，陳、何校當從《淮南子》、類書、本書內證等正之。

昔者夏后氏……闕溝乎商魯，爭長於黃池 劉注：《國語》曰：吳王夫差起軍，與齊晉爭衡。晉文踐土之盟，齊桓邵陵之會，奮其威強未能過也。伍員，楚大夫出仕於吳，王因其謀伐楚。孫武，吳人，善用兵，作書號《孫子兵書》。北征，闕池為深溝於商魯之間，北屬之濟，以會晉定公於黃池。吳晉爭長，吳先歃，晉惡之。

【陳校】

注，舊本無「與齊晉爭衡」至「兵（食）〔書〕」五十五字，較此為優。又「北征」以上有脫文。又「晉惡之」，舊本作「亞之」。

【集說】

余氏《音義》曰：何曰：「北征上有脫誤。」案：六臣本劉注「吳王夫差起軍」下，即接「北征闕池為深溝」，無「與齊晉爭衡」以下五十五字。

顧按：「惡」，即「亞」字。

胡氏《考異》曰：注「與齊晉爭衡」下至「號孫子兵書」。袁本、茶陵本無此五十五字。無者最是。上文「起軍」，下文「北征」，四字為句，盡「晉亞之」，皆引《吳語》文，五十五字在其間。誤甚矣。又曰：「晉惡之」，袁本、茶陵本「惡」作「亞」，是也。

梁氏《旁證》曰：注「與齊晉爭衡」此下至「號《孫子兵書》」五十五字，六臣本無之，是也。此上下皆引《吳語》文，何得夾入他語乎？又曰：注「晉惡之。」六臣本「惡」作「亞」，是也。

高氏《義疏》曰：「吳與齊晉爭衡」至「作書號《孫子兵書》」此五十六字，尤本在「《國語》曰吳王夫差起軍」之下，首句上無「吳」字。袁、茶二本並無「與齊晉」以下五十五字。胡克家曰：「無者最是」云云。步瀛案：《國語》文中不宜羼入此五十五字，是也。但李注不為「闔閭」以下四句作注，疑此段本劉注所有，此五十五字本在《國語》之上，而後人傳寫誤夾入《國語》中耳。「與齊晉爭衡」上有「吳」字，云：「吳與齊晉爭衡」至「未能過也」，釋「闔閭信其威二句」；「伍員楚大夫」至「號《孫子兵書》」釋「內果伍員之謀」二句。以下引《國語》釋「闕溝乎商魯」二句，故李注但注「柏舉」、「會稽」，而不注「闔閭」四句也。胡氏於袁、茶二本所無者，概疑為後人妄增，亦過矣。

【疏證】

尤本劉注有「與齊晉爭衡」以下五十五字。奎本以下諸六臣合注本皆無。謹案：高氏「疑此段本劉注所有」其說或是。然則，諸本中雖惟尤本獨有此五十五字，亦不得如前胡斷言尤本首添或擅加者也。劉注引《國語》，見《吳語》。檢「北征」上原有「吳王夫差既殺申胥，不稔於歲，乃起師」云云，陳氏所謂「脫文」當由此十五字節撮而來。關於「惡」、「亞」字。惡由亞得聲，故可通亞。清·惠棟《九經古義·周易古義》：「言天下之至賾而不可惡也。荀爽本惡作亞，云：次也。」《周易注疏·繫辭上》棟案：「古亞字皆作惡。《尚書大傳》曰：『王升舟入水。鼓鐘惡。觀臺惡。將舟惡。宗廟惡。』鄭康成注云：『惡，讀為亞。』秦惠王《詛楚文》云：『告于丕顯，大神亞駝』，《禮記·禮器》作『惡駝』。……《史記》：『盧綰孫他之封惡谷侯』，《漢書》作『亞谷』。荀氏以惡為亞，故訓為次。」然則，顧按是也，陳校蓋備異聞。周鈔逐錄陳校「兵書」譌作「兵食」。已正之。

徒以江湖嶮陂……喑嗚則彎弓　劉注：韓信曰：項羽喑嗚叱吒。

【陳校】

　　注「喑嗚叱吒」。「吒」，舊本作「咤」。

【疏證】

　　尤本同。奎本以下諸六臣合注本正作「咤」。謹案：語見《史記·淮陰侯列傳》：「項王喑噁叱咤，千人皆廢。」《索隱》：「咤，卓嫁反。或作吒。」檢《一切經音義》「咤，又作吒。」然則，「吒」與「咤」同。毛本當從尤本，陳校當從六臣合注本，亦備異聞耳。

又，善曰：《孟子》曰：越人彎弓而射我。

【陳校】

　　注「越人彎弓而射我」。「我」，舊本作「之」。

【集說】

　　梁氏《旁證》曰：注「《孟子》曰：越人彎弓而射我。」《毛詩·小弁傳》引《孟子》「兄弟關弓而射我」音義曰：「關，本亦作彎。」《角弓》正義亦引《孟子》云「兄弟關弓而射我」。句法正同。

　　高氏《義疏》曰：《孟子》，見《告子篇》下。今趙注本「彎」作「關」，「射我」作「射之」。《詩·小弁》《毛傳》引《孟子》作「有越人於此關弓而射我」釋文曰：「關，本亦作彎。」下文「其兄關弓而射之」，《毛傳》引作「兄弟關弓而射我」。《角弓》孔疏引同。皆與趙注本異。

【疏證】

　　明州本、尤本、建本同。奎本、贛本作「之」。謹案：語見《孟子注疏·告子下》，正作「之」字。唐·趙蕤《長短經·恩生怨》援《詩·小弁》，毛《傳》引《孟子》作「我」。毛本當從尤本等，陳校則據趙注本《孟子》，亦備異聞耳。

擁之者龍騰……赤須蟬蛻而附麗　劉注：《列仙傳》曰：赤須子，……食柏實石脂，絕穀。齒落更生，細髮復出。後去之吳山。言此人等仙，如蟬之脫殼。

【陳校】

　　注「如蟬之脫殼」。「脫」，舊本作「蛻」。

【集說】

　　胡氏《考異》曰：注「山。言此人等仙，如蟬之脫殼」，袁本、茶陵本無此十一字。

　　高氏《義疏》曰：「言此人等仙如蟬之脫殼」，袁、茶二本無此十字。

【疏證】

　　尤本作「脫」。奎本以下諸六臣合注本並無「山言」十一字。謹案：事見《列仙傳・赤須子》作「去吳山下。十餘年，莫知所之。」明・董斯張《廣博物志・靈異》引《列仙傳》同。因知「吳山」之「山」字非衍，乃下或有脫文耳。又，「脫」與「蛻」同。《莊子・至也》：「蝴蝶胥也化而為蟲。生於竈下，其狀若脫。」曹植《神龜賦》：「龍脫骨於深谷」，《初學記》卷三十引作「蛻骨」。皆其證。毛本當從尤本，陳校備異聞。

丹青圖其珍瑋，貴其寶利也　劉注：中夏貴其珍寶而不能見，徒以丹青畫其象類也。

【陳校】

　　「圖」下，舊本有「象」字。

【集說】

　　顧按：此誤衍，宋本無。

　　余氏《音義》曰：「圖其」。何曰：袁本「其」下有「象」字，宋本無。

　　孫氏《考異》曰：何云「袁本」云云。此節分明二對，其句法斷不宜著「象」字。可見宋本之妙。

　　胡氏《考異》曰：「畢世而罕見，丹青圖其珍瑋。」袁本、茶陵本無「而」字、「其」下有「象」字。此尤刪之。觀下文偶句，蓋是也。詳劉注云「象類」者，解上文「比焉」之「比」，非正文有「象」，或誤認而衍之耳。

　　梁氏《旁證》曰：六臣本「其」上有「象」字。按：與下文偶句相配，依此為是。

　　高氏《義疏》曰：「圖其」下，袁、茶二本有「象」字。胡克家曰：「劉注云『象類』者，解上文『比焉』之『比』，非正文有『象』字。或誤衍。」梁章鉅曰：「與下文偶句相配」云云。

【疏證】

　　贛本、尤本無「象」字。奎本、明州本、建本、五臣正德本、陳本有。謹案：《古今事文類聚》續集卷二亦有。但觀上下二句為對偶，亦知「圖」下不當有「象」字。毛本蓋從尤本，陳、何校蓋備異聞耳。顧按是。陳氏此處「舊本」，當謂尤本。前胡《考異》謂「其下『象』字，此尤本刪之。」非是，尤本蓋從贛本耳。

舜禹游焉　　注：《書》曰：舜南巡狩陟方死。《山海經》曰：南方蒼梧之丘有九疑山焉，舜之所葬。

【陳校】

　　注「《山海經》曰」。舊本上有「善曰」二字。

【集說】

　　胡氏《考異》曰：注「《書》曰：舜南巡狩陟方死」。袁本、茶陵本無此九字，有「善曰」二字。案：二本最是。

　　高氏《義疏》曰：「善曰」，尤本作「《書》曰」二字。下又有「舜南巡狩陟方死」七字。胡克家曰「袁本」云云。

【疏證】

　　尤本同。奎本以下諸六臣合注本無「書曰」九字，正有「善曰」二字。謹案：語見《山海經·海內經》，本書嵇叔夜《琴賦》「指蒼梧之迢遞」注引同，亦是善注。毛本並誤從尤本，陳校當從贛本等六臣合注本正之。

亦猶帝之懸解，而與桎梏疏屬也。

【陳校】

　　「與」下，舊本有「夫」字。

【集說】

　　孫氏《考異》曰：六臣本「與」下有「夫」字。

　　胡氏《考異》曰：注「而與桎梏疏屬也。」袁本、茶陵本「與」下有「夫」字。案：此尤本脫耳。

　　梁氏《旁證》同孫氏《考異》。

　　高氏《義疏》曰：尤本「桎梏」上脫「夫」字。今依袁、茶二本增。

【疏證】

尤本同。五臣正德本、陳本及奎本以下諸六臣合注本咸有「夫」字。謹案：《古今事文類聚》續集卷二引、《古今合璧事類備要》別集卷一「左思《三都賦》」注引並有「夫」字。此與上文「亦猶棘林螢燿，而與夫樗木龍燭也」句例正同，合當有「夫」字。毛本當誤從尤本，陳校當據諸六臣合注本補之。《旁證》校語一字不爽，全同孫氏《考異》。

劉注：《莊子》曰：有繫，謂之懸；無，謂之解。郭璞曰：懸絕曰解。

【陳校】

注「《莊子》曰」五句，舊本無，為是。劉氏不及見郭注也。

【集說】

胡氏《考異》曰：「《莊子》曰有繫」下至「懸絕曰解」。袁本、茶陵本，無此十九字。

張氏《膠言》曰：注引「《莊子》曰：有繫，謂之懸；無，謂之解」。按：二語乃逸文。《困學紀聞》六亦未采入。

高氏《義疏》曰：「《莊子》曰」至「懸絕曰解」。胡克家曰：「袁本」云云。張雲璈曰：「有繫謂之懸」二語云云。步瀛案：此殆諸家《莊子》注之文，張說疑未是。郭象注曰：「以有係者為縣，則無係者縣解也」，又《大宗師》釋文引向秀曰：「懸解無所依也」。若《莊子》本有此文，則諸家不待注矣。郭璞注亦未知何出。

【疏證】

尤本衍同。奎本以下諸六臣合注本並無此十九字。謹案：「以有係者為縣」二語，見《莊子·養生主》篇郭象注。張氏誤解，皆因古人援引文獻，經傳往往不分之弊而起。毛本誤從尤本，陳校當從常理、贛建二本等正之。

詘詭之殊事　劉注：俶儻、詘詭，皆謂非常詭異之事。

【陳校】

「詘」，舊本作「崫」。注同。

【集說】

胡氏《考異》曰：袁本、茶陵本「詘」字作「崫」，注同。案：此蓋亦尤

改之耳。

梁氏《旁證》曰：六臣本「謳」作「（崫）[崛]」。

姚氏《筆記》曰：何改「崫」。

高氏《義疏》曰：胡克家曰：「袁本、茶陵本謳作崫，注同。」步瀛案：《說文》「謳」，「詘」之或體字，「崫」則通借字耳。

【疏證】

尤本並注同。五臣正德本及濟注、奎本並注作「崛」，明州本、贛本、建本並注、五臣陳本及濟注作「崫」，《古今事文類聚》續集卷二引亦「崫」。謹案：「崫」與「崛」同。《集韻·迄韻》：「崛，或書作崫。」是其證。《說文·言部》：「詘：詰詘也。詘，或從屈。」《荀子·勸學》「若挈裘領，詘五指而頓之，順者不可勝數也」楊注：「詘，與屈同。」又《說文》：「崛，從山屈聲」，故「屈」可通「崛（崫）」。然則，高氏以「崫」為「詘」之借字，非為無據。作「謳」、作「崫」，並非善與五臣之異，當可並存。毛本當從尤本，陳校不必改焉。

略舉其梗概　善曰：《東京賦》曰：粗謂賓言其梗槩。

【陳校】

注「粗謂賓言其梗槩」。「謂」，舊本作「為」。

【集說】

胡氏《考異》曰：注「粗謂賓言其梗概。」「謂」當作「為」，各本皆誤。陳云「別本為。」今未見。

梁氏《旁證》曰：「謂」，當作「為」。

高氏《義疏》曰：「粗為賓」。各本「為」作「謂」。胡克家曰：「謂，當作為」云云。步瀛案：「謂」、「為」字通，但《東京賦》作「為」，故據諸家校改。

【疏證】

奎本以下諸六臣合注本、尤本悉同。謹案：「謂」與「為」通。此前胡偶疏、高氏拘泥。毛本當從贛、尤諸本，陳校祇備異聞。此亦陳「舊本」，前胡稱之「別本」例。